차　　례

머 리 말

《…우리의 언어학발전과 관련하여 많은 문제가 있을것입니다. 이 부문에서 일하고있는 학자들은 우리 나라의 언어학을 발전시키기 위하여 많은 노력을 해야 하겠습니다.》

우리 말의 발전된 문법구조를 연구하는데서 단어에 대한 연구는 그 출발점이며 기초이다.

언어의 기본단위는 단어이며 언어는 어데서나 단어의 언어로 존재하며 인간은 단어에 기초하여 여러가지 언어행위를 진행하게 된다.

단어에 대한 언어학적고찰은 그 의미내용을 대상으로 하여 어휘의미론적면에서 진행할수도 있고 그 발생발전의 경로를 어원론적으로 추적해갈수도 있다. 그러나 단어로써 문장을 이루어가는 문법연구에서 우선시해야 할것은 단어들을 구조적으로 분석종합하고 그 의미를 폭넓게 일반화하여 정연한 품사체계를 세우는것이다.

이러한 문제를 성과적으로 해결하기 위해서는 무엇보다먼저 주체의 방법론에 튼튼히 서서 우리 말 단어구조에서 여러모로 나타나는 교착적성격, 고유어, 외래어와 함께 한자어가 적지 않은 비중을 차지하는 어휘구성의 특징 등 일련의 다른 언어들과 뚜렷이 구별되는 조선어고유의 특성을 정확히 찾아내고 활용해야 한다.

여기서 필자는 지금까지 선행문법가들이 이룩한 귀중한 성과들과 오늘의 객관적언어현실에 맞게 우리 말 단어구조문제와 품사체계문제를 해명하는데 적으나마 이바지하려고 한다.

제1장. 단어구조의 분석

제1절. 형태부

1. 단어와 형태부

일반적으로 형태부는 단어에서 의미를 가지는 최소의 단위로 규정되여온다. 따라서 언어의 구조적단위로서의 단어와 형태부의 호상관계는 전체와 부분의 관계라고 할수 있다.

그러나 이러한 분별은 절대적인것이 아니다. 그것은 모든 단어를 각각 전체와 부분으로 갈라서 단어는 다 형태부의 결합이라고 할수 없기때문이다.

단어에는 그속에서 뜻을 가진 최소단위로서의 형태부를 따로 가를수 없는 단어, 다시말해서 형태부가 하나만인 단어도 적지 않다.

이렇게 한개 단어이자 곧 한개 형태부인 경우에는 형태부라는 개념자체가 무의미한것으로 된다.

그러나 언어현실을 놓고볼 때 이러한 단어는 상대적으로 적으며 대다수의 단어는 두개이상의 형태부로 이루어져있는데 이에 따라 단어로부터 그 구성요소를 갈라내는 형태부의 개념을 필요로 하게 된것이다.

형태부의 원천은 단어이다. 매개 단어들이 시초에는 각각 최소의 유의미적단위로서 쓰이다가 그후 단어와 단어가 결합해서 두개의 유의미적단위를 가진 보다 큰 단어가 생겨나서 시초적단어와의 대비속에 단어와 형태부가 갈라지게 되였다고 볼수 있다. 례컨대 《꽃》이나 《밭》이라는 단어가 각각 독자적으로만 쓰이는 동안에는 단어의 개념이외에 형태부라는 개념이 생길수 없었으나 이 두 단어가 합쳐서 《꽃밭》이라는 보다 큰 단어가 생겨난 결과 그속에서 《꽃》이나 《밭》은 각각 하나의 단어이기를 그만두고 《꽃밭》이라는 한개 단어를 구성하는 부분구조로서 단어안에 있는 최소의 유의미적단위로 분별되여 형태부라는 개념을 가지게 된것이다.

단어와 그보다 작은 구조적단위로서의 형태부의 개념이 갈라지게 된 이러한 력사적과정은 단어와 그보다 큰 구조적단위로서의 문장의 개념이 분별된 발달로정과도 비교할수 있는것이다.

오늘날 례컨대 《아버지!》하고 부르거나 《아!》하고 웨치거나 《비행기!》하고 가리킬 때 이를 한개 단어로 이루어진 문장이라고 하면서 《단어문장》이라는 용어도 쓰고있으나 인류력사의 시초에 한개 단어로 이루어진 문장만이 쓰이는 동안은 모두가 단어이자 문장이므로 단어와 문장은 개념상으로 분별되지 않다가 두개 단어이상의 문장이 발생하면서부터 이러한 분별이 가능하게 되였다고 볼수 있다.

이리하여 단어는 문장의 한개 구조적단위이면서 문장성분이라는 기능적단위의 자격이 첨부되고, 나아가서 단어는 언어의 기본단위이고 문장은 언어행위의 기본단위라고 하는 현대언어학의 리론적해석도 나오게 된것이다.

이러한 단어가 그 복합으로 이루어진 문장구조의 한개 최소단위로 되듯이 형태부 역시 그 복합체로서의 단어의 한개 구조적단위이며 이러한 복합체와의 대비를 전제로 한 《단어문장》이라는 말이 상대적인것처럼 한개 형태부(말뿌리)로 된 단어라는 말도 상대적인 것이다.

2. 말뿌리와 덧붙이

형태부는 크게 말뿌리와 덧붙이로 류별하며 덧붙이는 다시 말뿌리앞에 붙는 앞붙이와 말뿌리뒤에 붙는 뒤붙이로 가른다.

일반적으로 말뿌리는 기본적이며 자립적인 형태부이고 덧붙이는 보조적이고 비자립적인 형태부로 규정되고있다. 례컨대 《풋나물》이나 《먹이다》에서 《나물》이나 《먹》은 《풋》이나 《이》없이도 거기에 토를 달아 《나물을 먹는다.》와 같이 단어로 쓰이였으므로 말뿌리이고 《풋》이나 《이》는 그렇게 할수 없으므로 덧붙이이다.

그러나 이러한 사실만 보고 말뿌리는 단독적으로 단어로 될수 있는 형태부라고 단정해서는 안된다.

말뿌리는 어디까지나 단어의 구성부분을 이루는 형태부의 하나이며 형태부들가운데서 덧붙이에 비해 상대적으로 자립적인것 즉 덧붙이처럼 어떤 형태부에 대한 보조역을 놀지 않는 형태부일따름이다. 따라서 말뿌리가 되기 위해서는 단어의 한개 비보조적구성부분이여야 한다는 조건은 필수적이지만 단독으로 단어가 될수 있다는것은 필수적전제가 아니다. 바로 그렇기때문에 례컨대 《낟알》의 《낟》은 현대조선어에서 단독으로 단어가 될 능력을 완전히 잃었으면서도 의연히 어떤 덧붙이가 아니라 말뿌리로 남아있는것이다.

그러나 말뿌리와 덧붙이의 식별은 모든 경우에 이처럼 단순한것은 아니다.

여기서 제기되는 문제는 우선 일련의 경우에 말뿌리와 앞붙이의 한계문제이다.

오늘날의 덧붙이들중 그 다수는 원래 단어로 쓰이던것들인데 이것을 그 변천정도에 따라 말뿌리와 식별하는데서는 이러저러한 문제에 부닥치게 된다. 이러한것은 뒤붙이보다 앞붙이의 경우에 더하다.

우리 말 단어에서는 순수 문법적의미는 물론 어휘문법적의미도 언제나 그 뒤부분에 나타나며 인디아－유럽어족언어들에서처럼 앞붙이가 문법적 또는 어휘문법적의미를 가지는것은 전혀 없다. 이에 따라 단어의 앞부분을 차지한 형태부가 말뿌리인가 앞붙이인가 하는것은 그 형태구조적인 자립성여부와 함께 어휘적의미의 추상화정도에 의거할수밖에 없는데 이러한 식별이 그렇게 쉬운것은 아니다.

일부 문법책들에서는 《통》(통김치, 통나무), 《알》(알밤, 알약), 《들이》(들이마시다, 들이맞추다), 《뒤》(뒤넘다, 뒤서다), 《설》(설삶다, 설익다)과 같이 자립적으로 단어를 이룰수 있는것들까지 그것이 단어앞에 붙어서 새 단어를 조성하는 일이 많다는 피상적사실에만 이끌려 이들을 말뿌리가 아니라 앞붙이로 취급하고있다.

지어는 단어들이 합성될 때 나타나는 하나의 어음상차이에 따라 단어로서의 《우》(우에서, 우로부터)나 《예》(예로부터)와 다른 앞붙이 《웃》(웃마을, 웃사람)과 《옛》(옛날, 옛말)을 설정함으로써 례컨대 《아래사람》이라고는 쓸수 있으나 《우사람》이라고 써서는 안되며 반드시 《웃사람》이라고 써야 한다는 맞춤법상모순까지 낳고 있다.

그러나 이들은 혼자서 형태를 갖추어쓰이는 경우나 다른 단어의 구성부분(형태부)으로 쓰이는 경우나 그 의미에서 아무런 차이도 없으나 이를 소리같은말과 같은것으로 구별해서 앞붙이로 인정할 근거가 없는것이다.

또 일부 문법가들은 한 단어가 어떤 비유적뜻빛갈을 띠고 다른 단어와 결합하여 합성어를 이루는 경우에도 소리같은말의 단위로 간주하여 앞붙이로 규정하고있다. 주로 동식물의 이름에 이런 기준을 적용하여 《개》(개머루, 개살구), 《돌》(돌배, 돌감), 《말》(말매미, 말벌), 《왕》(왕거미, 왕벌) 등을 앞붙이의 례로 든다.

만일 이런 식으로 앞붙이를 설정한다면 《할미꽃》, 《범나비》의 《할미》나 《범》도 응당 앞붙이로 되여야 할것이다. 나아가서 동식물이름의 범위도 벗어나서 《개수작》, 《개죽음》의 《개》까지 앞붙이로 보는 견해가 있는데 이렇게 되면 앞붙이의 한계가 어느 지경에까지 이를것인가가 문제이다.

소리같은말의 단위라면 응당 어원론적추적에 의탁하지 않는한 그들 호상간의 의미론적련계를 일반적언어의식으로는 깨닫지 못할 정도여야 하겠는데 이상의 《앞붙이》들이 그런 정도로 본래의 의미와 인연을 끊었다고는 생각하기 어렵다. 그것은 단순한 비유적뜻빛갈로부터 기껏해서 그 일부가 한 단어의 갈라진 뜻으로 넘어간데 지나지 않는다. 그러므로 이러한 형태부들 역시 합성어속에 들어간 단어로서의 말뿌리로 보는것이 타당하다.

이런 류형가운데는 《돌피》와 같이 서로 결합한 형태부들의 구조적계선이 희미해져서 그 전체가 한개 형태부로 인식되는 이른바 《말줄기의 단순화》과정은 볼수 있으나 앞부분의 형태부가 본래단어와의 의미적련계만을 끊고 앞붙이로 변한 례는 별로 찾아볼수 없다.

한편 따로 떨어져서 형태변화를 하지 않는 형태부들도 모두 앞붙이로 인정해서는 안된다. 례컨대 단어구조속에 들어있는 《새》(새집, 새것), 《왼》(왼손, 왼쪽), 《오른》(오른발, 오른편) 등이 그러한데 이것들은 우리 말에 고유한 관형사소속으로서 응당 말뿌리로 간주해야 할것이다. 관형사는 그 고유한 특성에 따라 형태조성을 하지 않고 명사앞에만 오는 품사이지 결코 보조적품사는 아닌것이다. 이런 각도에서 볼 때 인디아-유럽어족언어들의 보조적품사인 전치사가 자립적품사의 단어구조속에서 보조적형태부로서의 앞붙이로 되는것과는 본질적차이를 가지는것이다.

다음으로 제기되는 문제는 말뿌리와 뒤붙이의 응축여부문제이다.

일부 문법책들에서는 형용사조성의 뒤붙이부류에 《레하》(불그레하다, 가므레하다), 《스레하》(불그스레하다, 가므스레하다), 《스름하》(불그스름하다, 거무스름하다), 지어는 《뎅뎅하》, 《숙숙하》, 《잡잡하》, 《족족하》, 《칙칙하》, 《룽룽하》, 《퇴퇴하》, 《숙하》, 《끔하》, 《큼하》, 《수그레하》, 《직하》, 《ㅅ하》, 《ㅁ하》, 《찍지근하》류까지 포함시켰다.

이런것들을 각각 하나의 형태부로 규정한데는 일반언어의식에 비추어보아도 적지 않은 억지가 있다. 이것은 사실상 뒤붙이 《레》, 《스레》, 《스름》이 형용사에 붙어서 부사가 이루어진 다음 다시 단어 《하다》가 그와 결합해서 새로운 형용사가 산생되는 단계적, 립체적단어조성과정을 평면우의 일직선으로 무리하게 련결시킨것이여서 응축된 하나의 뒤붙이가 아니라 각각 자기 본색을 그대로 보유한 뒤붙이와 말뿌리의 결합체이다. 조선어에는 《레》, 《스레》, 《스름》 등의 뒤붙이와 《하다》라는 단어는 있어도 《레하》, 《스레하》, 《스름하》 등과 같은 뒤붙이는 예나지금이나 있어본적이 없다.

물론 단어의 형태구조는 력사적으로 변화를 가져올수 있으며 그 결과 단어에서 형태부들이 종전과는 달리 구획되면서 한 형태부가 다른 형태부를 자체내에 흡수할수 있다. 우리 말에서 례컨대 두개 단어가 한개 단어로 합친 《노라 하다》, 《뽀야 하다》, 《검어 하다》, 《허여 하다》가 다시 어음축약에 따라 《노랗다》, 《뽀얗다》, 《거멓다》, 《허옇다》로 된데서 그런 융축과정을 볼수 있다. 여기서 앞의 토 《아(야, 어, 여)》와 뒤의 말뿌리 《하》는 한개 소리마디로 융축되여 《앟(얗, 엏, 옇)》이라는 새로운 뒤붙이로 나타난것이다. 《길다랗다》, 《높다랗다》의 《다랗》 역시 앞의 뒤붙이 《다라》와 뒤의 말뿌리 《하》가 융축되여 이루어진 하나의 뒤붙이이다.

그러나 이런 경우와는 달리 《불그레하다》, 《불그스레하다》, 《불그스름하다》 등에서는 뒤붙이만 붙은 《불그레》, 《불그스레》, 《불그스름》만으로도 능히 한개 단어에 해당할뿐아니라 뒤의 단어 《하다》 역시 그 어음적외피나 의미내용에서 한개 단어로서의 자격을 그대로 유지하고있으므로 여기서 《레하》, 《스레하》, 《스름하》와 같은 새로운 덧붙이가 생겨났다고는 인정할수 없는것이다.

또한 제기되는 문제는 말뿌리와 덧붙이를 분별하는데서 말뿌리를 찾아낼수 없는 몇몇 특수한 단어문제이다.

단어를 이루는 형태부들중 핵심으로 되는것이 말뿌리이고 앞붙이나 뒤붙이는 그에 붙어서 보조역을 노는 형태부이므로 앞붙이, 뒤붙이 등 덧붙이가 없는 단어는 있어도 말뿌리없는 단어는 있을수 없다는것이 일반적인 론리적귀결이다.

그런데 언어현실에는 극히 부분적으로나마 앞붙이와 뒤붙이만 있고 말뿌리는 없는 단어들이 존재한다. 《헛짜》, 《풋내기》, 《애숭이》, 《외롭다》와 같은것이 그러한 례이다.

이것은 마치 인디아-유럽언어들에서 소리마디속에는 반드시 그 핵심으로 되는 성절음인 모음이 있어야 하는데 례외적으로 일부 울림자음이 성절적기능을 수행하여 모음없는 소리마디도 있는것과 같다.

그런데 말뿌리없는 단어가 일부 존재하는것과 관련하여 일부 문법가들은 파생명사 《헛짜》와 《풋내기》를 례로 들면서 이런 경우에는 《헛》이나 《풋》을 앞붙이로 보지 말고 말뿌리로 인정해야 하는데 그것은 그뒤에 붙은 《짜》나 《내기》가 말뿌리가 아니고 뒤붙이이기때문이라고 설명하고있다.

한 단어안에 서로 붙어있는 뒤의 형태부 《짜》와 《내기》가 뒤붙이이기때문에 앞의 형태부 《헛》과 《풋》은 앞붙이이기를 그만두고 말뿌리로 된것이라고 보아야 한다는 단정은 하나의 론리적비약이다.

이런 식으로 말한다면 반대로 앞의 형태부 《헛》, 《풋》이 앞붙이이기때문에 뒤의 형태부 《짜》, 《내기》가 뒤붙이이기를 그만두고 말뿌리로 되여야 한다고 할수도 있기때문이다. 만일 뒤붙이 《짜》보다 앞붙이 《헛》이 어휘적의미가 더 강해서 그런다면 《풋내기》와 같은 경우에는 이와 반대로 뒤붙이 《내기》가 말뿌리로 변신할 가능성이 많다고 할수도 있겠는데 차라리 평등하게 앞붙이도 뒤붙이도 다같이 말뿌리로 보는쪽이 더 나올수도 있다.

어느쪽으로 보든 명백한 덧붙이를 놓고 단어에는 반드시 말뿌리가 있어야 한다는 전제에 따라 억지로 말뿌리의 자격을 부여하는 것은 비현실적이다.

비록 례외적으로나마 말뿌리없이 앞붙이와 뒤붙이만으로 한개 단어가 이루어지게 된것은 단어의 구조적단위와 의미적단위가 반드시 일치하는것은 아니라는 사실에 기초하는것이다. 《헛짜》의 앞붙이 《헛》에는 《거짓》이라는 단어(말뿌리)와 같은 의미가 그대로 들어있고 《풋내기》의 뒤붙이 《내기》에도 《사람》이라는 단어(말뿌리)의 의미가 다 들어있는것이다. 그러나 형태부들을 말뿌리와 덧붙이로 구별하는것은 여러 단어들의 구조를 비교분석해서 자립성이 있는것과 없는것을 갈라낸것이다. 바로 그렇기때문에 구조적으로 완전치 못한 단어도 완전한 의미를 가지고 언어행위에 참가할수 있게 된것이다.

이러한 사실에 비추어보아도 말뿌리없이 앞붙이와 뒤붙이만으로 이루어진 단어를 놓고 단어에는 반드시 말뿌리가 있어야 한다는 무조건적전제를 따라서 구태여 구조상 비자립적, 보조적인 덧붙이를 자립적, 기본적인 말뿌리로 변신시킬 필요가 없으며 그저 있을수 있는 례외로 보아도 무방할것이다.

이것은 우리 말에서 일반적으로 규정어없이는 못쓰이는 불완전명사들중 《뿐》과 같은것이 규정어와 결합해서 《그럴뿐아니라》,

《나뿐만아니다.》라고 쓰인다. 또한 때에 따라서 그런 규정어없이 《뿐아니라》, 《뿐만아니다》로 되기도 하고 일반적으로 자립적동사뒤에만 오는 보조동사들중 《말다》와 같은것이 《하지 말어라》, 《하지 말자》와 같이 자립적동사와 결합해서 쓰이다가 《마지 못해》와 같이 단독으로 쓰이기도 한다. 그렇다고 해서 이런 경우의 《뿐》이나 《말다》를 불완전명사나 보조동사가 아니라 완전명사나 자립적동사라고는 하지 않는것과 마찬가지이다.

또한 우리 말의 토에 맞먹는 일본어의 일부 《조사》가 때에 따라 단독으로 문장 첫머리에 나타난다고 해서 이런 경우의 《조사》는 《조사》가 아니라 어떤 자립적단어라고 하지 않는것과도 같은 론리이다.

3. 한자말 말뿌리

우리 말에서의 한자어는 고유어와 다른 구조적특성이 있다. 한자로만 구성된 단어는 거의 전부가 명사이며 동사나 형용사는 거기에 고유어의 용언 《하다》, 《되다》 등이 붙어서만 이루어진다.

따라서 한자어에 나타나는 이른바 《덧붙이》들은 체언을 용언으로 전환하는것과 같은 기능을 하지 못하며 그것이 《앞붙이》이거나 《뒤붙이》이거나 할것없이 대체로 다 명사로부터 새 명사를 조성하는것들이다.

또 한자어의 《덧붙이》들은 고유어의 덧붙이들과 달라서 본래의 의미와 구별되는 새로운 추상적의미를 가지는 의미론적변화는 별로 없고 대체로 해당 한자의 의미들을 그대로 보존하고있다. 그러므로 한자어에서 《덧붙이》를 말뿌리와 구별하는데서는 품사의 표식여부나 어휘적의미의 추상화여부를 기준할수 없으므로 오직 그 구조적성격에 의거하게 된다.

종래 여러 문법책들에서는 단어의 앞이나 뒤에 붙는 한자기원의 형태부로서 그 결합빈도수가 많은것은 몰밀어 덧붙이로 인정해왔다. 그속에는 《실》(도서실, 연구실), 《감》(책임감), 《식》(날림식, 흐름식) 등과 같이 혼자서도 형태를 갖추어 단어로 쓰일수 있는것들까지 적지 않게 들어있다.(실에서 조직한 일이다. 미안한감이 있다. 일하는 식이 다르다.)

이렇게 단독으로 쓰일 능력이 있는것들이 덧붙이로 될수 없는 것은 물론이거니와 그렇지 않은 《덧붙이》들만을 놓고보더라도 그자체로 단어가 될수 없다는 점과 다른 단어에 붙어서 새 단어를 이루는 빈도가 많다는 사실에만 근거해서 이를 덧붙이로 단정하는것은 지나친 속단이다.

고유어의 경우에는 일반적으로 어떤 덧붙이든지 단어에 가붙은것이므로 그것이 떨어져나와도 그 단어는 단어로서 유지된다. 례컨대 단어 《드세다》에서 앞붙이 《드》가 떨어져나와도 《세다》라는 단어가 남으며 《밀치다》에서 뒤붙이 《치》가 떨어져도 그 나머지의 《밀다》는 역시 단어로서 존재한다.

그러나 한자어에서는 《덧붙이》가 떨어지면 단어이기를 그만두는것이 보편적현상으로 되여있다. 례를 들면 단어 《물리학》에서 《뒤붙이》라고 하는 《학》이 떨어질 때는 《물리》라는 단어가 남을수 있으나 《화학》에서 《학》을 떼고 남은 《화》는 단어로 되지 못하며 《문학과》에서 뒤붙이라고 하는 《과》를 떼여도 《문학》이라는 단어가 남지만 같은 의미의 《문과》에서 《과》를 떼고 남은 《문》은 단어가 아니다.

그렇다고 해서 《물리학》의 《학》이나 《문학과》의 《과》만이 뒤붙이이고 《화학》의 《학》이나 《문과》의 《과》는 뒤붙이가 아니라고 할수 없으므로 《학》, 《과》 등이 단어의 뒤부분을 차지한 경우는 몰밀어 뒤붙이라고 하는수밖에 없게 된다. 이러고 보면 결국 여기서 뒤붙이는 그 구조적특성이나 의미적추상화에 의해서가 아니라 그것이 단어의 뒤부분을 차지하는 몫이 많다는 피상적인 빈도수에 의해서 식별되는것으로 된다.

앞붙이 역시 이런 방식을 따라서 례컨대 《최우등》의 《최》가 앞붙이라면 《최고》의 《최》도 앞붙이라고 하지 않을수 없게 되는것이다. 그러나 이렇게 되면 단어에서 어떤것이 말뿌리이며 도대체 한자어에 말뿌리가 몇이나 있는가 하는 문제가 뒤따르게 된다.

례를 들면 일부 문법책들에서 《최》(최신식, 최전선)나 《신》(신

기록, 신발명)을 앞붙이로 인정하고 《인》(류숙인, 예술인), 《교》(그리스도교, 라마교) 등을 뒤붙이로 취급했는데 그렇다면 《최신》은 말뿌리가 없이 두개의 앞붙이만으로 이루어진 단어로 되고 《신인》은 앞붙이와 뒤붙이만 가진 단어가 되며 《교인》은 뒤붙이 두개로 이루어진 단어로 된다.

이러한 모순은 특히 일부 문법책에서 같은 형태부 《초》에 대해서 《초가을》, 《초하루》 등에서는 앞붙이로 인정하고 《공사초》, 《회의초》 등에서는 뒤붙이로 취급한데서 더욱 두드러진다.

그런데 한자기원의 《덧붙이》로 되고있는것들은 그 대다수가 이처럼 모호한 성격을 띠고있어서 말뿌리없이 덧붙이만을 가진 단어가 례외적으로가 아니라 보편적으로 수없이 나타날뿐아니라 그 《덧붙이》자체도 때에 따라 앞붙이가 되기도 하고 뒤붙이가 되기도 하며 때로는 말뿌리 갈기도 하다가 이리저리 붙여보면 또 덧붙이이기도 한것이다.

이러한 사실은 결국 이것들이 덧붙이가 아님을 너무나도 뚜렷이 보여주는 증거라고 하지 않을수 없다.

그리하여 한자기원의 적지 않은 《덧붙이》들은 사실상 덧붙이가 아니며 하나의 말뿌리에 지나지 않는다. 물론 이가운데는 《영웅적, 인민적, 비교적》의 《적》, 《자동화, 계획화, 집단화》의 《화》, 《연구생, 기숙사생, 최우등생》의 《생》과 같이 그 의미상추상화와 고정된 위치로 하여 덧붙이로 인정할수 있는것들도 있으나 많은 《덧붙이》들은 덧붙이가 아니라 특수한 말뿌리이다.

일반적으로 말뿌리라는 말은 파생어나 합성어속에 들어있는 본래의 단어(말줄기)를 새 단어가 조성된 결과의 견지에서 그렇게 부르는것으로 되여있으나 그것은 단어를 조성하는 자료의 견지에서 본다면 어디까지나 단어(말줄기)인것이다.

단어조성자료의 견지에서까지 단어(말줄기)가 되지 못하고 항상 말뿌리상태로만 존재하는 그런 특수한 말뿌리도 있을수 있으니 한자말 말뿌리와 같은것이 바로 여기에 속한다. 이러한 말뿌리야말로 언제어디서나 말뿌리로만 존재한다는 의미에서 순수한 말뿌리라고 할수 있다. 이것은 그자체로서는 단어(말줄기)로 되지 못하면서도 그렇다고 덧붙이라고도 할수 없는 특종의 형태구조적단위이다.

이러한 한자말 말뿌리의 구조적특성은 특히 한자성구에서 명백히 드러난다. 례컨대 《이민위천》, 《오매불망》, 《불면불휴》, 《속전속결》 등 많은 한자성구에서 그속에 들어있는 개별적인 한자단어들은 덧붙이가 아님은 물론이고 각각 단어이거나 혹은 둘씩 묶어서 한 단어라고 할수도 없으며 오직 매개 한자단어들을 말뿌리로 인정하는 경우에만 그 구조적분석이 가능하게 된다.

이밖에 《동식물》(동물과 식물), 《수출입》(수출과 수입), 《륙해공군》(륙군, 해군, 공군) 등에서 보는바와 같은 독특한 축약현상이나 그런 축약의 하나로서의 《황철》(황해제철소), 《직맹》(직업동맹), 《총련》(재일본조선인총련합회) 등 합침준말도 말뿌리합성의 원리에 의해서만 그 구조가 설명될수 있다.

제2절. 토

1. 덧붙이와 토

단어는 문장을 이룰 때 여러가지 문법적형태를 취한다.

단어구조에서 문법적형태를 이루는 형태부는 일반적으로 덧붙이이며 말뿌리는 문법적의미를 나타내지 않는다. 덧붙이가운데도 우에서 본바와 같은것들은 어휘적의미를 나타내는 덧붙이이고 이밖에 문법적의미를 나타내는 덧붙이가 따로 있어서 앞의것을 단어조성의 덧붙이라고 하며 뒤의것은 형태조성의 덧붙이라고 한다. 이렇게 덧붙이중에서 단어조성의 덧붙이와 형태조성의 덧붙이를 가르는 것은 어디까지나 그 기능상차이를 기준으로 하는것만큼 말뿌리와 덧붙이를 가를 때와 같은 형태부의 구조적차이는 여기서 직접적전제로 되지 않는다.

이와는 달리 덧붙이는 그 기능에 관계없이 순전히 그 구조적성격의 차이에 따라 다시 보통의 덧붙이외에 특수한 덧붙이로서 굴절덧붙이와 교착덧붙이가 구별된다. 인디아-유럽어족의 경우에는 문장에서 흔히 단어의 끝부분이 굴절하기때문에 이를 외부굴절이라 하며 외부굴절을 하는 덧붙이를 말끄리라고 한다. 따라서 거기서는 단어에서 말뿌리, 보통의 덧붙이 그리고 특수한 덧붙이로서의 말끄리는 다 구조적성격이 서로 다른 세가지 형태부로 된다.

이전에 일부 문법가들은 조선어의 형태부를 류별할 때 그 구조적특성에 의거할 대신 기능적면에만 치우쳐서 우리 말의 토들가운데서 격토, 맺음토, 이음토, 규정토와 같이 단어의 문장론적위치를 지어주는 토들만을 말끄리의 기능에 맞먹는 토로 인정하고 존칭토, 시칭토 등은 그것이 단어의 문장론적위치와 관련되지 않는다고 해서 토에서 제외하여 형태조성의 덧붙이로 부르면서 단어조성의 덧붙이와 함께 말줄기에 포함시켰다. 그리하여 례컨대 《남기시였다》에서 《다》만이 토이고 《시》나 《였》은 덧붙이이며 이에 따라 《남기시였》까지가 말줄기라고 주장했다.

그러나 인디아—유럽어족에서 말뿌리, 덧붙이, 말끄리 등의 구별은 결코 기능상의 구별이 아니라 구조상의 구별이며 따라서 말끄리와 덧붙이의 구별도 오직 굴절적성격이 있고없음에 따르는것이고 그 어떤 기능적(의미적)차이에서 출발한것이 아니다. 바로 그렇기때문에 단어조성의 덧붙이는 어휘적의미를 가짐에도 불구하고 역시 어휘적의미를 가지는 형태부인 말뿌리와 같은 부류에 속하지 않으며 로어의 과거시칭덧붙이와 같이 문법적의미를 가지는 덧붙이도 역시 문법적이라는 의미상공통성을 가진 형태부인 말끄리와 같은 부류로 되지 않고 오히려 어휘적의미를 가지는 형태부인 단어조성의 덧붙이와 함께 덧붙이에 속하는것이다.

조선어의 경우에도 말뿌리, 덧붙이, 토 등의 구별은 응당 구조적차이에 따라야 하며 결코 기능적(의미적)차이에 따라 좌우될수는 없는것이다. 만일 기능(의미)의 차이가 형태부의 종류를 구별하는 기준으로 된다면 단어조성의 덧붙이나 형태조성의 덧붙이나 다 같이 덧붙이에 속한다는 그 사실자체가 벌써 자체모순이 아닐수 없다.

그러므로 조선어에서 덧붙이와 토의 구별은 어디까지나 교착적성격이 있고없음을 기준으로 해야 하며 이에 따라서 례컨대 《남기시였다》에서는 《다》만이 아니라 《시》나 《였》도 응당 토로 보고 《기》만을 덧붙이로 인정해서 《남기》까지를 말줄기로 간주해야 한다.

이리하여 조선어에서 덧붙이와 토는 결국 넓은 의미의 덧붙이 속에서 교착적이 아닌 보통의 덧붙이 즉 좁은 의미의 덧붙이와 교착성을 가지는 특수한 덧붙이를 구별한 두가지 서로 다른 개념으로 된다. 이것은 인디아-유럽어족언어들에서 넓은 의미의 덧붙이속에서 굴절하지 않는 보통의 덧붙이와 굴절하는 덧붙이를 구별하여 앞의것을 좁은 의미의 덧붙이로, 뒤의것을 말끄리로 규정하고있는것과 같은 원리로 된다.

인디아-유럽언어들의 말끄리가 다 문법적의미를 가지듯이 조선어의 토도 모두 문법적의미를 가진다. 그리하여 조선어의 토는 문법적의미를 가진 교착덧붙이로 된다. 따라서 우리 말에서 어떤 뒤붙이가 토로 인정되기 위해서는 그 의미가 문법적이여야 하며 첨가방식이 교착적이여야 한다. 이 두가지 조건을 겸비하지 못하는 한 그것은 토가 아니다.

2. 어휘문법적덧붙이

근간의 여러 문법책들에서는 《녹이다, 잡히다, 남기다, 날리다》 등의 《이, 히, 기, 리》류도 토로 인정하여 이것을 《상토》라고 부르고있다. 이것은 지난 시기 존칭토 《시》나 시칭토 《았(었, 였)》까지 덧붙이라고 하면서 토에서 제외한것과 대조를 이루는 편견이라고 할수 있다.

조선어에서 문법적형태를 이루는 기본수단이 토라고 하여 문법적의미가 있는 형태부는 그 구조적성격에 관계없이 몰밀어 토로 보아야 한다고 하는데는 론리적비약이 있으며 이러한 해석이 조선어의 문법체계를 토의 체계로 일색화하는데 유리하다고 할지라도 이런 주관적욕구에 따라 어떤 형태부의 본질이 좌우될수는 없는것이다. 그 객관적타당성은 응당 객관적언어현실에 따라 확증되여야 한다.

우에서 든 《이, 히, 기, 리》류가 참말로 다른 토들처럼 순수한 문법적의미와 뚜렷한 교착적성격을 가졌는가? 그렇다면 틀림없는 토이겠지만 그렇지 않다면 이것은 특수한 토라기보다 토자체가 아닐것이다.

우선 그 의미가 순수 문법적이 아니다.

그 의미가 문법적이라고 하는 근거로서 례컨대 《먹다－먹이다－먹히다》는 하나의 《먹》는 행동과 관련된 동일한 동사로 파악되고 각각 딴 어휘적의미를 가지는 다른 동사로 파악되지 않는다는 점을 들고있으나 이것은 일면적인 고찰이다.

상의 범주를 나타내는 《이, 히, 기, 리》류는 존경, 시태 등을 나타내는 토들과는 달리 동사의 행동적성격자체를 변화시킨다는 사실을 고려할 때 《먹》는것만이 행동이 아니라 《먹이》고 《먹히》는것도 하나의 행동이다. 이에 따라 《먹다－먹이다－먹히다》사이에는 《먹》는 행동의 공통성을 전제로 한 문법적형태의 세가지 차이가 있는 동시에 《먹》고 《먹이》고 《먹히》는 행동의 비공통성에 기초한 어휘적의미의 세가지 차이도 있어서 결국 이것은 한 동사의 세개 형태인 동시에 서로 다른 세개 동사로 된다.

이것이 서로 다른 동사라고 하는것은 서로 다른 동사부류인 자동사와 타동사의 경계선을 넘나드는것으로 보아서도 명백하다. 《먹다》와 《먹이다》는 다같이 타동사에 속하지만 《먹히다》는 벌써 타동사의 한계를 벗어나 자동사의 령역에 들어서는것이며 《녹다》는 자동사이지만 《녹이다》는 그 사역형인 동시에 타동사인것이다.

이처럼 단어부류의 계선을 초월하는 현상은 동사와 형용사의 경계선을 사이에 두고도 나타난다.

흔히 말하기를 동사 《녹다, 앉다》에 《이, 히》가 들어가서 《녹이다, 앉히다》로 된것은 상이라는 문법적의미로 변함으로써 형태조성으로 되지만 형용사 《높다, 넓다》에 《이, 히》가 붙어서 《높이다, 넓히다》로 된것은 형용사의 상이란 원래 있을수 없으므로 어휘적의미의 변화로 보아서 단어조성으로 간주해야 한다고 한다.

그러나 이러한 연역론리는 언어현실의 검증을 거쳐야 한다. 더구나 인디아－유럽어족언어들에 없는 형용사의 시칭형태가 조선어에는 존재한다는것이 객관적현실인데 이에 따라 형용사도 시칭범주를 가질수 있다는것이 공인되고있는데 비추어보아도 그저 형용사이기때문에 상범주를 가질수 없다고 하는것은 지나친 속단이 아닐수 없다.

그런데 조선어의 구체적현실과 조선사람의 언어감각으로 볼때 《녹》고 《앉》게 하는것이 《녹이》고 《앉히》는것처럼 《높》고 《넓》게 하는것이 《높이》고 《넓히》는것이라는 이 엄연한 의미적공통성을 무엇으로도 부인할수 없다. 그리고 《녹다, 앉다》가 형태부 《이, 히》에 의해 《녹이다, 앉히다》로 변함으로써 자동사라는 한 단어부류로부터 타동사라는 다른 단어부류로 넘어간것처럼 《높다, 넓다》가 같은 형태부 《이, 히》에 의해 《높이다, 넓히다》로 변함으로써 형용사라는 한 단어부류로부터 동사라는 다른 단어부류로 넘어갔다고 하는 이 명백한 공통성도 그 무엇으로써도 거부할수 없는것이다.

이러한 언어적, 론리적공통성을 리론적으로 확증하는 길은 형태부 《이, 히, 기, 리》류가 상형태를 조성하는 문법적의미와 함께 다른 단어를 조성하는 어휘적의미도 가지는 어휘문법적형태부임을 인정하는 그 길밖에 없다.

그렇지 않으면 이들이 동사에 붙을 때는 문법적, 형태조성적형태부이고 형용사에 붙을 때는 어휘적, 단어조성적형태부라고 하면서 하나의 형태부를 인위적으로 두개의 동음이의적형태부로 갈라놓는 결과를 가져오게 된다.

이런 론단에 대한 반증으로 형태부 《기》에 바꿈토 《기》와 단어조성적뒤붙이 《기》가 있듯이 이 형태부 《이, 히》류에도 문법적인 상토 《이, 히》류와 단어조성적뒤붙이 《이, 히》류가 능히 병존할수 있다고 하지만 이러한 비교는 좀더 심사숙고할 여지가 있다.

바꿈토 《기》가 붙은 서술적대상형은 단어부류를 가리지 않고 이루어지는 순수 문법적서술성에 순수 문법적대상성이 단계적으로 겹친 형태이고 단어조성적뒤붙이 《기》가 붙은 파생명사는 용언의 일부 말뿌리에 기초해서만 이루어지는 순수 어휘적서술성에 어휘문법적(품사적)대상성이 가해진것으로서 이러한 차이는 그 형태구성과 문장론적기능에서 뚜렷이 나타난다.

○ 이를 이미 아시였기가 다행이다.
(객어) (양상어) [서술적대상형]

○ 초여름의 홍겨운 모내기가 한창이다.
(규정어) (규정어) [파생명사]

그러나 문제의 형태부 《이, 히》류는 오직 용언에만 그것도 극히 제한된 일부 고유어의 말뿌리에만 붙으며 동사에 붙을 때나 형용사에 붙을 때나 꼭같은 어휘문법적의미를 더해준다.

○ 눈을 녹인다.
(객어) [자동사 사역형=타동사]

○ 열의를 높인다.
(객어) [형용사 사역형=타동사]

또 형용사의 상형태라면 응당 형용사에 속해야지 어떻게 동사로 넘어갈수 있으며 동사적인 행동성의 개입이 없이 어떻게 형용사적인 상태나 성질을 《사역》이나 《피동》(《중동》)으로 되게 할수 있으며 어휘문법적뒤붙이라는 개념은 도대체 성립될수 있는가 하는 세가지 론박도 그 순서를 바꾸어 문제해결의 출발점을 언어현실에 둘 때 하나의 해답을 위한 련쇄적고리를 이룰뿐이다.

이미 우에서 본것처럼 《이, 히, 기, 리》류에 현실적으로 문법적의미가 있어서 형태들의 대응이 이루어지고 실지 어휘적의미가 있어서 파생적인 동사들이 조성되므로 그것은 어휘문법적뒤붙이일수밖에 없으며 그런 뒤붙이이기때문에 행동적의미를 가진 상형태를 구성하며 이에 따라 형용사는 동사로 전환되는것이다. 그리고 이 종착점에서 다시 돌이켜보더라도 품사부류나 자동사, 타동사의 부류를 단어의 어휘문법적부류로 인정하는 한 상형태를 조성하면서 그런 어휘문법적부류의 전환을 가져오는 수단으로서의 뒤붙이가 어휘문법적뒤붙이임을 부인하는것은 앞뒤모순이 아닐수 없다.

다른 언어의 경우를 놓고보더라도 이와 같은 현상이 없지 않아서 례컨대 로어에서 타동사에 특수한 뒤붙이 《ся》를 붙여서 피동상을 나타낼 때(《строить→строиться》) 그 타동사는 자동사로 전환된다. 이렇게 동사의 상형태가 자동사, 타동사의 계선을 넘어서는것이나 형용사의 상형태가 품사의 계선을 넘어서 동사로 되는것이나 단어부류의 소속을 바꾼다는 점에서 그 본질과 원리는 다름없는것이다.

다음으로 《이, 히, 기, 리》류의 첨가방식은 교착적이 아니다.

한 형태부의 의미가 문법적, 형태조성적인것인가 어휘적, 단어조성적인것인가 하는것이 그 기능에 관한 문제라면 어떤 형태부가 단순히 밀착하는가 아니면 교착하는가 또는 굴절하는가 하는것은 그 구조에 관한 문제로서 서로 다른 각도에서 고찰되여야 한다.

이에 따라 한 언어의 문법적형태부안에서도 밀착, 교착, 굴절의 관점에서 서로 다른 류형이 구별되며 언어의 형태구조적류형은 그중 어느것이 지배적인가에 따라 결정될따름이다. 이리하여 례컨대 교착어에 속하는 일본어에서도 명사류의 문법적형태는 덧붙이(《조사》)의 교착에 의해서 조성되지만 동사류의 문법적형태는 우선 굴절적변화(《활용》)로 이루어지고 그뒤에 때로 덧붙이(《조사》)가 다시 교착한다. 또 굴절어에 속하는 로어에서도 성, 수, 격, 인칭 등의 문법적형태는 굴절말끄리에 따라 조성되지만 동사의 과거시칭형태나 형동사, 부동사형태, 형용사의 비교급, 최상급형태와 같은 문법적형태는 뒤붙이의 첨가에 의해서 이루어진다.

굴절어의 뒤붙이가운데는 지어 단편적으로나마 교착적성격을 가진것까지 있는데 로어에서 동사 2인칭 복수명령형에 쓰이는 뒤붙이 《те》(《идите》)나 상의 의미를 가지는 뒤붙이 《ся》(《строиться》)는 굴절말끄리뒤에 다시 붙는다는 점에서 교착적이며 이에 따라 보통의 뒤붙이 《суффикс》와 구별하여 이것을 《постфикс》라고 부르고있다.

영어에서 소유격형태를 이루는 뒤붙이 《s》도 그것이 개별적단어뿐아니라 두개이상의 단어로 이루어진 단어결합이나 구뒤에도 붙어서 그 덩어리전체의 문법적의미를 나타내는것으로 보아(《John and Mary's room》) 또한 교착적이라 할수 있다.

조선어에서는 옛날에 현저했던 굴절적변화가 오늘날 극히 단편적으로 남아있는 현상(《나→내》, 《여기→여게》)을 제외한다면 순수 문법적형태는 다 토로 이루어지는데 토는 단일한 문법적의미와 일정한 어음구성으로써 철저히 규격화되여 여러 품사의 여러 단어부류에 다 붙고 이미 이루어진 단어형태뒤에 다시 덧붙기도 하면서 개별적단어뿐아니라 여러 단어로 이루어진 문장구조적단위의 문법적 의미를 나타내기도 함으로써 교착물의 전형으로 되고있다.[《조선어형태부의 교착성문제》 조선어문, 주체79(1990)년 2호, 32~33페지]

그런데 상형태를 이루는 형태부 《이, 히, 기, 리》류는 토의 이러한 특징들중 어느 한 특징도 가지지 못해서 품사의 하나인 동사, 형용사가운데서도 제한된 단어부류인 고유어의 제한된 일부 단어의 말뿌리에만 붙고 다른 단어형태뒤에 덧붙지도 못하며 그 문법적의미의 한계도 개별적단어의 범위를 벗어나지 못한다. 따라서 이들은 여러모로 교착성을 갖춘 전형적인 교착적형태부로서의 토의 하나로 될수 없음은 물론이고 로어나 영어에서 부분적으로 교착적특성을 보이는 특수한 뒤붙이 《te》, 《с я》, 《s》와 같은 정도의 교착물로조차 되지 못한다. 사실상 《이, 히, 기, 리》류는 그 구조적성격으로 볼 때 다른 단어조성의 뒤붙이들과 조금도 다를바 없다.

이상에서 보는바와 같이 상의 형태부 《이, 히, 기, 리》류는 그 의미가 순수 문법적이 아닌데다가 특히는 그 첨가방식이 교착적이 아닌만큼 도저히 순수 문법적의미를 가진 전형적교착물로서의 토에 속하는 《상토》로 될수 없으며 마땅히 어휘문법적의미를 가진 보통 뒤붙이로서의 상뒤붙이로 인정되여야 한다.

3. 토와 말끄리

조선어가 그 형태구조적류형에서 굴절어와 엄격히 구별되는 교착어에 속한다고 하는것은 론의할 여지없는 상식으로 되여 있다.

그러나 이것은 조선어에는 오직 교착적현상만 있고 굴절적현상은 전혀 없다거나 또는 조선어가 그 발생발전의 초시기부터 줄곧 오늘날과 같은 전형적교착어였다는것을 의미하지는 않는다.

우선 조선어에도 단어조성의 면에서 《달랑-덜렁》, 《이것-요것》, 《주먹-조막》과 같은 내부굴절이 있다는것은 다 아는 사실이다.

그런데 옛날에는 이러한 내부굴절이 단어조성에 리용되는것과 함께 외부굴절이 주로 문법적형태를 조성하는데 리용되였다. 그 잔재적현상은 오늘도 《영남이가－영남아》에서 보는바와 같이 고유명사의 격형태에 남아있으며 동북방언을 비롯한 방언들에는 보통명사에서도 《갈기(가루가)－갈그(가루를)》, 《냉기(나무가)－낭그(나무를)》, 《애끼(아우가)－아끄(아우를)》 등 많이 나타나고있다. [《조선어음운과 형태》, 주체81(1992)년, 319～324페지]

또 현대조선어에서 단어조성의 뒤붙이로 인정되고있는 《이》(애꾸눈이, 앞잡이, 털털이, 높이, 높이다), 《오(우)》(도로, 되우, 비우다) 등도 그 기원으로 보아서는 굴절적성격을 가진 말끄리였다고 할수 있다.

현대조선어에서 외부굴절을 가장 뚜렷하게 보여주는것은 《나→내》, 《너→네》, 《저→제》, 《빛나다→빛내다》와 같이 말끄리가 말줄기끝의 음운과 얽혀서 하나의 소리마디로 통합된것이다.

지금 결합모음 또는 련결모음이라고 부르고있는 《으》(붓으로, 녹으면) 역시 이러한 굴절말끄리에 유래하는것이다.

그런데 조선어에는 이러한 《으》와 매우 비슷한 단위로서 또한 《아(어)》가 있다. 례컨대 《높아도》, 《깊어야》에 들어있는 《아(어)》는 그것이 자기 고유의 문법적의미를 별로 나타내지 못하는 점으로 보나 그 어음론적성격으로 보아 《높으니》, 《깊으면》속에 들어있는 《으》와 별로 다를바 없다.

그럼에도 불구하고 우리의 문법책들에서 《아(어)》를 《으》와 구별하여 이음토에 넣는 리유는 그것이 《산이 높아 못 오른다.》, 《물이 깊어 배로 건는다.》에서와 같이 그에 고유한 문법적의미를 뚜렷이 나타낼 때가 많고 또 《보아도》, 《주어야》에서처럼 결합모음(련결모음)이 요구되지 않는 열린소리마디뒤 즉 모음뒤에도 붙기때문이다.

그중 《높아도》, 《깊어야》, 《보아도》, 《주어야》의 《아》, 《어》는 독자성을 잃고 뒤에 붙은 도움토와 더불어 《아도》, 《어야》와 같이 하나의 토로 융합되고말았다.

이처럼 《아(어)》는 구조적면에서 굴절적성격을 다분히 가지고있으며 다른 토들과 같은 정도의 교착성이 없는것이 사실이다.

바로 그렇기때문에 우리 말의 합성어가운데서 용언과 용언의 단어합성류형에는 《돌아가다》, 《싫어하다》, 《쥐여짜다》와 같이 오직 《아(어, 여)》만이 들어있고 《고》, 《며》 등 다른 이음토들은 나타나지 않는것이다.

또한 《아(어, 여)》가 가지는 이러한 굴절적성격으로 해서 《덜어→더러》, 《미치여→미처》와 같이 그것이 붙은채로 용언이음형이 부사로 전환되거나, 나아가서는 《(고개)너머로 간다.》, 《(강)건너에서 왔다.》와 같이 명사로 전환된 례까지 있으며 또 이러한 대상성까지는 얻지 못한 경우라도 《올라를 간다.》, 《읽어를 보았다.》에서처럼 그뒤에 격토가 붙어서 마치 객어(《직접보어》)와도 같이 쓰이는 경우가 있는것이다.

이러한 사실은 《아(어, 여)》가 용언의 한개 굴절말끄리로서 용언말줄기가 단어형태를 갖추기 위해 가장 자연스럽게, 쉽게 취하는 구조적단위이며 용언의 불가분의 구성부분임을 말해주는것이다.

지금 서북방언같은데서는 《받은 편지》를 《받안 편지》, 《읽은 책》을 《읽언 책》, 《일한 사람》을 《일핸(하연) 사람》이라고 함으로써 결국 이음형 《아(어, 여)》뒤에 규정토 《ㄴ》가 붙는것인데 옛문헌들에서도 이러한 현상을 적지 않게 찾아볼수 있다.

《죽다가 살언 百姓》(룡비어천가 25장), 《ᄃᆞᆰ이 울언디 세홰니》(로걸대언해 상, 34장), 《달라 ᄒᆞ연디 半年이로ᄃᆡ》(박통사언해 상, 31~32장), 《그 문을 마갇디 열ᄒᆞᆫ히러라》(셔됴힝장 7장), 《ᄒᆞᆫ삶을 ᄉᆞ언지도 오리러니》(박인로 《루항사》 5장) 등이 다 그런 례이다.

이러한 형태도 그 생성경로는 《받아있는→받았는→받안》, 《읽어있는→읽었는→읽언》, 《하여있는→하였는→하연》으로 추정할수 있다. 어쨌든 이쯤 되고보면 《아(어, 여)》는 벌써 이음형으로서의 문법적의미를 상실한것이며 그 기능으로 볼 때 결합모음(련결모음) 《으》와 별반 차이가 없게 된것이다.

이와 같이 《받안》, 《읽언》, 《핸》에서 《아(어, 여)》는 본래의 기능을 잃음에 따라 문화어에서는 이 《아(어, 여)》를 결합모음(련결모음) 《으》로 바꾸어 《받은 편지》, 《읽은 책》이라고 하거나 혹은 그런 《으》자체가 요구되지 않는 열린소리마디뒤에서는 그것을 아주 떼여버리고 《한 일》과 같이 발음하게 된것이다.

이처럼 굴절적성격이 짙은 《아(어, 여)》가 오늘날 말끄리가 아니라 교착덧붙이로 취급되는데서 결정적계기로 된것은 그와 말줄기사이에 존칭토 《시》나 시태토 《았(었, 였)》이 끼이게 된것이다.

《받아》, 《읽어》, 《하여》의 《아》, 《어》, 《여》는 굴절말끄리로 본다해도 《받았어》, 《읽었어》, 《하시여》의 《어》, 《여》까지 말줄기로부터 교착적인 토 《았》, 《었》, 《시》를 뛰여넘어 말끄리라고 할수는 없는것이다. 그리하여 이것 역시 토로 보게 되고 이에 따라 말줄기에 직접 붙은 《아》, 《어》, 《여》도 같은 형태부인것만큼 함께 토로 인정되게 된것이다.

력사문법은 존칭토 《시》나 시태토 《았(었, 였)》이 《이시다(있다)》소속임을 증명해주고있다. 따라서 《하시여》는 《하야이시여》에서 이음형의 문법적의미를 잃은 《야(여)》와 말뿌리의 어휘적의미(존재)를 잃은 《이》가 떨어진 결과이고 《보았어》, 《읽었어》는 《보아이시여》, 《읽어이시여》에서 역시 이음의 의미를 잃은 말끄리 《아(어)》가 존재의 어휘적의미를 잃고 떨어진 말뿌리 《이》뒤의 《시여》와의 결합을 거쳐 어음변화를 일으킨 결과이다.

이렇게 놓고볼 때 《보았어》, 《읽었어》, 《하시여》의 토 《아(어, 여)》는 원래의 말줄기 《보》, 《읽》, 《하》에 붙었던것이 아니라 그뒤에 다른 말줄기 《이》에 붙었던것이라는 점에서도 《보》, 《읽》, 《하》의 굴절말끄리가 아니라 외부로부터 거기에 가붙은 교착토라는것이 명백하다.

이상과 같이 우리 말의 문법적형태부의 일부를 차지했던 굴절적말끄리들은 장구한 언어사적과정을 거쳐 교착적토로 전환함으로써 우리 말은 교착어의 전형으로 되게 되였다.

4. 련결모음과 끼움자음

조선어단어구조에는 최소의 유의미적단위로서의 형태부가 있는 이외에 어떤 의미도 가지지 않으면서 형태부 호상간의 어음상련결을 순탄하게 해주는 무의미적단위로서 련결모음이 존재한다.

이러한 련결모음은 자음과 자음이 겹치는것을 막기 위해 그 사이에 출현하는데 흔히는 자음으로 끝나는 단어(말줄기)에 자음으로 시작되는 토가 올 때 나타난다. 례컨대 《책이랑》의 《이》나 《퍼그나(퍽으나)》, 《손으로》, 《꺾으니》의 《으》가 이에 속한다.

이것은 단어(말줄기)내부의 말뿌리나 덧붙이사이에서도 나타난다. 《돌이키다》, 《들이키다》, 《일으키다》, 《끄트머리(끝으머리)》, 《너부죽(넙으죽)》, 《구두쇠(굳으쇠)》, 《늘그막(늙으막)》, 《발그므레(밝으므레)》의 《이》, 《으》가 그런 례이다.

이러한 《이》나 《으》는 그 기원으로 보아서는 대체로 격형태(《으》), 상형태(《이》), 이음형(《으》), 말뿌리(《이》) 등 유의미적단위였지만 이미 그러한 기능을 잃고 자음겹침을 막는 어음론적완충작용을 위해서만 남아있게 된것이다. 이런 점에서 우리 말의 련결모음은 자음과 자음사이에 외부로부터 끼여들어간 인디아－유럽어족의 《결합모음》과 그 연원이 다르다고 할수 있다.

오늘날 문화어에서 이러한 련결모음은 단어(말줄기)에 토가 붙는 경우에 한하여 얼마간 규칙성을 띠고있다. 즉 련결모음 《이》는 체언이 자음으로 끝난 뒤에 《나, 란, 야, 라도, 랑》과 같은 도움토가 붙을 때(《소년이나, 소년이란, 소년이야, 소년이라도, 소년이랑》)에 나타나고 련결모음 《으》는 단어(말줄기)의 끝소리가 자음이 되 그뒤에 자음 《ㄹ, ㅁ, ㅂ》로 시작되는 토가 올 때(《공장으로, 받으면, 받읍시다》)와 《ㄴ, ㅅ》로 시작되는 일부 토가 올 때(《받으니, 받은, 받은들, 받으나, 받으시오》)에 출현한다.

그러나 이와 같은 제한된 규칙성도 여러 방언을 놓고볼 때는 일관되여있지 않아서 문화어에 나타나는 련결모음이 방언에서는 떨어지기도 하고(《세시간이나→세시간나》, 《오늘이야→오늘사》) 문화어에서 나타나지 않는 련결모음이 방언에서는 나타나기도 하며(《높구→높으구》, 《아시라구→알으시라구》, 《같다→같으다》, 《늦다→늦이다》) 문화어단어(말줄기)내부에 없는 련결모음이 방언에서 나타나는 등(《열매→열으매》, 《갈매기→갈으뫼기》, 《불개→불으개》) 천태만상이다.[《조선어음운과 형태》 주체81(1992)년, 135~137페지]

우리 말 단어구조속에 나타나는 무의미적단위가운데는 련결모음과 함께 끼움자음도 있다.

끼움자음은 발음상박력을 주기 위해 모음으로 끝나는 형태부끝에 첨가해서 열린소리마디를 닫긴소리마디로 만드는 자음이다.

《굽인돌이》, 《건넌방》의 《ㄴ》, 《우격다짐》의 《ㄱ》, 《자장가》의 《ㅇ》 같은것이 그러한 례이다. 《웃방》, 《옛날》, 《바닷가》 등의 사이소리 《ㅅ》도 본질상 이러한 끼움자음이라 할수 있고 《오락가락》, 《쥐락펴락》, 《붉으락푸르락》의 《ㄱ》, 《이러쿵저러쿵》, 《죽을둥살둥》, 《할둥말둥》, 《너랑나랑》의 《ㅇ》, 《느릿느릿》, 《구깃구깃》의 《ㅅ》도 그 기원으로 보아 단어형태뒤에 붙은 이러한 끼움자음이다. 나아가서 오늘날 입말에서 가끔 《좋은가 해서》를 《좋은간 해서》라고 발음하는것을 듣게 되는데 맺음형뒤에 붙이는 이 《ㄴ》 역시 그 기능으로 보아 같은 끼움자음이라고 할수 있다.

일부 문법가들은 우에 든 례들 (《굽인돌이》, 《건넌방》, 《우격다짐》, 《자장가》)에 대해서 련결모음과 짝을 이루는 《련결자음》으로 인정하고있는데 이 자음들은 련결모음이 자음과 자음이 겹침을 막기 위해 그사이에 나타나듯이 모음과 모음이 겹쳐지는 사이에 나타나는것이 아니라 모음과 자음사이에 끼여서 오히려 자음과 자음의 겹침을 가져온다. 따라서 이들은 어떤 련결자음이 아니며 열린소리마디밑에 붙어 닫긴소리마디를 산생하는 하나의 끼움자음이다.

문법가들은 이러한 자음들뿐아니라 단어구조속에 들어있는 규정토도 한개 《련결자음》으로 규정하고있는데 그 근거는 규정토가 가져야 할 시간의 의미가 없다는것이다.

그러나 그런 례로 들고있는 《된장》, 《잔돈》 등의 《ㄴ》는 일반적인 형용사현재형과 다름없으므로 따로 론의할 여지가 없거니와 《멜끈》, 《질빵》, 《쓸개》 등의 《ㄹ》에 시간적의미가 없다고 하는 말도 별로 새로운것이 아니다. 조선어에서 규정토 《ㄹ》가 가끔 시간(미래)의 의미를 초월해서 쓰이는것은 예로부터 있던 현상이다. 그 대표적인 례를 오랜 옛날에 고착된 한자소리읽기에서 볼수 있는데 동사규정형은 모두가 《올 래(來)》, 《날 생(生)》과 같이 《ㄹ》토로 되여있고 형용사도 거의 전부가 《찰 한(寒)》, 《푸를 청(靑)》과 같이 《ㄹ》토를 취하되 《흰 백(白)》, 《큰 대(大)》와 같은 몇개만이 《ㄴ》토를 취하고있는데 크다는 의미의 규정형은 《큰 대(大)》의 《큰》과 함께 《클 태(泰)》의 《클》로도 나타나고있는것이다.

옛날에는 이러한 용법이 일반적이여서 초기국문문헌이래 《相볼 사ᄅᆞ미 닐오ᄃᆡ》(월인석보 2권, 23장), 《아니 ᄉᆞᆯ필고디 업ᄉᆞ시며》(션됴힝장 32장), 《글 닐그리 하더라》(션됴힝장 19장) 등 많은 실례를 보이고있으며 오늘날도 《일할 때》, 《말할 멋》, 《들을 탓》, 《급할 경우》 등에서 그런 현상을 볼수 있다.

이러한 결합형식이 바로 오늘날 《디딜방아》, 《쥘손》, 《쓸모》, 《쉴참》, 《데릴사위》 등 합성어나 《앉을뱅이》, 《장돌뱅이》와 같은 파생어 그리고 《걸볼 안》, 《들을이 짐작》 같은 성구속에 나타나고있는것이다.

형용사에서 오늘날 문화어의 《할아버지》, 《할애비》와 사투리의 《한아바이》, 《한애비》가 뜻같은말이고 또 이 말이 사투리에 따라 《큰아버지》나 《클버지》로 쓰이는것 역시 이러한 현상이다..

《ㄹ》뿐아니라 《ㄴ》도 시간(동사과거)의 의미를 초월해서 쓰인 경우가 있는데 《월인석보》(1권, 27장)의 《馬兵은 ᄆᆞᆯ ᄐᆞᆫ 兵이오 車兵은 술위 ᄐᆞᆫ 兵이오 步兵은 거른 兵이라》나 《션됴힝장》(30장)의 《비 업티ᄂᆞᆫ 양 그린 그림이니 경계ᄒᆞᆫ ᄠᅳᆺ이라》등이 그러한 례이다.

오늘날 《밥 탄 내》라고 하거나 《모른체 한다.》, 《알은체 한다.》고 할 때의 《ㄴ》나 《조국을 위한 싸움》, 《인민에 대한 사랑》, 《로동의 질과 량에 의한 분배》라고 할 때의 《ㄴ》 역시 과거의 시간적의미를 떠난것이다.

우리 말 규정토들의 기본기능은 체언으로 나타난 대상의 성질, 상태 등을 규정해주는것이고 시간적선후관계는 거기에 덧실려있는 문법적범주다. 이것은 맺음형의 기본기능이 문장을 끝맺는것이고 말차림, 법 등의 관계는 거기에 덧붙은 문법적범주인것과 마찬가지이다. 그래서 그 명칭도 규정토에 규정형이고 맺음토에 맺음형이다.

그러므로 경우에 따라 시간의 의미를 잃어도 규정토는 의연히 규정토이고 그로 하여 형성된 규정형도 의연히 규정형이며 그것은 문장론적으로는 규정어로 된다. 이것은 입말과는 달리 글말에서 일반적으로 맺음토, 맺음형이 말차림을 잃었다고 해도 의연히 맺음토, 맺음형이고 문장에서 술어(《맺음술어》)로 되는것과 같은 원리이다.

이러한 견지에서 볼 때 비록 시간적의미는 없어도 규정의 기본의미는 뚜렷이 가지고있는 규정토를 놓고 유의미적인 형태부가 아니라 무의미적인 《련결자음》이라고 하면서 그중 특히 《ㄹ》를 《련결자음》의 전형으로 내세우는것은 타당하다고 볼수 없다. 이런 경우의 《ㄹ》나 《ㄴ》도 규정의 기본의미를 가지고 규정어와 피규정어의 결합론리에 따라 합성어를 조성한것이다.

제3절. 말줄기

1. 단어와 말줄기

단어를 그 유의미적구성요소로 분석함에 있어서는 최소의 유의미적단위로서의 형태부를 갈라내는것과 함께 다른 각도에서 말줄기를 갈라내기도 한다.

일반적으로 말줄기는 단어에서 끝부분의 문법적형태부를 제외한 나머지로 규정되고있다. 그리하여 인디아-유럽언어들의 경우에는 굴절말꼬리를 제외한 나머지가 말줄기로 되고 조선어에서는 단어에서 토를 제외한 나머지가 말줄기로 된다. 례컨대 《휩싸이시였다》에서 《시》, 《였》, 《다》 등 토들을 제외한 《휩싸이》가 말줄기로 된다.

그렇다고 해서 일부 문법책에서처럼 말줄기는 형태부들이 집결해서 이루어지는 단위라고 단정해서는 안된다. 말줄기라는 개념자체가 보여주듯이 그것은 단어의 한개 구조적단위이기는 하나 형태부와 같은 최소의 단수적단위도 아니고 그보다 큰 복수적단위도 아니며 일정한 수효의 문법적형태부를 제외한 나머지이기때문이다. 이러한 나머지구조는 우에서 례로 든 《휩싸이》처럼 말뿌리와 앞붙이, 뒤붙이를 다 갖춘 형태부의 집결체일수도 있고 《휩싸시였다》, 《싸이시였다》, 《휩싸》, 《싸이》처럼 말뿌리와 앞붙이 또는 말뿌리와 뒤붙이로 이루어지거나 《남으시였다》의 《남》처럼 한개 말뿌리와 일치할수도 있는것이다.

이처럼 말줄기는 단어에서 어휘적의미를 가진 부분전체이며 그뒤에는 문법적의미를 가진 토가 련결되는만큼 토가 상대하는 첨가대상은 어떤 말뿌리나 덧붙이가 아니라 말줄기이다. 따라서 《싸다》, 《남다》와 같이 말뿌리 하나로 된 단어에서 말뿌리와 말줄기가 구조적으로 일치하는 경우에도 토는 말뿌리로서의 《싸》나 《남》이 아니라 말줄기로서의 《싸》, 《남》에 붙는것으로 된다.

조선어에서는 단어의 순수한 문법적의미는 오직 토에 의해서만 표현되고 덧붙이는 이렇게나저렇게나 어휘적의미를 가지면서 단어조성의 기능을 논다. 《휩싸이다》의 《이》나 《남기다》의 《기》와 같은 상의 덧붙이(뒤붙이)는 특별히 문법적의미도 가지지만 이것 역시 그 문법적형태를 조성하는 기능과 함께 단어조성적기능도 놀고 있는것이다.

이에 따라 조선어에서는 말줄기의 구성이 달라지면 무조건 다른 단어로 된다. 이것은 로어와 같은 언어에서 과거시칭의 덧붙이(뒤붙이)가 있고없음에 따라서도 말줄기는 달라지나 단어는 달라지지 않는것과 구별되는 특징이다. 로어에서는 그러한 구조적성격과 기능적내용의 불일치가 있음으로 하여 과거시칭뒤붙이까지 포괄하여 말줄기라고 하다가도 다시 단어조성의 견지에서 단순말줄기, 파생말줄기, 합성말줄기 등을 구별할 때는 그런 문법적덧붙이를 제외한 말줄기를 념두에 두는 말줄기의 개념상 이중성이 있으나 조선어에서 말줄기는 언제나 단어에서 변하지 않는 부분으로 인정되고 토만이 변화하는 부분이라고 할수 있는것이다.

이와 같이 조선어에서 단어의 구조적부분으로서의 말줄기와 토의 구획은 단어의 어휘적의미의 부분과 문법적의미의 부분을 가르는 계선과 일치한다. 그러므로 토가 있고없고, 늘고주는데 따라 한 단어의 각이한 형태가 이루어질뿐 덧붙이가 있고없고 늘어나고

줄어드는데 따라서는 단어자체가 새로 생겨나게 된다.

그런데 말줄기의 개념자체가 단어를 구조적으로 분석하여 토를 떼내고난것이므로 말줄기 그자체가 단어일수는 없고 거기에 토를 붙여서야 비로소 한개 단어가 이루어지게 된다.

이러한 견지에서 볼 때 우리 말의 체언에서 단어와 말줄기의 호상관계는 조건적이다. 용언의 경우에는 단어 《붉다》, 《읽고》 등에서 토를 제외한 《붉》이나 《읽》은 도저히 단어로 되지 못하므로 단어와 말줄기가 뚜렷이 구별되지만 체언의 경우에는 토가 붙지 않은 《사람》, 《나》, 《하나》 등도 그대로 문장에 들어가 능히 한개 성분으로 되는것만큼 여기에 단어와 구별되는 말줄기라는 개념을 다시 적용하는것은 무의미하다.

다만 체언도 토를 붙여서 《사람이》, 《나를》, 《하나도》 등으로 쓰이는 경우가 많으므로 이때 토까지 포함한 문장속의 단어와 구별해서 토가 없는 사전적단어를 말줄기라고 할수 있다. 그러나 원래 단어의 구조적분석은 언어행위에서 여러가지 형태로 쓰이는 단어 즉 단어의 여러 문장론적형태를 한개 단어로 갈라내는데서 출발하므로 《사람》, 《나》, 《하나》 등은 어디까지나 단어이지 단어에서 토를 제외한 말줄기는 아니며 오히려 《사람이》, 《나를》, 《하나도》 등이 단어에 토를 첨가한 단어형태(《형태단어》)인것이다.

따라서 《사람》, 《나》, 《하나》와 같이 단어에서 아무것도 제외하지 않은 그자체를 다시 단어이면서 또 말줄기라고 하는것은 상대적, 조건적인 설명방식에 지나지 않는다.

이것은 부사, 상징사, 관형사, 감탄사 등의 경우에 더욱 그러하다. 부사나 상징사는 원칙상 도움토외의 토는 붙지 않고 2차적형태로 일부 다른 토들이 붙는 때가 있으며 더구나 관형사나 감탄사는 어떤 토도 붙지 않는 품사이다. 따라서 이런 품사들에서 말줄기라는 개념은 더욱 무의미하다.

이리하여 조선어에서 말줄기라는 개념은 엄밀한 의미에서는 오직 동사, 형용사 등 용언에만 적용될수 있는것이다. 따라서 용언만이 말줄기에 토가 붙어서 단어로 되고 체언과 기타 품사들은 말줄기에 토가 붙는것이 아니라 단어에 토가 붙어 단어의 여러 형태를 이룬다고 할수 있다.

만일 용언도 이러한 구조적성격을 가졌더라면 우리 말에 말줄기라는 개념자체가 필요치 않을것이다.

일부 문법책에서는 《어서 가!》, 《빨리 오!》의 《가》나 《오》도 체언이나 관형사, 부사와 같이 말뿌리로만 이루어진 단어라고 설명하고있으나 이것은 《가아》, 《오오》의 모음축약인것만큼 말뿌리(말줄기)가 단어로 된 례로 될수 없다. 조선어용언에서는 례외없이 토를 떼고난 부분은 모두 말줄기로 된다.

지난날 일부 문법책에서는 문장으로부터 출발해서 단어의 개념을 규정하면서 조선어에서 용언뿐아니라 체언도 토를 취한다는 사실 하나에 매달려 체언도 토까지 붙어야 단어이고 토가 없는 경우에는 령토가 있는것으로 보아야 하며 사전에 오른 체언 역시 령토가 붙은 어형이라고 주장했다.

이것은 체언과 용언이 토없이도 문장성분이 될 자격이 있느냐없느냐 하는데서 서로 본질적인 차이를 가진 우리 말 고유의 특성을 뒤로 밀어버리고 오직 토를 취할 자격이 있다는 공통성만을 내세워 토가 없는것은 다같이 말줄기로 취급하는 인위적시도이기도 하거니와 설사 체언도 토없이는 단어로 되지 못한다고 가정하더라도 그것은 그저 말줄기일따름이며 토가 없는 곳에까지 토가 붙었다고 하기 위해 《령토》라는 자체부정의 토를 설정하는것은 무리한 일이며 단어구조를 분석하는데서 혼란을 가져올따름이다.

2. 말줄기와 말뿌리

단어구조를 분석하는 견지에서 볼 때 엄밀한 의미에서 말뿌리는 비합성어의 경우 말줄기 또는 단어에서 덧붙이를 제외한 형태부라고 할수 있다.

그러므로 《붉다》의 《붉》이나 《읽고》의 《읽》과 같은 단순말줄기의 경우에도 그것이 말줄기이자 곧 말뿌리라고 해서 말줄기에 토가 붙었다거나 말뿌리에 토가 붙었다고 하는것이 다 같은 말이라고 생각하는것은 정확치 않다. 그 개념으로 보아 말줄기나 단어에는 토가 붙을수 있으나 말뿌리에는 토가 붙을수 없다. 만일 어떤 말뿌리가 토를 가졌다면 그것은 말뿌리로서가 아니라 한개 말줄기로서 토를 취한것이다. 따라서 《붉다》, 《읽고》 등은 말줄기에 토가 붙은것이지 결코 말뿌리에 토가 붙은것이 아니다.

물론 이런 말줄기는 한개 형태부로 된 단순말줄기인것만큼 그것은 말뿌리와 구조적으로 일치할수 있으나 그렇다고 해서 말줄기의 기능과 말뿌리의 기능이 같아진것은 아니며 토를 붙여 단어를 이루는 기능은 어디까지나 말줄기의 기능이지 말뿌리의 기능은 아니다.

종래 우리의 여러 문법책들에서는 《검붉다》, 《감돌다》와 같은 단어조성에 대해서 이것을 말뿌리합성의 례로 들어왔으나 이것은 말줄기합성이지 그 어떤 말뿌리합성이 아니다. 여기서 《검》이나 《감》은 《검다》, 《감다》에서 토를 떼여버리고 《붉다》나 《돌다》와 합성한것만큼 말줄기로서 다른 단어와 합성한것이지 말뿌리로서 합성한것은 결코 아니다. 왜냐하면 단어에서 토를 뗀것은 말줄기이지 말뿌리가 아니기때문이다.

이와 같이 형태조성, 단어조성을 막론하고 말줄기에는 말줄기로서의 기능이 있고 말뿌리에는 말뿌리로서의 특성이 따로 있으므로 이 두가지를 명확히 분별해야 한다.

단어와 말뿌리 또는 말줄기의 호상관계도 이와 마찬가지다. 례컨대 《꽃이》, 《나를》, 《하나도》 등은 단어에 토가 붙은것이지 말줄기나 말뿌리에 토가 붙은것은 아니며 《꽃밭》, 《한둘》과 같은 단어합성을 여러 문법책들에서 말줄기합성이나 말뿌리합성으로 불러온것은 정확하다고 할수 없다.

그러면 말뿌리는 구조적견지에서 어떤 형태부인가?

그것은 파생말줄기와 파생어, 합성말줄기와 합성어를 구조적으로 분석할 때 그속에 들어있는 자립적형태부를 놓고 이렇게 부르는것이다. 례컨대 합성어 《검붉다》에 들어있는 《검》이나 《붉》은 각각 한개 말줄기로서 새 단어를 조성하는데 참가해서 《검붉》이라는 새로운 말줄기를 이루는데 이 말줄기를 다시 구조적으로 분석할 때 이들은 각각 그속에서 말뿌리로 되는것이다. 《꽃밭》의 《꽃》과 《밭》도 이러한 견지에서 볼 때 새 단어 《꽃밭》의 구성부분으로서의 말뿌리이며 《붉히다》, 《풋고추》와 같이 덧붙이를 가진 파생어에서 《붉》이나 《고추》가 말뿌리로 인정되는것도 역시 말줄기나 단어속에 한개 구성부분으로 들어있기때문이다.

《낟알》의 《낟》과 같은것은 본래 한개 단어로도 씌였으나 지금은 단어로서의 자립성을 잃고 합성어의 말뿌리로서만 존재하며 《얼떨떨》, 《에구구》의 《얼》, 《떨》, 《에》, 《구》 등도 이와 류사한 단위였으나 이제 와서는 그 말뿌리로서의 구획마저 희미해진것이다.

조선어에서 본래부터 단어로 쓰인적이 없이 언제나 한개 말뿌리로 존재한 특수한 말뿌리로서는 《남녀》의 《남》과 《녀》, 《학교》의 《학》과 《교》 같은 많은 한자말 말뿌리를 들수 있다. 이것은 이미 이루어진 단어구조를 분석하는 견지에서만 말뿌리로 되는것이 아니라 단어를 조성해가는 과정자체에서도 오직 말뿌리로서만 리용되는 단위이다. 따라서 이것으로써 새 단어를 조성하는 수법은 《검붉다》와 같은 말줄기합성법이나 《꽃밭》과 같은 단어합성법과 구별해서 특별히 말뿌리합성법이라고 할수 있다.

3. 말줄기와 어형

단어를 구조적으로 분석할 때 그 최소의 뜻가진단위로서 형태부가 갈라지는 한편 어휘적의미를 가진 부분과 문법적의미를 가지는 부분으로서의 말줄기가 다시 갈라지고있다. 이때 제외되는 문법적형태부는 구조적견지에서는 단일하지 않아서 일반적으로 인디아-유럽어족의 경우에는 굴절말끄리이고 조선어에서는 교착적인 토이다. 이에 따라 인디아-유럽어족언어들에서 말줄기를 단어에서 말끄리를 제외한 부분으로 규정하듯이 우리의 여러 문법책들에서는 말줄기는 단어에서 토를 제외한 부분이라는 정의를 내리고있다.

그런데 단어에서 문법적인 부분을 제외하고 난 어휘적부분에 대해서 형태부보다 큰 단위로서의 말줄기는 설정하고있지만 이와 반대로 단어에서 어휘적인 부분을 제외하고 난 문법적인 부분에 대해서는 형태부로서의 《토》보다 큰 단위는 설정하지 않고있다.

인디아－유럽어족의 경우에는 단어의 어휘적의미의 부분이 말뿌리 하나로 이루어지는 이외에 흔히 말뿌리나 덧붙이가 두개이상 모여서 이루어지나 문법적의미의 부분은 대체로 말끄리 하나로 구성되므로 그보다 큰 단위를 따로 설정할 필요가 없다. 만일 말끄리뒤에 또 말끄리가 온다면 그것은 벌써 말끄리가 아닐것이다. 실제상 로어의 재귀덧붙이 《ся》나 명령형덧붙이 《те》처럼 말끄리뒤에 문법적의미를 가지는 덧붙이가 덧붙는 일이 없지 않으나 이것은 극소수의 례외인데다가 말줄기와 불가분리적인 말끄리와 분리가능한 이런 덧붙이가 말줄기와 대립하여 하나의 구조적단위를 이루는것도 아니므로 그런 구조적개념을 따로 가지지 않는다.

그러나 교착어의 전형으로 되고있는 조선어에서는 사정이 다르다.

이미 례로 든 《휩싸이시였다》에서 보더라도 어휘적의미를 가진 《휩싸이》가 세개 형태부로 구성된 말줄기이듯이 문법적의미를 가진 《시였다》도 세개의 형태부를 가진 하나의 덩어리를 이루며 이 덩어리가 말줄기에 가서 붙는것이다. 그리고 말줄기의 중심이 말뿌리이듯이 이러한 덩어리의 중심은 위치적인 토 《다》이고 《시》나 《였》은 이 《다》에 보조물처럼 붙는것이다. [《과학원통보》 주체49(1960)년 5호, 61페지]

이처럼 우리 말의 단어는 두개의 구조적중심을 가진다. 즉 단어조성적중심으로서의 말뿌리와 함께 형태조성적중심으로서의 위치토가 있게 되며 단어조성적형태부로서의 덧붙이들은 말뿌리를 중심으로 하여 집결되고(《휩싸이》) 형태조성적형태부로서의 토들은 위치토를 중심으로 하여 집결된다.(《시였다》) 때문에 조선어에는 존칭토, 시태토가 없는 단어형태는 있을수 있으나 서술토없이는 단어형태가 이루어지지 않는다.

따라서 조선어단어구조의 분석은 인디아－유럽어족언어들에서처럼 말뿌리를 중심으로 하는 일직선상에서 련쇄적으로 진행되여서는 안되며 그 두개의 구조적중심을 따라 단계적으로 진행되여야 한다. [《조선어학》 주체52(1963)년 1호, 22~23페지] 여기서는 단어에서 말뿌리를 중심으로 하는 어휘적의미의 부분을 말줄기라고 부르는데 대응하여 위치토를 중심으로 하는 문법적의미의 부분을 어형이라고 부르기로 한다. 이에 따라 하나의 말뿌리와 하나의 토가 결합한 경우에도 말뿌리에 토가 붙었다고 하기보다 말줄기에 토가 붙었다고 하는것이 정확하듯이 말줄기에 토가 붙었다고 하는외에 말줄기에 어형이 붙어서 단어 또는 단어형태를 이루었다고 할수도 있을것이다.

말줄기에 붙은 개별적인 토만이 아니라 토들의 결합체까지 하나의 구조적단위로 설정하려는 첫 시도는 근대문법리론의 선구자인 주시경의 《국어문법》(1910년)에서 찾아볼수 있다.

그는 우리 말의 구조를 분석하면서 첫 출발로 《기》라는 단위를 설정하고 《기》는 《낱말》을 이른다고 설명했는데 단어의 어휘적부분인 말줄기도 하나의 《기》로 되고 단어의 문법적부분인 토들도 하나의 《기》로 되고있다.

어휘적인 《기》와 문법적인 《기》사이에는 그 의미상 본질적인 차이가 있으나 구조적인 견지에서는 공통점도 가진다. 따라서 어휘적의미를 가지는 말줄기부분만이 아니라 문법적의미를 가지는 토부분 역시 《기》라고 불렀던것이다. 그런데 그는 개개의 말뿌리가 아니라 말줄기전체를 《기》로 인정한것처럼 개개의 토가 아니라 토들의 부분전체를 하나의 《기》로 인정하였다. 따라서 말줄기에 토가 하나만 붙었을 때는 그 한개 토로써 《기》가 되고 토들이 겹쳐붙었을 때는 토들의 결합체전체로써 하나의 《기》를 이룬다.

그리하여 토 《에》나 《ㄴ들》만이 《기》인것이 아니라 이들이 서로 결합한 《엔들》도 역시 하나의 《기》로 된다. [《주시경유고집》 주체46(1957)년, 122, 125페지] 또 어휘적인 《기》가운데서 《물》이나 《불》은 《낱몸》(단순말줄기)의 《기》이고 《물불》은 《모인몸》(합성말줄기)의 《기》이며 《검》은 《낱몸》의 《기》로, 《검붉》은 《모인몸》의 《기》로 되듯이 문법적인 《기》의 경우에도 《에》는 《낱몸》의 《기》이고 《에는》은 《모인몸》의 《기》로 된다. (《주시경유고집》, 158~159

페지)

이러한 분석은 인디아-유럽어족언어들에서 말줄기에 말꼬리가 하나만 붙어있는것과는 달리 우리 말에서는 말줄기에 토가 두개이상 겹쳐붙는 경우가 매우 많다고 하는 조선어고유의 특성을 옳게 파악했음을 보여준다. 또한 어휘적의미를 가지는 말뿌리나 덧붙이들이 서로 결합한 말줄기를 하나의 《기》로 보는 이상 문법적의미를 가지는 토들의 결합체도 역시 하나의 《기》로 인정해야 한다는 견해인것이다.

이와 같이 개별적인 토뿐아니라 토들이 서로 결합한 문법적부분전체를 《기》로 인정한 까닭에 주시경의 문법체계에서는 단어의 문법적형태를 완결할수 있는 위치토만이 단독으로도 《기》를 이루고 언제나 위치토에 붙어서만 쓰이는 비위치토들은 하나의 《기》를 이루지 못하고 《기》의 한개 구성부분으로만 나타난다.

그리하여 《다》, 《냐》 등이 한개 《기》인것과 마찬가지로 《시옵더이다》, 《었겠나냐》 등도 역시 하나의 《기》로 된다.(《주시경유고집》, 138페지)

제2장. 단어구조의 조성

제1절. 단어조성수단과 단어의 한계

1. 단어조성수단

단어조성과정은 단어의 구조를 해부해서 그 구성성분들을 추출하는 분석과정과는 반대로 그러한 구조적단위들을 조립해서 새 단어를 만들어내는 종합과정이다. 다시말해서 단어구조의 분석이 단어를 구성하고있는 말뿌리, 덧붙이, 말줄기 등을 갈라내는데 대응하여 단어구조의 조성은 그러한 구성요소들 또는 단어자체를 가지고 새 단어를 묶어내는것이다.

일부 문법책들에서는 형태부는 분석적각도에서 본 단어의 성분이므로 종합적각도에서 볼 때는 그것이 아직 단어를 이루기 위한 소재로서 단어밖에 있는 한 이것을 형태부라고 부를수 없다고 한다. 그것은 마치도 문장을 이루는데 리용되는 의미적단위들을 단어라고 부를수는 있어도 아직 문장성분이라고 부를수 없는것과 같아서 문장밖에 문장성분이 있을수 없듯이 단어밖에는 단어조성성분으로서의 형태부가 있을수 없다고 반증하고있다. 그리하여 분석적단위로서의 단어의 구성성분을 형태부라고 부르는데 대응하여 종합적단위로서의 단어의 조성수단은 《의미부》라고 부르는데 이러한 《의미부》는 형태부처럼 유의미적인 최소의 단위로만 존재하는것이 아니라 유의미적단위일반으로 존재한다고 설명하고있다.

이러한 견해와 관련하여 언어의 여러 단위들에 대한 개념을 좀더 명확히 할 필요가 있다.

문법에서 고찰하는 형태부나 단어, 문장은 다 유의미적인 구조적단위이며 서로 포섭하는 큰 단위와 포섭되는 작은 단위의 관계에 있다. 이와는 달리 문장성분은 하나의 기능적단위로서 단어가 문장에 들어가 차지하는 위치에 따라 가지는 문법적자격이다. 따라서 문장밖에 있던 단어가 문장에 들어가면 단어이기를 그만두고 문장성분이라는 다른 단위로 바뀌는것이 아니라 구조적으로는 의연히 단어이다. 명사, 동사 등 품사의 《사》와 마찬가지로 주어, 술어 등 문장성분의 《어》도 단어를 의미하는것이다. 품사가 단어의 어휘문법적부류로서 구조적으로 단어이외의 다른것이 아니듯이 문장성분도 단어의 문장론적기능에 따르는 부류로서 구조적으로는 역시 단어아닌 다른것일수 없다.

단어가 다른 단어나 형태부와 결합해서 새로운 큰 단어를 이루는 경우 말뿌리로 변하는데 그것은 단어속에 또 단어가 있을수 없기때문이다. 이와는 달리 단어가 문장속에 들어가도 의연히 단어인것은 문장이 단어보다 큰 단위이고 그속에서 단어(문장성분)는 문장의 최소의 구조적단위이기때문이다.

이와 마찬가지로 문장속의 단어는 그 기능에 따라 문장성분으로 되지만 단어속의 말뿌리들은 그 호상관계가 문장성분의 관계와 같음에도 불구하고 다시 문장성분같은 기능적부류로 되지 않는것은 구조적단위로서의 단어속에 또 단어가 있을수 없듯이 기능적단위로서의 문장성분속에 또 문장성분이 있을수 없기때문이다.

단어가 그를 포섭하는 문장속에서도 단어이고 그와 떨어져서도 단어이듯이 형태부도 그를 포섭하는 단어속에서도 형태부이고 단어와 떨어져서도 형태부이다. 문장성분은 문장속의 기능적단위이기때문에 문장속에서만 문장성분이지만 형태부는 단어와 마찬가지로 기능적단위가 아니라 구조적단위이기때문에 단어속에서만 형태부인것이 아니라 단어밖에서도 형태부이며 구조적단위아닌 어떤 이질적인 범박한 무정형의 《의미부》가 단어에 들어와서 비로소 구조적단위로서의 형태부로 변신하는것이 아니다.

구조면에서 단어속의 형태부와 비교할수 있는것은 또한 소리마디속의 음운이다.

형태부가 단어에 포섭되는 보다 작은 단위인것처럼 음운은 소리마디에 포섭되는 보다 작은 단위이다. 차이점은 단어나 형태부가 언어의 유의미적인 문법구조적단위임에 대응하여 소리마디나 음운은 언어의 무의미적인 어음구조적단위라는 그것뿐이다.

이리하여 형태부가 단어의 구성부분이면서 단어밖에서도 의연히 형태부인것처럼 음운도 소리마디의 구성부분이지만 소리마디밖에서도 역시 음운이다.

형태부가 단어속에 들어있는가 단어밖에 그 소재로 있는가 하는것은 단어가 문장속에 있는가 문장밖에 있는가 하는것이나 음운이 소리마디안에 있는가 소리마디와 떨어져있는가 하는것과 마찬가지로 상대적이다.

현실적으로는 언어행위의 기본단위인 문장속에 문장의 최소단위(문장성분)이며 언어의 기본단위인 단어가 있고 말소리흐름에서 자연스럽게 구획되는 소리마디속에 의미의 시차적요소로 추상된 어음론적최소단위로서의 음운이 있다. 이와 마찬가지로 언어의 기본단위인 단어속에 언어에서 최소의 유의미적단위인 형태부가 있다.

따라서 문장밖에 있는 단어라고 하는것은 그 문장아닌 다른 여러 문장속에 있는 단어이고 소리마디밖에 있는 음운 역시 그 소리마디 아닌 다른 여러 소리마디속에 있는 음운이며 이와 마찬가지로 단어가 이루어지기 이전의 형태부라는것도 실지로는 그 단어 아닌 다른 여러 단어들속에 존재하는것이다.

바로 이런 여러 문장이나 여러 소리마디속에서 단어나 음운일반을 추출한것처럼 여러 단어의 구조를 비교대조해서 단어의 유의미적인 최소의 구성요소로서의 형태부일반을 가려낸것이다.

이리하여 말뿌리, 앞붙이, 뒤붙이 등 형태부들은 단어구조분석의 단위일뿐아니라 단어구조조성의 수단으로 되는것이다.

형태부와 함께 단어자체도 새 단어를 조성하는 수단으로 되는데 이때 리용되는 단어는 단어의 구성부분으로서의 말뿌리로 전환된다. 이러한 전환은 단어속에 또 단어를 둘수 없어 단어처럼 상대적자립성이 강한 형태부에 말뿌리라는 개념을 부여하고있기때문이다.

이상과 같이 우리 말의 단어조성수단은 단어와 형태부인데 이것은 서로 조립되기도 하고 변형되기도 하고 어휘문법적기능변화를 일으키기도 하면서 새로운 단어들을 끝없이 산생해간다.

2. 단어조성범위

문법에서 단어라고 할 때 그것은 아직 문법적형태를 갖추지 않은 사전적단어일수도 있고 문장에 들어가기 위해 형태를 갖춘 단어형태(《형태단어》)일수도 있다. 품사론이나 단어조성론에서 취급하는 단어는 앞의것이며 뒤의것은 형태론과 문장론의 대상으로 되여있다.

단어조성에 의해서는 새로운 단어가 생겨나고 형태조성에 의해서는 한 단어의 여러 형태가 이루어질따름이다.

조선어에서 문법적형태는 일반적으로 토에 의해서 이루어지며 따라서 문장에서 단어의 한계는 단어나 말줄기에 교착적인 문법적덧붙이인 토가 붙은 단어형태가 끝나는데까지로 공인되고있다.

그런데 교착어의 전형으로 되고있는 조선어에서는 단어형태를 조성하는 토의 첨가가 교착적이여서 인디아-유럽어족언어들의 말꼬리처럼 말줄기와 불가분리적이 아니고 길게 겹쳐붙을수 있을뿐아니라 단어자체를 조성하는 형태부들의 련결도 교착적인 경우가 적지 않아서 단어와 단어결합을 분간하기 어려울 때가 가끔 있게 된다.[《조선어문》 주체79(1990)년 2호, 36~37페지]

먼저 교착이 아닌 일반적첨가의 례를 보면 《밀치다》, 《영예롭다》, 《마음씨》와 같은 순수 어휘적덧붙이의 첨가, 《높이다》, 《잡히다》, 《(이와)같이》, 《(그와는) 달리》, 《(나는)듯이》와 같은 어휘문법적덧붙이의 첨가가 이에 해당하는데 이러한 덧붙이는 말뿌리에 밀착되여 한개 단어를 이루는것이 명백하다.

다음으로 교착적첨가의 경우를 보면 그 기능이 가끔 한 단어의 범위를 벗어난다.

례컨대 《첫째》, 《둘째》의 《째》 같은것도 그저 단순한 단어조성의 뒤붙이로 보이지만 《삼백예순다섯째》라고 할 때는 그앞의 덩어리전체에 걸리므로 이것 역시 교착적인 뒤붙이로 보지 않을수 없다.

나아가서 《십원어치》, 《다섯살짜리》의 《어치》, 《짜리》처럼 단위명사뒤에 붙은 뒤붙이들은 자립성없는 단위명사와 더불어 《원어치》나 《살짜리》같은 새 단어를 이룰수는 없고 수사와 단위명사가 림시로 붙은 《십원》이나 《다섯살》을 상대로 해서 역시 림시로 붙어 쓰이고있다. 먼저 본 뒤붙이 《째》도 《두번째》, 《여러날째》와 같이 단위명사뒤에 올 때는 마찬가지로 림시교착을 하고있다.

《있음직하다》, 《있었음직하다》의 《직》 역시 어휘적의미를 가진 뒤붙이임이 틀림없으나 문법적형태로서의 용언의 서술적대상형뒤에 붙은것만큼 새 단어를 조성하지는 않으며 《먹음직스럽다》의 《스럽》도 그앞의 어휘적형태부인 《직》과 더불어 《직스럽다》라는 단어를 이룰수 없으므로 《별스럽다》, 《영광스럽다》의 경우와 같은 단어조성의 기능을 놀지 못하고 《직》과 마찬가지로 림시교착의 뒤붙이로 될뿐이다.

또 《껏》과 같은 뒤붙이는 《힘껏》, 《기껏》, 《성의껏》과 같은 경우에는 부사조성의 뒤붙이로 볼수 있으나 《그때껏》, 《할수 있는껏》과 같이 쓰일 때는 한갖 단어조성의 범위를 벗어나 불완전명사로서 그앞의 단어와 문장론적결합을 하고있으므로 여기서 《때껏》, 《있는껏》을 새로 조성된 파생부사로 볼수는 없는것이다.

이리하여 조선어에서는 단어조성의 뒤붙이는 다 어휘적뒤붙이이지만 어휘적의미를 가진 뒤붙이모두가 언제나 단어조성의 뒤붙이로 되는것은 아니다.

우리 말에서는 또한 《제이십, 수천, 이틀간, 력사상, 지휘하, 가정용, 남녀별》 등에서 보는바와 같이 일부 한자말 말뿌리가 명사에 붙어서 사전적단어가 아니라 문장속에서 림시로 구성되는 문장구조적단어를 조성하는 일도 있다. [《조선어학》 주체54(1965)년 4호, 24페지]

이와 관련하여 지금 일부 문법가들이 불완전명사의 하나로 보고있는 《발(평양발)》, 《착(신의주착)》, 《행(청진행)》, 《저(정다산저)》, 《작(리기영작)》, 《산(개성산)》, 《당(한사람당)》 등에 대해서도 이런 각도에서 다시 고찰할 필요가 있다.

불완전명사의 기본특성은 규정어와 결합하지 않고는 쓰이지 못하는 문장론적비자립성이며 그런 규정어로서는 체언원형이나 속격형, 용언규정형을 취하되 용언규정형과는 거의 모든 불완전명사가 결합할수 있다. 그런데 우에 렬거한것들은 용언규정형과도 체언속격형과도 전혀 결합하지 못하며 오직 명사원형만을 상대로 한다. 이런 조건으로 볼 때 그 명사원형 역시 이들과 문장론적으로 련결되는 규정어라고 인정할 근거가 없게 된다.

결국 이러한 한자말 말뿌리 역시 명사에 림시로 붙어 문장속에 나타나는 교착물에 지나지 않는다.

이리하여 조선어단어에는 사전적단어나 그것이 문법적형태를 취한 단어형태(《형태단어》)외에 림시로 교착적인 뒤붙이나 말뿌리가 붙은 문장속의 특수한 단어도 있게 되며 그만큼 단어의 한계는 길어진다.

조선어에서는 이처럼 단어와 뒤붙이, 단어와 특수한 말뿌리만이 아니라 단어와 단어도 서로 교착해서 한 단어가 되기도 하고 쉽게 두개 단어로 갈라지기도 하는 현상이 보편적사실로 되여있다.

이런 현상은 뒤붙이가 들어있는 단어들에서 흔히 볼수 있고

○ 널직하구나→널직은 하구나

푸르스름하더라→푸르스름도 하더라

이음토가 들어있는 단어들에서도 자주 나타나며

○ 들어가려무나→들어만 가려무나

없어진다→없어도 진다

좋아하지→좋아야 하지

명사나 부사가 용언과 합친 단어들의 경우에도 적지 않다.

○ 보물을 탐낸다→보물에 탐을 낸다

○ 누가 앞서 가느냐? →누가 앞을 서가느냐?

○ 그를 뒤따라 간다→그의 뒤를 따라 간다.

○ 참 딱하십니다→참 딱도 하십니다.

○ 이젠 좀 그만두구려→이젠 그만 좀 두구려

특히 한자단위나 일부 고유어명사에 《하다》가 붙은 단어들은 이런 면에서 전형적이며

○ 많이 발전했다→많은 발전을 했다.

○ 열심히 일한다→열심히 일을 한다.

지어는 《하다》를 떼여버리고 같은 기능을 놀기도 한다.

○ 평양을 출발했다→평양을 출발

이렇게 한 단어가 쉽게 둘로 갈라졌다 다시 합쳤다 하는 경우 그 어휘적의미에는 변화가 없어도 단어는 하나의 구조적단위이므로 붙으면 한 단어이고 떨어지면 두 단어인것이다.

바로 이러한 교착적단어조성의 원리에 따라 《짜고들다.》, 《놀고먹다.》, 《들고 일어나다.》, 《앉아뭉개다.》, 《놀듯 하다.》, 《볼만하다.》, 《그럴법 하다.》, 《지나칠사 하다.》 등도 어떤 《공고한 단어결합》이라기보다 문장론적합성이라 할수 있다. 《하늘높이(떴다)》, 《바다깊이(잠겼다)》도 마찬가지인데 이들을 단어결합이라고 하자니 뒤의 부사적단위 《높이》나 《깊이》가 양상어(《상황어》)격인 조건에서 앞의 명사적말뿌리 《하늘》이나 《바다》가 규정어격이라고(《하늘의 높이 떴다》, 《바다의 깊이 잠겼다》) 할수도 없고 보어격이라고 하는것도(《하늘에 높이 떴다.》, 《바다에 깊이 잠겼다.》) 그에 밀착된 《높이》나 《깊이》를 술어 《떴다》나 《잠겼다》는 식의 인위적해석임을 면할수 없다. 그러므로 두 단어의 호상관계가 함축된 하나의 교착적단어조성으로 보지 않을수 없다.

교착적단어조성으로 길어진 문장론적단어는 특히 명사와 명사의 교착에서 흔히 나타나고있다.

《조선민주주의인민공화국》, 《조국통일민주주의전선》, 《반제반봉건민주주의혁명》, 《3대혁명붉은기쟁취운동》, 《뿔럭불가담운동》과 같은 고유한 대상, 현상에 대한 명칭이나 《정준택위원장》, 《리승기박사》, 《김철수선생》, 《박인호학생》, 《오동철동무》 등 사람이름과 부름말의 련결로부터 《사회주의생활문화》, 《국제국내정세》, 《혁명적군인정신》 등 일반명사들의 련쇄도 어떤 특종의 단어결합이라기보다 하나의 교착적단어조성으로 보는것이 자연스럽다.

한자성구의 경우에는 《이민위천》, 《이신작칙》, 《철두철미》, 《오매불망》과 같이 대체로 그 구성요소가 단어아닌 말뿌리들인것만큼 특수한 단어결합으로서의 성구의 개념에 부합되지 않는다. 이들은 비록 의미론적견지에서 성구와 같은 점이 있으나 구조적견지에서는 특종의 단어결합이 아니라 특종의 단어이며 이에 따라 한자성구라기보다 한자성어라고 부르는 편이 나을것이다.

이상의 제반 사실에 비추어 조선어에서 단어조성론의 대상은 사전적단어에 그칠수 없고 교착어의 특성에 따라 문장속에서 단어나 형태부가 림시로 교착해서 이루어진 문장론적단어까지도 포괄하게 되며 오직 형태론이나 문장론의 대상으로 되는 단어형태(《형태단어》)만이 여기서 제외된다. 다만 문장론적단어의 조성은 사전적단어의 조성과 그 수법상차이가 없음에 따라 사전적단어만을 가지고 단어조성을 론하게 될따름이다.

문장속에서 림시로 이루어지는 단어들까지 일일이 사전이나 단어조성론에 올릴수 없는것은 마치 우리 글에서 개개의 자모는 그 수자를 고정할수 있어도 그것을 가지고 그때그때 조립해서 문장에 내놓는 자모소리마디식글자는 그 수효가 엄청나게 많고 또 수학적으로 조립가능한 글자와 현실적으로 사용하는 글자의 수가 일치하지도 않아서 그 수효를 확정하기가 어렵기도 하거니와 별로 필요하지도 않은것과 류사하다.

3. 단어조성수법

단어조성은 언어의 어휘구성을 풍부화하는데서 결정적인 역할을 논다.

한 언어의 어휘구성이 풍부해진다고 할 때 거기에는 개별적어휘들이 다양한 의미나 뜻빛갈을 얻는 측면도 있겠지만 그래도 어휘구성의 풍부화를 보여주는 가장 명백한 사실은 일부 어휘가 낡아져서 빠져나가는것과는 비할바없이 많은 새 어휘가 생겨나는것이다.

이때 새 어휘는 외국어의 개별적어휘를 하나의 외래어로 받아들인 결과에 보충될수도 있고 방언에 있는 몇몇 단어를 문화어에 승격시켜 증가될수도 있으나 기본적이며 압도적인 비중을 차지하는것은 문화어에 이미있는 어휘자료에 기초해서 새 단어가 생겨나는것이다.

이런 경우 새 단어는 례컨대 쇠붙이를 의미하는 《쇠》로부터 자물쇠를 의미하는 또 하나의 《쇠》가 갈라져나오듯이 한 단어속에서 새로운 의미가 발생발전하여 소리같은말로 고립화되는 의미분화에 따라 발생할수도 있고 《고추》에 《풋》을 덧붙여 《풋고추》를 만들고 《꽃》과 《밭》을 합쳐 《꽃밭》을 만들고 《맛》의 모음을 바꾸어 《멋》을 만드는 식으로 본래의 어휘자료들을 이리저리 조합하거나 변형시키는 단어조성의 방법으로 발생할수도 있다.

일부 언어학자들은 의미분화의 결과에 소리같은말이 발생하는 것까지 단어조성에 포함시켜 이를 단어조성의 어휘의미론적(또는 의미론적)수법이라고 부르고있다.

그러나 이것은 단어조성과는 본질적인 차이를 가진다. 이것은 한 단어가 오래동안 쓰이면서 그 의미가 발달한 결과이지 기존의 어떤 단어조성표본에 따라 인위적으로 새 단어를 만들어낸것은 아니다.

일반적으로 단어조성은 어휘와 문법을 련결하는 고리로 인정되고있다. 즉 단어조성은 한 어휘층으로부터 다른 어휘층이 발생하는 호상관계를 보여주고 어휘구성을 풍부화하는 점에서 어휘론과 련관되는 한편 일정한 수법에 의해서 기존단어의 형태구조를 변화시키는 방법으로 새 단어를 조성하고 그 새 단어는 해당 품사의 문법적특성에 따라 형태지어진다고 하는 점으로 보아 문법과도 긴밀한 련계를 가지는것이다.

이와는 반대로 한 단어가 의미분화를 일으켜 소리같은말이 발생하는 경우에는 어떤 문법적인 련관도 나타나지 않으며 오직 어휘의미론분야에 속하는 현상밖에 찾아볼수 없다. 여기서는 단어조성의 어떤 수법을 보기보다도 한 단어가 발생하게 되는 장구한 의미발달의 과정을 볼수 있을따름이다. 그러므로 이런 현상은 단어조성의 분야가 아니라 어휘의미론의 분야에서 고찰하는것이 마땅하다.

의미분화의 특수한 례로서 사람의 이름을 《차돌》이라고 짓거나 담배의 일종을 《대동문》이라고 부르는것과 같이 보통명사와 고유명사 혹은 고유명사와 고유명사 호상간의 의미적계기에 의해서 새 단어가 생겨나는 경우를 들수 있다.

이때에는 장기간의 의미발달을 거치지 않고 새 단어가 곧 창조되는것이 특징이다. 그러나 이 역시 단어의 형태구조에는 아무런 변화도 없이 한 단어의 어휘적의미를 바꾸어쓴데 지나지 않는것만큼 어휘와 문법의 련관관계에 립각하는 단어조성과는 원칙적으로 구별되는 현상이다.

단어조성의 경우에는 개별적인 단어나 형태부들이 일정한 규칙에 따라 서로 결합하거나 변형되면서 새 단어를 이루는것만큼 의미분화로 소리같은말이 발생하는 경우와 달라서 그 형태구조와 어음구성의 면에서도 새로운 단어가 생겨나는것이다. 이때 새로 이루어진 단어의 의미는 어떤 단어의 의미가 질적으로 변한 결과로써가 아니라 서로 밀착하거나 변형된 단어나 형태부들의 의미와 그 호상작용의 결과에 따라 결정된다.

일부 문법책들에서는 단어조성수법의 하나로서 한 단어의 두개 말뿌리가 앞뒤자리를 바꾸는 《자리바꿈법》을 설정하면서 그런 례로서 《망돌→돌망》, 《너력바위→바위너력》, 《멱살→살멱》 등을 들고있다.

그런데 여기서 우선 주목되는것은 말뿌리배렬순서가 서로 반대되는 본래의 단어와 새로 조성된 단어가 그 의미에서는 꼭 같다는것이다. 무엇때문에 의미가 꼭 같은 뜻같은말을 하나씩 더 만들어냈겠는가 하는 물음이 제기된다. 어느 언어에나 뜻같은말이 있고 그중에는 의미가 꼭 같은것도 일부 있지만 그것은 다 이러저러한 동기에서 저절로 생기게 된것이지 의도적으로 만들어낸것은 아니다.

따라서 우에 렬거한 단어들에서 그 말뿌리의 배렬순서가 서로 반대되는것은 한갖 우연한 대립현상에 지나지 않으며 의도적으로 어떤 단어에서 두개 말뿌리가 앞뒤자리를 바꾸어 뜻과 꼭 같은 새 단어를 조성한것이라고 볼수는 없다. 이것은 마치 갓 태여난 애기의 이름을 지을 때 례컨대 《영숙》이라는 이름이 있는것을 보고 그 순서를 바꾸어 《숙영》이라고 짓거나 누구 이름이 《애순》이기에 그와 반대되게 《순애》라고 지은것이 아니라 각각 독자적으로 이름을 선택해지은것이 결과적으로 상반되는 순서를 이루게 된것과 같다고 할수 있다.

《래왕》과 《왕래》와 마찬가지로 의도적인 반대배렬이 아니라 결과적인 반대배렬이라고 볼수 있다.

같은 대상을 지방에 따라 말뿌리배렬이 반대되는 단어로 부르는것은 기이한 일이 아니다.

사과와 배의 두가지 속성을 가진 과일을 배보다 사과가 많은 지방에서는 《배사과》라고 하는데 사과가 별로 없고 거의 전부가 배뿐인 동북부에서는 《사과배》라고 부르는것이 그런 례이다. 이것도 각각 지방설정에 따라 독자적으로 지은 이름이지 다른 지방에서 부르고있는 이름을 보고 그 말뿌리배렬을 반대로 바꾸어서 이름지은것은 아닌것이다.

다른 례로서 문화어의 동사 《빼앗다》가 동북방언에서 《앗아빼다》로 나타나는것 역시 인위적으로 말뿌리배렬순서를 바꾸는 단어조성수법이 가져온것이라고 믿을수는 없다.

일부 문법책에서는 또한 《사이→새》, 《여기→예》, 《거기→게》, 《저기→제》 등을 례로 들어 《마디줄임법》을 설정하고있는데 이것은 한 단어의 소리마디구조의 력사적변화이지 새 단어를 만들어내는 단어조성수법을 보여주는것이 아니다. 이에 대해 겸해서 말한다면 례로 든 《예》, 《게》, 《제》 등은 《여기》, 《거기》, 《저기》가 줄어든것이 아니라 장소의 의미까지 가지던 옛날의 《이》, 《그》, 《저》에 격토 《에》가 붙은 《이에》, 《그에》, 《저에》가 줄어든것이다. 이처럼 한 단어의 문법적형태에서 일어난 어음변화까지 단어조성으로 본다면 《나이(내가)》가 《내》로 변하고 《너이(네가)》가 《네》로 변한것까지 형태론의 대상이 아니라 단어조성론의 대상으로 삼는 불합리를 가져올것이다.

이상과 같은 견지에서 볼 때 엄밀한 의미에서 우리 말의 단어조성수법에 속할수 있는것은 첨가법, 합성법, 굴절법의 세가지이다.

첨가법은 보조적형태부인 덧붙이(앞붙이, 뒤붙이)를 단어나 말줄기에 첨가해서 새 단어를 만드는 수법으로서 앞붙이첨가법(《풋고추》, 《짓밟다》)과 뒤붙이첨가법(《가래질》, 《밀치다》)으로 나누이고 합성법은 기본적형태부인 말뿌리나 말줄기 또는 단어를 단어형태를 서로 합쳐 새 단어를 만드는 수법으로서 말뿌리합성법(《가구》, 《강하다》), 말줄기합성법(《곱돌》, 《검푸르다》), 단어합성법(《돌다리》, 《들어 가다》)으로 나누이며 굴절법은 단어안에서 한 소리마디의 음운을 다른 음운으로 바꿈으로써 새 단어를 만드는 수법이다. (《맛→멋》, 《달랑→딸랑》)

이밖에 조건적으로 단어조성수법에 넣을수 있는것으로서 축약법, 전환법, 응축법 등이 있다.

축약법은 합성법과는 반대로 이미 이루어진 단어를 부분적으로 줄여서 간략한 새 단어를 만드는 수법인데(《동식물(동물, 식물)》, 《직맹(직업동맹)》) 조성된 단어가 새로운 대상, 현상이 아니라 같은 대상, 현상의 명칭으로 된다는 점에서 단어조성의 전형으로 되지 않는다.

전환법은 단어의 말줄기나 문법적형태가 다른 어휘문법적부류로 넘어가는것으로서 말줄기전환법(《가물다→가물》)과 단어형태전환법(《덜어[동사]→더러[부사]》)으로 나누인다.

이것은 한 단어의 형태구조에서 어떤 변화도 없이 그 말줄기나 문법적형태가 다른 단어의 말줄기로 바뀌는것이다.

이 수법은 한 단어의 형태구조를 인위적으로 변화시킴이 없이 그자체의 어휘문법적성격변화에 따라 다른 단어가 발생한다는 점에서 조건적으로 단어조성수법의 하나로 되는것이다.

응축법은 몇개 단어로 된 하나의 성구적단위가 의미변화를 거쳐 한개 단어로 되는것이다. (《마치 한가지→마찬가지》, 《불이야 불이야→부랴부랴》)

이것은 외형상 단어합성법과 류사하나 새 단어를 만들어내기 위해서 어떤 단어들을 곧바로 합성한것이 아니라 이미 일정한 문법적형태를 갖추어 하나의 어구를 이루고있던 단어들이 저절로 응축되였다는 점에서 그와 구별된다.

이것은 한개 어구의 장기간에 걸친 변화의 결과이고 새 단어를 만들기 위한 인위적수법이 아니지만 성구와 달라서 그 의미변화의 결과에 형태구조가 한개 성구적단위로부터 하나의 단어로 변한 점에서 이것 역시 조건적으로나마 단어조성수법의 하나로 간주되는것이다.

제2절. 단어조성의 기본수법

1. 첨가법

1) 앞붙이첨가법

앞붙이는 체언의 단어앞에 붙기도 하고

○ 햇곡식, 풋나물, 덧이, 헛소문, 군소리, 숫총각, 외딸

용언의 말줄기앞에 붙기도 한다.

○ 빗나가다, 짓부시다, 휘감다, 들끓다, 치밀다

새파랗다, 시꺼멓다, 드세다, 재빠르다, 얄밉다

여기서 앞붙이가 체언에 붙을 때나 용언에 붙을 때나 마찬가지로 단어앞에 붙는것으로 보이지만 용언의 경우 토는 앞붙이가 붙기 전의 말줄기뿐아니라 앞붙이가 붙은 말줄기전체의 문법적형태를 이루므로 파생어에 앞서 파생말줄기가 형성된다는 견지에서 앞붙이는 단어가 아니라 말줄기에 붙는다고 인정하는것이다.

이렇게 단어나 말줄기에 앞붙이가 첨가되면 본래의 단어나 말줄기는 새 단어에서 단어나 말줄기의 한 부분으로서의 말뿌리로 전환된다.

앞붙이에 의한 단어파생은 언제나 한 품사의 새 단어를 출현시킬뿐 본래의 단어를 다른 품사의 단어로 전환시키지는 않는다.

2) 뒤붙이첨가법

뒤붙이 역시 체언단어뒤에 붙기도 하고

○ 손질, 눈짓, 일군, 겁쟁이, 떡보, 장난거리, 마음씨, 몸매

용언말줄기뒤에 붙기도 하며

○ 놓치다, 들키다

높다랗다, 꺼멓다

부사뒤에 붙기도 한다.

○ 다시금

뒤붙이첨가법에 의해서는 단어의 품사소속이 달라지기도 한다.

○ 웃음, 크기, 찌꼬리
종알거리다, 끄덕이다
꽃답다, 고생스럽다, 영예롭다, 끝내, 비교적, 그다지, 제가끔, 마주(맞우), 도로(돌오), 너무(넘우)
많이, 영원히, 바로, 되우, 여름내
곰곰이, 방싯이

2. 합성법

종래 합성법에 대하여 이것을 몰밀어 말뿌리합성의 수법 또는 말줄기합성의 수법이라고 하였는데 여기에는 정확치 않은 점이 있다. 이가운데서 다시 말뿌리합성법과 말줄기합성법 그리고 단어합성법을 갈라보아야 할것이다.

우선 《곱돌》, 《감돌다》와 같은것을 말뿌리합성을 이룬 단어라고 할 근거가 없다.

이것은 한 말줄기가 다른 단어나 말줄기와 결합한것이지 결코 말뿌리가 어떤 단위와 결합한것이 아니다. 물론 《곱돌》의 《곱》이나 《감돌다》의 《감》이 형태구조상 한개 말뿌리와 일치하는것은 사실이지만 그렇다고 해서 이를 말줄기합성이라고 하거나 말뿌리합성이라고 하거나 마찬가지인것은 아니다.

단어조성수법을 론할 때 단어조성의 결과에 이루어진 새 단어의 말줄기구조를 분석하는 견지에서 한개 말줄기에 두개 말뿌리가 들어있으니 말뿌리합성이라고 단정해서는 안된다. 말그대로 단어를 조성하는 수법인것만큼 단어조성과정에 리용되는 자료의 견지에서 출발해야 한다. 그렇지 않고 결과의 견지에서 본다면 그것은 단어조성의 수법이 아니라 단어분석의 수법일것이며 어떤 합성수법이 아니라 하나의 분해수법으로 될것이다.

다음으로 《물오리》, 《궂은비》, 《들어가다》와 같은 류형을 말뿌리합성이나 말줄기합성의 례로 드는것도 잘못이다.

단어조성에 리용되는 자료의 견지에서 볼 때 《물》과 《오리》, 《궂은》과 《비》, 《들어》와 《가다》는 다 각각 말뿌리나 말줄기가 아니라 단어이므로 이것이 합쳐지는것을 말뿌리합성이나 말줄기합성이라고 할수는 없는것이다.

더구나 《궂은비》, 《들어가다》와 같은 경우에는 그속에 토가 들어있다는 사실까지 인정하면서 이것을 말뿌리나 말줄기가 합친 례로 드는것은 무리하다. 이들은 다 단어합성법으로 조성된 단어이다.

그런데 조선어에는 이상과 같은 말줄기합성법이나 단어합성법이 있는 이외에 이것과 구별해서 특별히 말뿌리합성법이라고 부를수 있는 또 하나의 수법이 있다. 이것은 조선어의 어휘구성속에 자료적으로 보아 말줄기도 단어도 아닌 특별한 말뿌리가 적지 않게 존재한다는 사실에 립각한것이다.

조선어의 말뿌리중에는 《곱돌》의 《곱》이나 《돌》과 같이 합성어나 파생어속에서만 말뿌리로 인정되고 그렇지 않을 때는 《곱다, 곱고…》, 《돌, 돌이, 돌을…》과 같이 말줄기나 단어로 쓰이는것들이 있는 이외에 《철썩》의 《철》이나 《썩》, 《학교》의 《학》이나 《교》와 같이 언제나 단어 또는 말줄기로 쓰이지 않고 말뿌리로서만 존재하는것들이 있다.

그러므로 이러한 말뿌리를 자료로 해서 새 단어를 조성하는 수법에 한해서 말뿌리합성법이라고 부르게 된다.

합성법은 거기에 리용되는 단위들의 구조적성격에 따라 이상과 같이 말뿌리합성법, 말줄기합성법, 단어합성법의 세가지로 나누는외에 동일한 구조적단위를 반복하는 경우를 특별히 갈라내서 또한 반복합성법이라는 특수한 종류를 설정한다.

여기에는 《차차》, 《살살》과 같이 말뿌리들을 반복하는 류형도 있고 《방울방울》, 《미리미리》와 같이 단어들을 반복하는 류형도 있다.

1) 말뿌리합성법

단어나 말줄기로 쓰이지 않고 언제나 말뿌리상태로 있으면서 말뿌리합성법에 쓰이는 말뿌리로서는 고유어의 말뿌리도 있고

○ 알(알딸딸), 얼(얼떨떨)

오(오동통), 우(우중충)
개(애개개), 구(에구구)
싹(달싹), 썩(들썩)

소리마디를 줄인 외래어말뿌리도 없지 않으나

○ 프로(프로독재), 로(조로사전)

대다수는 한자말 말뿌리이다.

우리 말에서 개개의 한자단위는 《약》, 《방》, 《문》, 《산》 등과 같이 그자체로서 한개 단어로 쓰이는것도 적지 않으나 많은 한자단위는 그 홀로는 단어로 되지 못하고 하나의 말뿌리로 존재하면서 그것끼리 서로 결합해서 한개 단어로 되거나

○ 학생, 력사, 동식물

다른 단어나 말줄기와 결합해서 한개 단어로 쓰인다.

○ 청개구리, 중공업, 겸하다, 경비대, 싫증, 말아초

그래서 이런 단어조성수법을 말뿌리합성법이라고 부르게 된다.

말뿌리합성법에 의해서는 한자성어(《한자성구》)도 이루어지고

○ 일심단결, 이신작칙, 불면불휴, 풍찬로숙, 조국통일, 진퇴량난, 미풍량속, 패륜패덕, 희생정신, 부익부빈익빈

문장속의 림시적단어도 이루어진다.

○ 제이십, 수백만, 력사상, 령도하, 가정용, 출신별, 평양발, 청진착, 시월초, 삼월말, 오월경, 사흘간, 계응상저, 최서해작, 5월호, 3월 10일부, 개성산

그런데 한자말 말뿌리는 그에 고유한 몇가지 특성으로 해서 이를 람용할 때 우리 말 어휘구성에 부정적결과를 가져올수 있다.

《한마디로 말하여 같은 뜻의 단어로서 고유어와 한자어의 두가지가 있을 경우에는 될수 있는대로 고유어를 쓰며 일정한 한자어를 쓰되 이미 우리 말로 굳어진것만 쓰고 그 범위를 제한하며 새로운 한자어를 자꾸 만들어낼것이 아니라 어디까지나 우리 나라의 고유한 어근을 기본으로 하여 우리 말을 더 풍부히 하고 발전시켜야 할것입니다.》

첫째로, 출판물에서 이미 한자사용을 페지한 조건에서 여러 단어에 거듭해서 나타나지 않는 한자말 말뿌리들은 사람들의 언어의식에서 한개 말뿌리로 파악되지 않는다. 때문에 이런 한자말뿌리가 들어있는 단어는 사회적으로 점점 더 알가 어려워진다.

《독우(犢牛)》(송아지), 《살서제(殺鼠劑)》(쥐약), 《수근(鬚根)》(수염뿌리)과 같은 단어들이 바로 이런것으로서 이미 말다듬기에 의하여 없어졌다.

그중에는 《격년결과(隔年結果)》(해거리), 《결과지(結果枝)》(열매가지) 같은것도 있었는데 여기서 《결과(結果)》는 물론 시초에는 《열매를 맺는다.》는 의미였으나 그후 은유적인 의미변화로 《원인(原因)》에 대한 뜻반대말로 되여버렸다. 그리하여 오늘날 《결(結)》이나 《과(果)》는 《맺는다》거나 《열매》라고 하는 의미를 가진 두개 말뿌리로 파악되지 않고 《결과(結果)》전체로서 하나의 형태부로 리해되고있다. 그러므로 이미 의미변화를 하는 이러한 단어를 제쳐놓고 다시 옛날의 언어의식을 되살려 또 하나의 소리같은말을 만들어낸것 자체가 잘못이다.

한자어들도 이상과 같은 말뿌리와 말뿌리의 결합류형이 아니고 말뿌리와 단어의 결합류형인 경우에는 보다 리해하기 쉽다. 례컨대 《사가(史家)》라는 말보다 《력사가(歷史家)》라는 말이 알기 쉬우며 《부문(副文)》이라는 단어보다 《부문장》이라는 단어가 나은것이다. 이것은 그 구성속에 이미 널리 쓰이고있는 단어로서 《력사》나 《문장》이 들어있고 또 거기에 덧붙은 말뿌리 《가》나 《부》는 마치 덧붙이와도 같이 더 큰 단위인 여러 단어에 붙어서 규격화되여있기때문이다.

물론 말뿌리와 단어가 결합한 류형전부가 그런것은 아니다. 일반적으로 말뿌리와 말뿌리의 결합류형에 비해서 말뿌리와 단어의 결합류형이 이런 면에서 우월하다는것을 보여줄뿐이다. 이에 비추어 이미 있는 한자어들을 리용할 때 될수록 말뿌리와 말뿌리의 결합류형보다 말뿌리와 단어의 결합류형을 택해야 할것이다.

둘째로, 한자말 말뿌리는 단어를 조성할 때 고유어의 단어조성순서와 모순되는 한문식순서로 결합하는 경우가 있는것으로 하여 문제시되고있다.

고유어의 경우에는 합성법으로 새 단어를 조성할 때 서로 결합하는 단위들은 엄격히 조선어문장성분의 배렬순서를 따른다.(《밤낮》, 《바다물》, 《빛나다》, 《일하다》, 《꽃갈다》, 《더하다》, 《수북하다》, 《걸머지다》, 《여닫다》, 《곱돌》, 《맞서다》, 《감돌다》)

한자어의 경우에도 단어합성일 때는 《책상》, 《로동당》, 《자기비판》 등에서 보는바와 같이 대체로 조선어문장성분의 배렬순서를 따르고있다.

그러나 한자단위가 단어로서가 아니라 말뿌리로서 참가하는 말뿌리합성법에서는 일부 례외가 나타나는것이다.

우선 한자말 말뿌리가 단어와 결합해서 새 단어를 이루는 경우를 보면 그러한 례외가 비교적 적어서 그 대부분은 규정어－피규정어의 관계를 이루어 조선어문장성분배렬순서와 일치하며

○ 경로동, 녀교원,
인내성, 물리학

특히 한자말 말뿌리가 고유어단어나 말줄기와 결합하여 합성어를 이루는 경우에는 례외없이 규정어－피규정어의 순위를 취한다.

○ 청개구리, 독살림, 초가을
참을성, 벽돌공, 흘림체
싫증, 말아초

여기서 《말아초》는 《말아》가 2차적으로 대상화되여 역시 규정어격으로 된것이다.

다만 일부 한자말 말뿌리가 다른 일부 한자단어와 결합하는 경우에 한문의 문장구조를 반영하여 술어－주어 혹은 술어－객어(《직접보어》)의 순서를 취하는 일이 일부 있다.

○ 무감각, 몰인정, 미개척, 비공식, 피착취, 반혁명

물론 이런 류형에 들어있는 말뿌리는 보다 자립적인 단위인 단어와 결합한것으로 해서 마치 한개 앞붙이와도 같은 위치에 있게 되며 이에 따라 그 결합관계도 언제나 꼭 술어－주어 혹은 술어－객어의 관계로만 의식되지는 않는다. 그러나 어쨌든 고유어의 경우와는 다른 성격을 보이는것이 사실이다.

다음으로 한자말 말뿌리가 다른 한자말 말뿌리와 결합하는 경우를 보면 그중 다수가 조선어문장성분배렬순서와 일치하여 주어－술어의 관계, 객어－술어의 관계, 보어－술어의 관계, 양상어(상황어)－술어의 관계, 이음말－술어(《맺음술어》)의 관계, 규정어－피규정어의 관계, 병렬관계 등을 이루고있다.

○ 기절, 기진[주어－술어]
　근절, 광복[객어－술어]
　방청, 공습, 병결[보어－술어]
　재발, 갱생, 경시[양상어－술어]
　개방, 방임, 통과[이음말－술어]
　무기, 호인[규정어－피규정어]
　상하, 경중, 매매[병렬]

그러나 일부 경우에는 한문고유의 배렬순서를 반영하여 술어－주어의 관계, 술어－객어의 관계, 술어－보어의 관계를 보인다.

○ 발단, 락심[술어－주어]
　개회, 결승, 론죄[술어－객어]
　등교, 락후, 귀가[술어－보어]

물론 이런 단어들도 그 구성요소로서의 말뿌리들의 구획이 희박해져서 그저 단어전체가 한개 형태부로 인식되여갈수도 있으므로 이미 조성된것 가운데서 일부는 그대로 쓸수 있으나 적어도 새로 단어를 조성하는 경우에는 이처럼 한자말 말뿌리를 한문투로 배렬하는것을 삼가해야 할것이다.

《발포(發砲)》, 《정차(停車)》와 같은 단어들은 그안의 《포》나 《차》가 한개 단어로 쓰임에도 불구하고 한개 한자에 대응하는것으로 하여 말뿌리와 단어의 합성론리를 따르지 않고 말뿌리와 말뿌리의 합성론리에 따라 술어－객어 혹은 술어－주어의 한문식순서를 보이고있다.

셋째로, 한자말 말뿌리들은 병렬적으로 결합하는 경우에도 그 전통에 따라 같은 의미를 가진 고유어의 경우와는 반대되는 순서를 보일 때가 있다.

○ 아래우－상하(上下), 밤낮－주야(晝夜), 마소－우마(牛馬),

치마저고리—의상(衣裳)

이런 현상은 일부 성구, 성어에도 나타나서 례컨대 《자나깨나 잊지 못한다.》는것을 한자성어에서는 꺼꾸로 《오매불망(寤寐不忘)》이라 하는것이다.

넷째로, 기본의미가 서로 같은 고유어와 한자어가 각각 서로 결합하여 합성어를 이룬 뒤에는 그 의미가 반대로 되는 경우가 있다.

례컨대 고유어의 《앞》은 한자어로 《전(前)》이고 고유어의 《뒤》는 한자어의 《후(後)》에 해당하며 이들이 각각 공간적인 합성어를 이루었을 때 《앞쪽》과 《전방(前方)》, 《뒤쪽》과 《후방(後方)》은 서로 일치한다.

그러나 시간적인 합성어를 이루었을 때는 정반대로 되여서 고유어의 《앞날》은 미래이지만 한자어의 《전일(前日)》은 과거이고 고유어의 《뒤날》은 과거이나 한자어의 《후일(後日)》은 미래이다. 일부 사람들은 한문의 《후일》을 고유어 《뒤날》로 번역하고있으나 이는 조선어의 전통적의미에 어긋나는것이다. 고유어에서 《뒤날》이라는 말은 본래 《앞날》이라는 말과 대립해서 《옛날》이라는 의미로 씌였으며 지금도 방언에서는 그런 의미로 쓰이고있다.

만일 미래를 나타내려고 할 때 《앞날》이라는 말이 범박한 미래이기때문에 《후일》의 의미와 엄밀하게 일치하지 않는것이 문제라면 《후날》이라고 바꾸어쓸수 있으며 또 《전일》을 고유어로 바꾸어 쓸 때도 《옛날》이라고 하면 너무 오랜 과거로 되여 꼭 일치하지 않는것이 문제라면 이를 《전날》 혹은 《지난날》로 바꾸어쓸수도 있는것이다.

2) 말줄기합성법

단어의 말줄기는 다른 단어와 결합해서 새 단어를 이루기도 하고

○ 검버섯, 곱돌, 늙바탕

묵밭, 벋이, 접자, 비비송곳, 날짐승, 들창, 밀차, 맞구멍

다른 단어의 말줄기와 결합해서 새 단어가 되기도 한다.

○ 감돌다, 굶주리다, 날뛰다, 넘보다, 섞갈리다, 꿇앉다, 뛰놀다, 오르내리다, 돌보다, 우짖다, 보살피다, 얽매다, 여닫다, 잇닿다, 부르짖다
낮보다, 얕잡다, 늦되다, 무르익다, 굳세다, 검붉다, 재빠르다, 희멀겋다, 옳바르다

조선어단어조성류형가운데 이처럼 말줄기합성법으로 이루어진 단어들이 적지 않으며 형태부호상간의 계선도 명확하다.

그러나 이것은 이 수법이 과거의 일정한 력사적시기에 활발히 쓰이였을뿐아니라 그후 점차 약화되여 오늘날에 와서는 단어합성법이 훨씬 변화되였다는것을 보여주고있다. 그러므로 오늘날 새 단어를 조성하는데서 말줄기합성법을 전혀 리용할수 없는것은 아니지만 거기에 크게 의존할수는 없으며 보다 많이는 단어합성법에 의거하게 된다.

이에 따라 고유어단어들을 조성할 때 반드시 말줄기합성법을 써서 례컨대 《낡투》와 같은 어색한 단어를 만들어낼 필요는 없으며 단어합성법을 써서 《낡은투》라고 하는 편이 보다 자연스럽다. 이와 마찬가지 리유로 《높다리(高架橋)》와 같은 단어도 적당치 않으며 더구나 고유어말줄기를 한자말 말뿌리와 결합시켜 《높도(高度)》와 같은 단어를 조성하는것은 무리한 일이다. 그보다는 이미 써오는 고유어 《구름다리》나 《높이》를 그대로 쓰는것이 타당하다.

말줄기는 단어(용언)에서 토를 떼고난 나머지의 어휘적의미를 가진 부분인것만큼 그모두가 고유어말줄기이며 이에 따라 말줄기합성법도 고유어용언에서 이루어질따름이고 한자어에는 적용되지 않는다.

말줄기합성법에서 형태부호상관계는 우리 말 문장성분의 배렬순서와 일치한다.

① 병렬관계

○ 여닫다, 드나들다, 굳세다, 오르내리다

② 규정어－피규정어관계

○ 곱돌, 접칼, 비비송곳, 늦장마

③ 양상어－술어관계

○ 맞서다, 얕보다, 낮잡다

④ 이음말－술어관계

○ 감돌다, 걷잡다, 돌보다

3) 단어합성법

우리 말 단어조성수법가운데서 오늘날 가장 활발히 리용되고 있는것은 단어합성법이다.

체언이나 부사, 상징사 등은 토없이 단어로 되는것만큼 그대로 다른 단어나 말줄기와 결합해서 새 단어를 이룬다.

○ 봄비, 섣넛, 그것, 곧잘

○ 빛나다, 덜하다, 반듯하다

말줄기합성법과 마찬가지로 단어합성법의 경우에도 합성말줄기의 형태부배렬은 우리 말 문장성분의 배렬순서를 따른다.

① 병렬관계

○ 밤낮, 손발, 안팎, 아래우, 아침저녁, 논밭, 팔다리

② 규정어－피규정어관계

○ 바다물, 꽃밭, 들국화, 산나물, 발목, 손등, 손가락

③ 주어－술어관계

○ 빛나다, 뼈저리다, 힘차다, 멋있다, 기름지다

④ 객어－술어관계

○ 앞지르다, 뒤따르다, 일하다, 말하다, 소리치다

⑤ 보어－술어관계

○ 꽃같다, 남자싸다, 남다르다

⑥ 양상어－술어관계

○ 더하다, 덜되다, 가로맡다, 수북하다, 얼씬하다

종래 뒤붙이첨가법의 례로 들어온《꽃답다》,《남자답다》와 같은것도 단어합성법에 소속시켜야 할것이다. 여기서《답다》는《꽃같다》,《남자싸다》의《같다》나《싸다》와 대등한 상대적자립성을 가지므로《답》을 한개 뒤붙이로만 보기는 어렵다. 더구나《이른 봄날 맨 선참으로 피는 꽃답게 생신하구나.》,《참말 어려운 시련을 대담하게 이겨낸 남자답소.》라고 말하는 경우에는 그 기능이 한개 단어

의 범위를 훨씬 벗어나는데 이를 뒤붙이의 기능으로 볼수는 없는것이다.

단어합성법가운데는 단어가 토없이 다른 단어와 결합하는 수법외에 토를 가진 단어가 다른 단어와 결합하는 수법도 있다.

체언, 부사, 상징사 등과 달라서 용언은 토없이는 단어로 되지 못하는 품사이므로 말줄기에 토가 붙은채로 다른 단어 혹은 말줄기와 결합해서 새로운 단어가 되는것이다.

○ 길짐승, 단잠

○ 들어가다, 좋아하다

종래 뒤붙이첨가법의 례로 들어오던 《젊은이, 늙은이, 어린이》의 《이》나 《들것, 먹을것》의 《것》도 뒤붙이 아닌 불완전명사가 용언의 규정형과 결합해서 이루어지므로 단어형태합성법에 의해 이루어진 합성어로 된다.

지금까지 역시 뒤붙이첨가법의 례로 간주되던 《넘어지다》, 《넘어뜨리다》, 《몰아치다》, 《웃어대다》의 《뜨리다》, 《치다》, 《대다》도 이와 마찬가지 리유로 용언의 이음형에 붙은 일종의 보조동사로서 그와 더불어 단어합성법으로 합성어를 이루고있는것이다.

그런데 여기서 용언이 어떤 토를 취하는가 하는 점이 주목된다.

첫째로, 용언뒤에 체언이 결합하는 류형에서는 규정토가운데서 오직 《ㄴ(은)》, 《ㄹ(을)》만을 취하고 《는》이나 《던》은 취하지 않는다.

규정토 《ㄴ(은)》, 《ㄹ(을)》는 이미 우에서 언급한바와 같이 력사적으로 다른 의미없이 오직 규정어의 의미로만 쓰인 일이 많으며 현재도 《어려운 일》, 《홍겨울 때》 등에서는 그러한 성격을 보이고 있다. 그렇기때문에 이들은 다른 규정토들과는 달리 합성어조성에 리용될 가능성이 많은것이다.

그리하여 례컨대 《달던 잠》이라고 해서는 한 단어로 되지 못하지만 《단잠》은 한개 단어이며 《기는 짐승》은 두개 단어에 머무르고있으나 《길짐승》은 틀림없는 한단어이다.

그러므로 오늘날 새로운 합성어를 만드는 경우 이런 점을 고려해서 될수록 《는》과 같은 규정토를 쓰지 말고 《ㄴ(은)》나 《ㄹ(을)》를 써야 한다.

둘째로, 용언이 용언과 결합하는 류형에서는 이음토가운데서 오직 《아(어, 여)》만을 취하고 《고》, 《며》 등 다른 이음토는 취하지 않는다.

이미 론술한바와 같이 《아(어, 여)》는 본래 굴절말꼬리에서 기원한것으로서 지금도 다른 여러 이음토들과는 달리 모음 하나만으로 나타나며 때로 련결모음과도 류사한 기능을 놀고있다. 이러한 현상은 서북방언의 《읽으야겠는데(읽어야겠는데)》, 《읽언 책(읽은 책)》 등에서도 볼수 있으며 일반적으로 단어조성에서 현저히 나타나고있다.

이음토 《아(어, 여)》가 가지는 이러한 특성으로 하여 《넘어가다》, 《건너오다》 등은 비록 그것을 《넘어》와 《가다》, 《건너(건느어)》와 《오다》의 두개 동사부분으로 분석할수도 있으나 언제나 《넘어가다》, 《건너오다》 전체로서 한개 단어로 의식되는것이다.

특히 《들다》, 《나다》와 같은 동사는 《새집에 든다.》, 《자고 난다.》와 같은 경우외에는 대체로 홀로 쓰이지 않는다. 그러므로 이것이 들어있는 《들어가다.》, 《나오다.》 등은 각각 두개 단어로 인식되기가 더욱 어렵다. 또 《두어두다.》와 같은 합성어를 보면 이것은 확실히 동사 《두다》의 자립성이 약화되는데 대처한 반복합성임이 틀림없다. 동사 《지다》도 《해가 진다.》, 《잎이 졌다.》와 같이 자립적으로 쓰이다가도 《돌이 진다.》고는 하지 않고 《돌이 떨어진다.》고 하는것도 마찬가지여서 여기서 《떨어》는 아무런 어휘적의미도 더해줌이없이 《지다》의 의미를 명백히 해줄뿐이다.

다른 이음토들은 이러한 합성어를 조성하는데 쓰이지 않는다. 그리하여 례컨대 《업어가다》는 한개 단어로 인정될수 있어도 《업고가다》라는 단어는 인정되지 못하고 《업고가다》의 두 단어로 간주된다. 이러한 현상 역시 새 단어를 조성하려 할 때 반드시 고려해야 할 점이다.

일부 명사들도 용언이음형 《-어》형과 명사의 결합으로 이루어진다.

○ 몰앗숨, 끓어사격, 뜨더(뜯어)국

여기서 용언이음형은 2차적으로 대상화되여 명사원형처럼 뒤의 명사와 규정어적결합을 이룬것이다.

이상에서 보는바와 같이 조선어의 규정토와 이음토가운데서 오직 《ㄴ(은)》, 《ㄹ(올)》, 《아(어, 여)》만이 합성어조성에 리용되며 그것이 붙은채로 단어합성법의 원리에 따라 수많은 새 단어가 생겨난다.

물론 《ㄴ(은)》, 《ㄹ(을)》, 《아(어, 여)》 등 토를 취한 경우에도 그모두가 뒤단어와 더불어 합성어로 되는것은 아니며 문법적인 호상관계나 그 소리마디구성에 의해서도 적지 않은 제약을 받는다.

따라서 이러한 점을 고려하지 않고 《꼭 배울 파목》(필수과목)과 같이 규정어앞에 양상어까지 결합시켜 명사와 합성하거나 《우거진 숲》(밀림), 《된 일깨움》(엄중경고), 《빠른 려객렬차》(급행렬차)와 같이 여러 소리마디로 된 규정어나 피규정어를 서로 합쳐서 새 단어를 만들려던 시도가 실패했던것이다.

토를 가진 용언과 합성하는 수법의 경우 역시 합성어안에서 형태부들은 우리 말 문장성분의 배렬순위에 따라 배렬된다.

① 규정어－피규정어관계

○ 된장, 늙은이, 어린이, 단잠

○ 디딜방아, 길짐승, 올해

② 이음말－술어관계

○ 걸머지다, 달아나다, 올려놓다

4) 반복합성법(되풀이법)

이것은 합성법의 특종으로서 반복되는 단위는 말뿌리와 단어이다.

그리하여 우리 말에서 이 수법으로 조성된 단어는 말뿌리가 되풀이된것도 있고

○ 그그저께, 그그러께, 지지난번

○ 차차, 점점, 각각, 시시각각, 명명백백(하다)

○ 꽁꽁, 빽빽, 썩썩, 퉁퉁, 뻴뻴

명사, 수사, 부사, 상징사, 감탄사 등 단어가 반복된것도 있으며

○ 방울방울, 군데군데, 가지가지, 차례차례[명사반복]

○ 하나하나[수사반복]

○ 오래오래, 미리미리, 길이길이, 자꾸자꾸, 울먹울먹[부사반복]

○ 반들반들, 쩌렁쩌렁, 비틀비틀, 뚝뚝[상징사반복]

○ 아아, 허허, 쯧쯧, 어기영어기영, 체체[감탄사반복]

동사의 단어형태가 반복된것도 있다.

○ 두어두다

반복합성된 일부 단어들은 《시시로》, 《때때로》, 《사람사람이》, 《집집이》와 같이 토를 취해서만 쓰인다.

그런데 조선어에서는 일부 다른 언어에서처럼 단어의 반복합성으로 복수의 개념을 나타내는 일은 없고 렬거, 강조, 정밀화, 지속 등의 의미를 나타낸다. 그리하여 《사람사람이》, 《집집이》는 《사람들》, 《집들》처럼 여러 사람, 여러 집을 의미하는것이 아니라 개개의 사람이나 집을 의미하고 《방울방울》은 여러 방울이 아니라 한방울 또 한방울이라는 의미이며 《군데군데》는 여러 군데가 아니라 이곳저곳 몇군데이다. 또 《오래오래》는 《오래》를 강조한데 지나지 않으며 《두어두다》는 《두다》를 보다 명백히 해줄뿐이고 《뚝뚝》, 《쯧쯧》 등은 해당 현상의 이러저러한 지속성을 나타내고있다.

명사가 반복된 《방울방울》, 《차례차례》, 《군데군데》, 《집집이》 등이 오히려 부사류의 성격을 가지는 점이라든지 《하나하나》와 같이 수사자체가 꼭 같은 원리로 반복되는것을 보아서도 조선어의 반복합성법은 문법적복수와는 직접적련관이 없음을 알수 있다.

반복합성법의 변종으로서 같은 말뿌리의 반복과 다른 말뿌리의 배합이 함께 나타나는것도 있고

○ 공공연(하다), 적라라(하다), 수수천년

○ 반신반의, 불면불휴, 비일비재
자고자대, 자화자찬, 반제반미
일진일퇴, 백전백승, 수백수천
천세만세, 좌지우지

같은 가리킴의 성격을 가지면서도 의미가 반대인 단어들을 합성하거나

○ 이것저것, 여기저기, 그럭저럭, 이만저만, 요리조리

형상적이기는 마찬가지이지만 꼭 같지는 않은 단위들을 합성하는 수법을 들수 있다.

○ 뚝딱, 왱강뎅강, 엉거주춤, 시큼털털, 울긋불긋, 붉으락푸르락, 오손도손, 할둥말둥, 우둘투둘, 아글타글

반복합성법과 일반적인 합성법이 배합되여 이루어진 단어들도 있다.

○ 떳떳하다, 깐깐하다, 든든하다, 꼼꼼하다, 촘촘하다, 팽팽하다, 공공연하다

3. 축약법

단어나 형태부들을 결합해서 보다 큰 단어를 조성하는 합성법과는 반대로 단어에서 일부 구성부분을 떼내여 보다 작은 단어를 조성하는 수법도 있다. 이를 축약법이라고 부르기로 한다.

이 수법은 다시 함축법과 준말법의 두가지로 갈라볼수 있다.

1) 함축법

공통의 말뿌리를 가진 두개이상의 단어에서 같은 말뿌리의 반복을 피해서 하나의 단어를 새로 구성하는 수법이다.

○ 동식물(동물, 식물), 수출입(수출, 수입), 좌우편(좌편, 우편), 청장년(청년, 장년), 동서해(동해, 서해), 농축산(농산, 축산), 륙해공군(륙군, 해군, 공군)

일부 지명에서는 서로 린접한 지명사이에 공통되는 말뿌리가 없는 경우에도 이러한 함축을 하는 경우가 있다.

2) 준말법

어떤 대상의 긴 명칭에서 일부 소리마디들만 선택해서 략칭을 조성하는 수법이다.

○ 직맹(직업동맹), 녀맹(녀성동맹), 총련(재일본조선인총련합회), 공대(공업대학), 경공대(경공업대학), 중세사(중세기력사), 당사(당력사), 어사(언어력사), 군축(군비축소), 안보(안전보장), 조중친선(조선－중국친선), 조로사전(조선어－로씨야어사전)

조선어에서 준말을 이루는 소리마디단위는 대부분이 한자말 말뿌리이다. 이에 따라 우리 말에서 준말을 조성할 때는 인디아—유럽언어들에서처럼 반드시 단어들의 머리글자마디만 따서 붙이는것이 아니라 그중 주되는 의미를 담당한 한자소리마디를 취하는 일이 많다. 례컨대 《직업동맹》, 《녀성동맹》을 《직동》, 《녀동》이라 하지 않고 《직맹》, 《녀맹》이라 하며 《당력사》, 《언어력사》를 《당력》, 《언력》이라 하지 않고 《당사》, 《어사》라고 하는것이다.

○ 프로(프로그람), 프로(프로센트), 테로(테로리즘), 니스(와니스), 늄(알미늄), 졸론(쁘레드니졸론)

○ 5.1절(5월1일명절)
9.9절(9월9일명절), 3.8절(3월8일명절)

4. 굴절법

단어안의 형태부에서 한 음운을 류사한 다른 음운으로 바꾸어 새 단어를 조성하는 수법을 굴절법(내부굴절법)이라고 한다.

여러 품사에서 이러한 수법을 찾아보게 된다.

○ 맛→멋, 가죽→거죽, 알→얼, 골→굴, 민물→맹물
머리→마리(개 한마리) [명사]

○ 나→너 [대명사]

○ 녹다→눅다, 줄다→졸다, 피다→패다, 살다→설다
좇다→쫓다, 지르다→찌르다 [동사]

○ 붉다→밝다, 묽다→맑다 [형용사]

이상에서처럼 의미의 변화를 가져온것들외에 뜻빛갈만 변한것들도 있다.

○ 부스럼→보스럼, 여드름→야드램, 거짓부리→가짓부리, 인정머리→앤정머리, 렴치(염치) →람치(얌치) [명사]

○ 이→요, 저→조, 그→고 [대명사]

○ 빈둥거리다→밴둥거리다, 중얼거리다→종알거리다, 비틀다→배틀다, 헐떡이다→할딱이다

숙덕이다→쑥덕이다, 비뚤다→삐뚤다

이러다→요러다, 저러다→조러다, 그러다→고러다 [동사]

○ 말갛다→멀겋다, 하얗다→허옇다, 가맣다→까맣다, 발갛다→벌겋다, 부옇다→뿌옇다

이렇다→요렇다, 저렇다→조렇다, 그렇다→고렇다 [형용사]

○ 이리→요리, 저리→조리, 그리→고리, 이다지→요다지, 저다지→조다지, 그다지→고다지, 이만→요만, 저만→조만, 그만→고만 [부사]

○ 찰싹→철썩, 기우뚱→갸우뚱, 오목오목→우묵우묵, 알락달락→얼럭덜럭

살살→쌀쌀, 졸졸→쫄쫄, 달랑→딸랑, 빈둥빈둥→핀둥핀둥, 딩딩→띵띵→팅팅 [상징사]

○ 아→어, 야→여, 오→우

아유→어유, 이키→에키

하하→허허→호호→헤헤→해해 [감탄사]

여기서 보는바와 같이 이 수법은 대다수가 감정적뜻빛갈을 다양하게 나타내는데 리용되고 그것이 단어의 의미변화에까지 이른 례는 적다.

이러한 제한성으로 해서 이 수법은 오늘날에 와서 새 단어를 조성하는데 활발히 리용되지 못하고있다.

5. 전환법

한 품사의 단어를 말줄기구조의 변화없이 어휘문법적성격이 달라지면서 다른 품사의 단어로 전환시켜 새 단어를 만들어내는 전

환법은 우리 말에서 여러 품사들사이에 나타나고있다.

이 전환법을 다시 말줄기전환법, 단어전환법, 단어형태전환법의 세가지로 갈라볼수 있다.

1) 말줄기전환법

한 품사의 단어말줄기가 다른 품사의 단어로 전환하거나 반대로 한 품사의 단어가 다른 품사의 단어말줄기로 전환하는것이다.

△ 말줄기→단어

① 동사말줄기→명사

○ 꾀다→꾀, 품다→품, 가물다→가물, 뒤설레다→뒤설레(~를 떤다)

② 동사말줄기→부사

○ 덜다→덜, 미치다→및

③ 형용사말줄기→명사

○ 길다→길(한길물속), 점잖다→점잖(~을 빼다)

④ 형용사말줄기→부사

○ 곧다→곧, 더디다→더디

△ 단어→말줄기

① 명사→동사말줄기

○ 신→신다, 빗→빗다, 되→되다, 배→배다, 뼘→뼘다, 띠→띠다

② 상징사→동사말줄기

○ 비뚤→비뚤다, 흔들→흔들다

2) 단어전환법

한 품사의 단어가 다른 품사의 단어로 전환하는것이다.

① 명사→부사

○ 진정, 정말, 사실, 원체, 련속, 도합, 대체

○ 새로, 실로, 참으로, 앞으로, 앞서

② 명사→감탄사

○ 만세!

③ 수사→감탄사

○ 천만에!

④ 부사→명사

○ 잘못(~보았다), 잘못(~이 없다)

⑤ 부사→감탄사

○ 아니!

⑥ 동사→부사

○ 미처, 이어, 있다(있다가), 삼가, 차마, 따라서, 그리고, 그러면, 그런데, 한데, 그래서, 한사코, 결코, 무심코

⑦ 동사→감탄사

○ 아서!

⑧ 형용사→관형사

○ 딴(《따다》의 규정형으로부터)

⑨ 형용사→부사

○ 하여튼, 하지만

⑩ 형용사→감탄사

○ 옳지! 그래, 그럼, 아무렴, 글쎄

이밖에 말줄기전환법의 하나로서 용언안에서의 어휘문법적변화를 들수 있다.

① 형용사말줄기→동사말줄기

○ (불이) 밝다→(날이) 밝는다
(너무) 늦다→(너무) 늦는다
(아이가) 크다→(아이가) 큰다

② 동사말줄기→형용사말줄기

○ (목이) 마른다→(목) 마르다
(힘이) 든다→(힘)들다
(배가) 부른다→(배) 부르다

③ 자동사→타동사

○ (차가) 움직인다→(차를) 움직인다
(그들이) 이긴다→(그들을) 이긴다
(손이) 떤다→(손을) 떤다

그러나 이것은 력사적견지에서 볼 때 동사와 형용사 또는 자동사와 타동사의 미분화상태의 잔재라고 할수 있다.

한편 용언의 서술적대상형이 명사로 전환하여 동음이의적양상을 이룬것들도 있다.

비교:
- ○ 즐겁게 웃음으로써 [동사대상형]
- ○ 즐거운 웃음 [명사]

- ○ 나무가 크기때문에 [형용사대상형]
- ○ 나무의 크기 [명사]

① 동사대상형→명사

○ 걸음, 웃음, 믿음, 꿈, 잠, 삶

○ 달리기, 읽기, 쓰기, 꾸리기

② 형용사대상형→명사

○ 즐거움, 괴로움, 기쁨, 슬픔, 아픔

○ 굵기, 세기

6. 융축법

몇개 단어의 결합체가 성구적인 의미변화를 거쳐 한개 단어로 구조적유착을 이루는것으로서 엄밀한 의미에서는 의도적인 단어조성수법과 차이를 가진다.

○ 마치 한가지→마찬가지 [명사]

○ 하마 하더면→하마트면
말지 못해→마지못해
쏜 살 같이→쏜살같이
불 현(켠)듯→불현듯
불이 나게→부리나케
불이야 불이야→부랴부랴
[부사]

○ 여기 보오→여보
예(여기에) 있다→옛다
에구 어머니→에구머니
그럴 세→글쎄
[감탄사]

제3절. 단어조성의 복합수법

단어나 형태부를 가지고 새로운 단어들을 조성할 때 우에서 본바와 같은 수법들중 어느 한 수법을 택하는것이 일반적현상이다.

이렇게 조성된 새 단어가 그후 다시 다른 단어나 형태부를 취해서 더 큰 단어가 이루어질수도 있다. 이것은 단계적인 단어조성이라 할수 있다.(《잎→잎사귀→풋잎사귀》, 《나물→풋나물→풋나물채》)

이와는 달리 두가지 수법을 동시에 적용해서 비로소 새 단어를 조성하는 경우도 적지 않아서 이것을 특별히 단어조성의 복합수법이라고 부르게 되는것이다.

이러한 복합수법을 몇가지 류형으로 나누어볼수 있다.

1. 앞붙이－뒤붙이첨가법

단어나 말줄기에 덧붙이를 붙여서 새 단어를 조성하는 첨가법은 덧붙이에 앞붙이와 뒤붙이가 있음에 따라 일반적으로 앞붙이첨가법과 뒤붙이첨가법으로 나누이는외에 앞붙이－뒤붙이법이 설정된다.

앞붙이－뒤붙이법은 단어나 말뿌리의 앞뒤에 앞붙이와 뒤붙이를 동시에 첨가하는 하나의 복합적수법이다.

○ 되풀이, 애갈이, 풋절이, 군입질

그런데 우리 말에는 앞붙이와 뒤붙이가 말뿌리앞뒤에 붙어있는 단어는 적지 않지만 그것이 동시에 붙었다고 볼수 있는 단어의 례는 극히 적다.

《헛손질》, 《드높이》, 《휘몰아치다》, 《시꺼멓다》 등을 이런 례로 보아서는 안된다. 이런 단어의 앞붙이와 뒤붙이는 동시에 첨가된것이 아니라 하나가 붙어서 쓰인 뒤에 다른것이 차례로 붙어서 쓰이는것이다.

일반적으로 비파생어라는 말과 파생시키는 단어라는 말은 같은것이 아니다. 비파생어는 현대의 언어의식에서 그 말줄기(또는 단어)가 한개 말뿌리와 일치하는 단어이다. 그것은 물론 본래부터 하나의 말뿌리였을수도 있고(《눈》, 《희다》) 력사적으로는 말뿌리와 덧붙이로 구성되였거나 두개 말뿌리를 포함했다가 다른 동족어와의 의미적련계가 없어져 내부의 형태부구획이 불가능하게 되는 이른바 말줄기의 단순화과정을 겪은것일수도 있다.(《묻엄→무덤》, 《움물→우물》)

그러나 현대의 언어의식으로 보아서 단 하나의 형태부(말뿌리)로 의식되는것이라면 모두 비파생말줄기이며 이에 따라서 그런 단어는 다 비파생어에 속하게 된다. 그런데 덧붙이는 이러한 비파생어(혹은 비파생말줄기)에 붙어서 파생어를 이룰수도 있고(《눈맺》, 《희뜩》) 이미 이루어진 파생어에 다시 2차적으로 첨가되여 또 새로운 파생어를 이룰수도 있는데 우에 든 《헛손질》, 《드높이》, 《휘몰아치다》, 《시꺼멓다》 등은 바로 이러한 2차적파생어의 례로 되는것이다.

여기서 앞붙이와 뒤붙이는 비파생말줄기 또는 비파생어인 《손》, 《높》, 《몰아》, 《껌》 등의 앞뒤에 함께 첨가된것이 아니라 이미 뒤붙이가 붙은 파생어 《손질》, 《높이》, 《몰아치다》, 《꺼멓다(껌엏다)》 앞에 2차적으로 앞붙이가 첨가된것이다. 그러므로 이것은 앞붙이—뒤붙이법으로 조성된 파생어가 아니라 뒤붙이첨가법으로 이루어진 1차적파생어에 다시 앞붙이첨가법을 적용해서 조성한 2차적파생어이다. 여기서 1차적파생어 《손질》, 《높이》, 《몰아치다》, 《꺼멓다》는 2차적파생어를 파생시키는 단어이기는 하나 그자체도 덧붙이를 포함하였으므로 비파생어는 아닌것이다.

따라서 단어조성과정의 선후차를 고려함이 없이 이미 이루어진 말줄기를 기계적으로 분석하면 그 말뿌리의 앞뒤에 앞붙이와 뒤붙이가 같이 있다고 하여 이것을 모두 앞붙이—뒤붙이첨가법으로 이루어진 단어라고 속단해서는 안된다.

이러한 원리는 앞붙이와 앞붙이 혹은 뒤붙이와 뒤붙이가 겹친 말줄기를 분석하는 경우에도 마찬가지이다.

례를 들면 《지게질》은 비파생말줄기 《지》에 두개의 뒤붙이 《게》와 《질》을 함께 첨가한 파생어가 아니라 비파생말줄기 《지

(지다)》에 뒤붙이 《게》가 붙은 1차적파생어 《지게》에 다시 뒤붙이 《질》을 첨가해서 이루어진 2차적파생어인것이다.

2. 합성－첨가법

조선어에서는 앞붙이와 뒤붙이를 동시에 첨가하는 앞붙이－뒤붙이첨가법이 그리 발달하지 않은 반면에 합성법과 첨가법을 동시에 적용해서 새 단어를 만드는 합성－첨가법이 발달했다.

○ 해돋이, 달맞이, 옷걸이, 배불뚝이

○ 해바라기, 씨속음

여기서 《해돋이》는 명사 《해》와 《돋다》가 합성됨과 동시에 그 끝에 뒤붙이 《이》가 첨가된것이고 《해바라기》는 동사 《바라다》와 명사 《해》가 합치는것과 함께 뒤붙이 《기》가 들어가 붙은것이다.

이러한 단어들이 조성되는데 합성법과 첨가법이 동시에 적용되였다는것은 그중 어느 하나의 수법만으로는 단어가 이루어지지 않는것으로 보아 명백하다. 즉 합성법만을 써서 《해돋다》나 《해바라다》라고 하는 단어도 없고 첨가법만으로 이루어진 《돋이》나 《바라기》와 같은 단어도 없으며 오직 이 두가지 수법을 함께 적용한 《해돋이》나 《해바라기》만이 있는것이다.

이러한 각도에서 볼 때 《남달리》, 《병마개》와 같은 단어는 합성－첨가법의 례로 될수 없다. 《남달리》의 경우에는 《남다르다》는 단어가 따로 있는것으로 보아 명사 《남》과 형용사 《다르다》가 합성해서 《남다르다》라는 새 형용사가 이루어진 이후에 다시 그 합성말줄기에 뒤붙이 《리》가 첨가되여 《남달리》라는 단어가 이루어진것이 분명하다. 그리고 《병마개》의 경우에는 《마개》라는 단어가 따로 있는것으로 보아 먼저 동사 《막다》의 말줄기에 뒤붙이 《애》가 첨가되여 《마개(막애)》라는 명사가 조성된 다음에 그것이 다시 명사 《병》과 합쳐서 《병마개》라는 새 단어를 이룬것이 틀림없다. 따라서 이런 단어들은 합성법과 첨가법이 시기를 달리해서 앞과 뒤에 개별적으로 적용된것이지 동시에 쓰인것이 아니므로 합성－첨가법의 산물은 아닌것이다.

합성－첨가법의 하나로서 반복합성－첨가법이 있다.

이것은 반복합성법과 첨가법을 동시에 적용하는 단어조성수법이다.

여기에는 명사반복과 덧붙이첨가를 겸한것도 있고

○ 집집이, 나날이, 틈틈이

○ 걸음걸이, 살림살이, 놀음놀이

형용사말줄기반복과 덧붙이첨가가 중첩된것도 있으며

○ 차디차다, 붉디붉다

동사말줄기가 반복되면서 덧붙이가 첨가된것도 있다.

○ 주섬주섬, 띄염띄염

대명사반복과 덧붙이첨가가 겹친것도 있다.

○ 저저끔

또한 고유어말뿌리나 한자말 말뿌리가 반복되면서 덧붙이가 첨가되기도 한다.

○ 날날이, 곰곰이, 든든히, 떳떳이, 깐깐히, 촘촘히, 팽팽히, 빽빽이

○ 순순히, 서서히, 루루히, 공공연히, 사사롭다

일반적인 합성－첨가법과 반복합성－첨가법이 겹쳐서 이루어진 단어들도 있다.

○ 코맹맹이, 물찰찰이, 속속들이

3. 합성－전환법

합성－전환법은 말그대로 합성법과 전환법을 함께 적용하는 단어조성수법이다.

여기에는 우선 용언말줄기가 명사와 결합하면서 명사로 전환하는 류형이 있다.

○ 낭떠러지, 안달(～이 난다)

여기서 《낭떠러지》라는 단어는 명사 《낭》과 동사 《떨어지다》가 합성됨과 동시에 동사말줄기 《떨어지》가 명사로 전환되여 이루어진것이며 《안달이 난다.》고 할 때에 나타나는 단어 《안달》은 명

사 《안》과 동사 《달다》가 합성되면서 동사말줄기 《달》이 명사로 전환된 결과에 이루어진것이다.

이러한 복합원리 역시 그중 어느 한 수법만으로 이루어진 단어가 따로 없다는것으로써 증명된다. 즉 합성법만으로 된 《낭떨어지다》나 《안달다》와 같은 동사도 없고 전환법만으로 생긴 《떨어지》나 《달》과 같은 명사도 없는것으로 보아 《낭떠러지》나 《안달》은 이 두가지 수법을 동시에 적용한 합성－전환법의 결과물임이 틀림없는것이다.

이와 반대로 《왕가물》이나 《점잖(을 빼다)》은 어떤 복합적단어조성수법을 적용한 례로 될수 없다. 《왕가물》의 경우에는 《가물》이라는 단어가 따로 있으면서 많이 쓰이는것으로 보아 동사 《가물다》에서 전환된 명사 《가물》이 먼저 생겼고 그후에 그것이 다시 명사 《왕》과 합쳤음이 명백하다. 따라서 이것은 전환법과 합성법을 동시에 적용한 합성－전환법의 생성물이 아니다. 《점잖》의 경우에는 《점잖다》는 형용사가 따로 쓰이는것으로 보아 우선 《젊지 않다》는 어구가 응축되여 《점잖다》는 형용사가 이루어진 다음에 그 말줄기 《점잖》이 다시 명사로 전환했다고 볼수밖에 없다. 그러므로 《점잖》이라는 단어는 합성－전환법의 례도 아니거니와 그 어떤 응축－전환법을 보여주는것도 아니다.

합성－전환법의 류형으로서는 또한 용언이음형이 명사와 결합하면서 명사로 전환하는 류형이 있다.

○ 산넘어(～에 산다), 강건너(～에서 왔다)

이것은 동사의 이음형 《넘어》나 《건너》가 명사 《산》이나 《강》과 결합함과 동시에 대상화되여 새로운 명사가 생겨난것이다.

다음으로 합성－전환법에서 중요한 자리를 차지하는것은 용언의 서술적대상형 《－ㅁ(음)》, 《－기》가 다른 단어나 말줄기 또는 말뿌리와 합성하면서 명사로 전환되는 류형이다.

여기에는 동사의 서술적대상형이 명사뒤에 붙으면서 명사로 전환한것도 있고

○ 눈가림, 고기볶음

○ 주먹치기, 쓰레받기

동사의 서술적대상형이 명사앞에 붙으면서 명사로 전환한것도 있으며

○ 갈림길, 디딤돌, 부림소, 부침땅

동사의 서술적대상형이 동사말줄기와 합성되면서 명사로 전환한것도 있고

○ 돋보기

동사나 형용사의 서술적대상형이 한자말 말뿌리와 결합하면서 명사로 전환한것도 있다.

○ 귀염성, 무섬증, 가렴증

서술적대상형을 거치는 합성-전환법은 한자어람용을 피하고 고유어명사를 많이 조성하는데서 중요한 역할을 한다. 특히 전문용어를 비롯하여 행동적 또는 상태적의미를 가지는 명사를 용언으로부터 조성하는 경우에 그러하다.

현대조선어에서는 용언말줄기나 이음형 그자체를 곧 명사로 바꾸는 전환법이 없어진 결과 일반적으로 행동이나 상태의 의미를 내포한 명사를 만들기 위해서는 용언말줄기에 대상성을 가진 형태부를 첨가해야 하는데 그런 형태부가운데서 의미의 추상화가 가장 높고 또 어떤 단어의 말줄기나 다 첨가될수 있는것은 《ㅁ(음)》나 《기》이다.

그런데 이것은 사실상 새로운 단어를 조성하는 덧붙이가 아니라 일종의 문법적형태로서의 서술적대상형을 이루는 토인것이다. 그러므로 이것이 붙어서 이루어진 단어형태는 의연히 용언으로서 서술적성격을 보유하고있다. 이 형태가 다시 명사로 전환하기 위해서는 그속에 있는 행동이나 상태의 의미우에 덧붙은 문법적인 대상적의미가 어휘적인 대상적의미로 변해야 하는데 이러한 의미의 질적변화에는 일정한 시일이 요구되는것이다.

물론 서술적대상형 그자체가 하나의 대상성을 포함하고있기때문에 이것을 명사대신에 전혀 쓸수 없는것은 아니지만 그래도 그것은 어디까지나 문법적대상성으로서 그와 대립되는 어휘의미론적서술성에 의하여 제약되고있는것이다. 례컨대 명사 《꿈》이나 《크기》에서는 용언 《꾸다》, 《크다》의 서술적의미가 뒤로 물러나고 대상적인 어휘적의미가 전면에 나선만큼 명사로 인정되기에 손색이 없으

나 동사 《가리다》, 《치다》의 말줄기에 《ㅁ》, 《기》를 붙인 《가림》, 《치기》는 한개 서술적대상형일따름이고 아직 어휘적인 대상적의미를 가지지 못했으므로 도저히 명사로 쓰일수는 없는것이다.

바로 이러한 경우에 합성-전환법을 써서 《눈가림》이나 《주먹치기》와 같은 단어를 만들면 명사의 성격을 뚜렷이 보여주게 된다. 그리하여 지금까지 이 수법으로 많은 단어들이 조성되였는데 이렇게 이루어진 《날림식》, 《바줄당기기》 등 여러 단어들은 고유어로서의 부드러운 어감에 어휘적인 대상성을 갖추어 명사로서의 역할을 다하고있다.

그러므로 앞으로도 용언말줄기에 기초해서 명사를 만들 때 이 수법을 널리 적용해서 고유어의 명사를 풍부화해나갈수 있다.

합성-전환법의 하나로서 반복합성-전환법이 있다.

이것은 단어나 말뿌리를 되풀이해서 다른 품사로 바꾸는 수법이다.

○ 됨됨(사람~이 똑똑하다), 앉음앉음(~이 방정하다)

여기서 《됨됨》이나 《앉음앉음》은 동사의 서술적대상형이 반복되면서 명사로 전환한것이다.

4. 첨가-전환법

품사전환과 덧붙이첨가를 함께 적용하는 단어조성수법이다.

용언의 서술적대상형에 덧붙이가 붙으면서 명사로 전환되는 경우가 있다.

○ 생김새, 새김질, 놀림거리, 구김새

○ 싱검둥이, 게으름뱅이

여기서 《생김새》는 동사 《생기다》의 말줄기 《생기》에 서술적대상형의 토 《ㅁ》를 붙임과 동시에 뒤붙이 《새》를 붙여서 명사로 전환시킨것이다.

이러한 조성원리는 합성-전환법의 경우와 다를바 없으나 여기서는 단어나 말뿌리가 붙지 않고 그 대신 덧붙이가 붙으므로 다른 하나의 단어조성수법으로 설정한것이다.

다른 한편 이 수법은 뒤붙이가 뒤에 붙는 점에서 뒤붙이첨가법과 공통성을 가진다. 《이》와 같은 뒤붙이 역시 동사나 형용사같은 용언을 명사로 바꾸어놓는다.

○ 먹이, 벌이

○ 높이, 길이, 넓이, 두터이

차이점은 이러한 뒤붙이첨가법이 용언말줄기에 품사변화를 가져오는 뒤붙이를 붙여서 한 품사를 다른 품사로 변화시키는것과는 달리 첨가-전환법은 문법적으로 대상성을 띠는 용언의 형태가 뒤에 붙는 보통의 뒤붙이(품사변화에 쓰이지 않는 뒤붙이)에 의거하면서 품사변화를 한다는데 있다.

비교: ┌○ 먹이[동사말줄기+뒤붙이=명사]
└○ 구김새[동사대상형+뒤붙이=명사]
┌○ 높이[형용사말줄기+뒤붙이=명사]
└○ 싱검둥이[형용사대상형+뒤붙이=명사]

첨가-전환법도 합성-전환법과 마찬가지로 오늘날 널리 쓰이고있는 수법의 하나이다.

문장속에 나타나는 단어 《먹음직스럽다》, 《좋음직하다》 등에 들어있는 부사적성격의 《먹음직》, 《좋음직》과 같은 단위도 이러한 단어조성수법의 원리를 따른것으로 볼수 있다.

이상에서 고찰한 여러가지 단어조성수법들은 다시 서로 어울려 구조적으로 다양한 단어들을 생성하는 경우가 적지 않다. 이에 대해서 앞으로 더욱 면밀한 분석고찰이 요구된다.

제3장. 품사분류

제1절. 품사분류의 일반원칙

1. 품사의 개념

품사는 하나의 단어부류이다.

모든 사물현상의 분류와 마찬가지로 단어도 어떤 기준을 가지고 분류하는가에 따라 서로 다른 부류로 나누인다. 만일 단어가 생겨난 경위를 기준으로 삼는다면 고유어, 한자어, 외래어로 갈라질것이며 그 쓰인 기간의 길고짧음에 따라서는 옛날말, 새말등이 갈라져 나올수도 있고 단어가 다시 쓰이는 범위를 보면 일반어휘와 구별되는 학술용어가 따로 설정되기도 한다.

그런데 이러한 분류는 어휘론적분류로서 문법론과는 관련이 없다.

품사는 이와 달라서 문법적범주를 이루는 단어부류이며 이에 따라 품사론은 문법의 한 분과로 된다. 문법에서 단어의 부류를 가른다고 할 때 그것은 문법서술을 목적으로 하는것만큼 그 기준은 응당 문법적인것으로 된다. 이처럼 문법적기준에 따라 나눈 단어부류가 바로 품사인것이다.

그러나 품사는 형태론적범주나 문장론적범주와 같은 순수 문법적인 범주는 아니다. 그것은 한 단어가 문장을 이루기 위해 취하는 형태변화나 문장에서의 지위에 따라 구성되는 범주가 아니라 단어자체의 부류를 이루는 범주인것이다.

이것은 우리 말에서 상의 범주가 단어호상간의 문법적관계를 의미하면서도 이를 표시하는 형태부가 단어의 문법적형태를 조성함과 함께 한 단어를 다른 단어(파생어)로 즉 자동사를 파생타동사로, 타동사를 파생자동사로 변화시키는 등 단어조성의 기능도 함께 수행함으로써 어휘문법적성격을 띠게 되는것과 류사한 원리이다.

지금까지 품사는 단어의 가장 일반적이고 가장 큰 문법적범주라고 하는것이 정설로 되여오고있다. 이것은 주로 품사별로 단어의 문법적형태와 문법적범주를 서술하는 인디아-유럽어족언어들에 통용되여온 실용성을 띤 통속적설명이며 종에 대한 류의 개념, 하위분류에 대한 상위분류를 의미하는 엄밀한 리론적타당성은 가지지 못한다.

우리 나라에서도 오래동안 문법의 분과로서 형태론과 문장론의 두개 분과를 설정하고 품사분류와 개별적품사안의 단어분류도 다같이 형태론에 포괄해서 품사별로 단어의 문법적형태를 서술해왔다.

그러나 단어들의 어휘문법적부류와 개별적단어의 순수 문법적형태는 전혀 다른 성질의 단위인것만큼 리론적견지에서 응당 서로 다른 연구대상으로 되여야 한다.

더우기 조선어에서는 인디아-유럽어족의 경우와 달라서 단어의 문법적형태들이 한 단어의 굴절말끄리의 변화에 의해서가 아니라 교착덧붙이인 토의 체계적인 첨가에 따라 조성됨으로써 사전적단위로서의 1차적단어와 문법적단위로서의 2차적단어 즉 단어형태가 뚜렷이 구별된다. 그리고 인디아-유럽어족언어들에서 례컨대 같은 격의 말끄리가 명사, 형용사, 수사, 대명사 등 품사의 차이에 따라 서로 같지 않은것과 달리 조선어에서는 어떤 품사에서도 동일한 문법적의미에는 동일한 토가 쓰이는것만큼 실천적으로도 품사별로 형태분류를 하는것이 불합리하다.

이러한 사실들로 보아 조선어에서 품사분류의 리론은 마땅히 형태조성의 리론에서 분리되여 독자적인 분과를 이루어야 한다. [《**김일성**종합대학학보》 주체53(1964)년 10호, 12, 16페지]

이러한 첫 시도로서 《현대조선어》 2[고등교육도서출판사, 주체50(1961)년]에서는 형태론안에서 품사서술과 문법적형태서술을 서로 분리시켰으며 그후 《조선어문법》[고등교육도서출판사, 주체

53(1964)년]에서는 《품사론》을 따로 내왔다.

종래 품사를 단어의 어휘문법적부류로 보는 견해와 단어의 문법적부류로 보는 견해가 대립되여왔다.

그러나 품사의 차이가 한개 단어의 형태상차이와는 달리 단어자체의 구별을 가져온다는 각도에서 본다면 이러한 대립은 절대적인것이 아니다. 즉 품사를 단어의 어휘적의미와 문법적의미를 함께 고려한 어휘문법적부류로 보는 견지에서뿐아니라 단어의 문법적특성만을 념두에 둔 문법적부류로 보는 견지에서도 그것이 한 단어의 형태상차이를 초월하는 단어들사이의 차이를 조건짓는다는 점에서는 마찬가지로 단어의 어휘문법적범주라고 할수 있는것이다.

문법연구에서 필수불가결의 분야로 되는 단어구조의 분석(말뿌리, 말줄기 등)이나 이에 기초한 단어조성수법의 서술이 언어학의 서로 다른 분과인 어휘론과 문법론에 다같이 관계되는것처럼 품사서술도 문법뿐아니라 어휘와도 련관되는 이중성을 가지게 된다.

사실상 어떤 순수한 형태론적범주나 문장론적범주도 그것이 단어자체의 차이를 가지지 못하여 어휘구성을 집성한 사전에 오르지 못하면서도 품사만은 오르고있는데 이것은 단어말뿌리의 실질적의미가 같아도 품사가 다르면 서로 다른 단어로 되기때문이다.

다만 한 품사안에서 다시 세분된 단어부류가 있는데 이에 비해서 품사는 보다 큰 어휘문법적범주로 될뿐이다.

2. 품사의 분류기준

품사들은 언어의 어휘구성을 이루는 단어들의 부류이므로 그 분류는 어휘적의미의 일반화를 거치게 되며 그것이 문법적특성에 따르는 단어들의 부류로 되기때문에 그 분류는 문법적류형화를 동반하게 되며 또한 단어조성의 형태부들은 일정한 품사에 고유한것만큼 그 분류는 다시 단어조성의 구조적표식을 함께 갖추게 된다.

이러한 어휘의미론적일반화, 문법적류형화, 구조적표식화를 다같이 기준해서 나눈 단어의 어휘문법적부류가 바로 품사이다.

조선어에서 단어의 문법적성격을 규정하는데서는 그것이 문법적형태부인 토와 어떤 관계를 가지는가 하는것이 주요표식으로 된다. 토를 취하는가 취하지 않는가, 취한다면 어떤 류형의 토를 취하는가 하는데 따라 그 단어의 문법적형태가 규정되고 문장에서의 지위와 기능이 결정되기때문이다.

례를 들면 《범》과 《돌》은 그 의미가 전혀 다른 단어들이지만 여기에 토를 붙여보면 《범이, 범을, 범도…》, 《돌이, 돌을, 돌도…》와 같이 되여 토에 대한 관계에서는 서로 아무런 차이도 없다는것을 알게 된다. 따라서 이 두 단어는 하나의 부류로 묶여지게 된다.

그런데 단어의 이러한 문법적성격과 어휘적의미사이에는 밀접한 련관이 있어서 문법적성격이 공통되면 대체로 그 어휘적의미의 공통성도 가지게 된다. 실지로 《범》과 《돌》을 비교할 때 얼핏 보면 하나는 동물이고 다른 하나는 광물이며 좀더 넓은 외연의 개념으로 보아도 생물과 무생물의 현격한 차이가 있다. 그러나 다시 더 추상해보면 둘이 다 어떤 대상이라는 공통성을 가진다.

바로 이러한 공통성에 기초하여 그 문법적성격도 같아져서 대상을 함께 나타내는 단어로서의 명사에 통합되는것이다.

또 다른 례로서 단어 《가다》와 《자다》를 비교해보면 《가다》는 하나의 행동을 의미하는 반면에 《자다》는 어떤 《상태》를 의미하므로 서로 다른 부류의 단어로 된다. 그러나 여기에 토를 붙이면 《사람이 간다.》, 《아이가 잔다.》, 《가는 사람》, 《자는 아이》와 같이 그 문법적형태가 꼭 같아진다. 그래서 다시 이 두개 단어의 의미상공통점을 찾아보게 되는데 그런 공통의 의미로서는 이들이 다 어떤 과정을 나타낸다는 점을 들수 있다. 즉 《가》는것은 행동이 진행되는 과정이고 《자》는것은 상태가 지속되는 과정이다. 이처럼 어떤 과정을 나타내는 품사가 바로 동사이다.

그런데 동사는 그 대다수가 행동이라는 어휘적의미를 가지고 또 일부 동사에 들어있는 상태의 지속이라는 의미 역시 넓게 보면 일종의 행동이라고 할수 있는데 이로부터 흔히 동사를 행동을 나타내는 품사라고 부르기도 하는것이다.

이와 마찬가지로 《높다, 좋다, 붉다, 많다…》 등 단어들은 그 의미에서 서로 적지 않은 차이가 있으면서도 어떤 상태를 나타내는 공통점도 가지고있고 《높고, 좋고, 붉고, 많고…》, 《높은, 좋은, 붉은, 많은…》 등과 같이 그 문법적성격이 공통적이므로 형용사라는 하나의 품사에 포괄된다.

이러고 보면 결국 품사라는것은 단어의 어휘적의미의 임의의 일반화가 아니라 문법적성격의 공통성을 잃지 않는 한계안에서 최대로 추상하여 일반화한 단어부류라고 할수 있다.

그런데 단어의 어휘적의미와 문법적특성의 호상관계는 언제나 이처럼 단순하지는 않다.

례를 들어 단어 《웃다》와 의미가 공통되는 단어 《웃음》은 어느 품사에 속하는가 하는 문제가 제기된다. 이 두개 단어의 어휘적의미는 다 일종의 행동이므로 《웃다》와 마찬가지로 《웃음》 역시 동사일것 같지만 그 문법적성격을 따져보면 《웃음이 난다.》, 《웃음을 웃는다.》와 같이 형태조성방식이나 문장론적지위가 동사와 전혀 다르며 오히려 동사와 정면으로 대립하는 품사인 명사의 특징을 가진다. 그것은 《웃음》이라는 단어가 《웃》는 행동의 의미를 의연히 보유하면서도 거기에 다시 《웃는것》이라는 대상성의 의미를 더 가짐으로써 원래 대상적의미를 나타내는 《범》이나 《돌》과 같은 부류의 단어 즉 명사로 되였음을 의미하는것이다.

다른 례로서 말뿌리나 말줄기로서 꼭 같은 《가물다》와 《가물》이 품사분류에서 앞의것은 동사이고 뒤의것은 명사로 갈라지는것도 이러한 론리의 귀결이다.

또 《가다, 던지다, 쏘다…》 등 행동을 나타내는 단어들은 동사에 속하는데 《행동》이라는 단어자체나 그와 류사한 《운동, 로동, 충돌…》 등 단어들은 비록 행동적의미를 보유하면서도 《행동이, 행동을…》, 《운동이, 운동을…》 등과 같이 대상적인 문법적특성을 가지므로 명사에 속한다.

그러나 이런 경우에도 그 문법적성격은 어휘적의미와 전혀 무관계한것이 아니다. 《행동》이라는 단어가 행동적의미를 가지는것은 당연하거니와 그것이 다시 《어떤 행동 그자체》라는 뜻으로 대상화된 까닭에 《이, 을…》과 같은 대상성의 토가 붙게 된것이다.

상태를 나타내는 품사는 형용사임에도 불구하고 《상태》라는 단어자체는 형용사가 아니라 명사에 속하게 되는것도 이와 마찬가지여서 그것은 다시 대상적의미를 획득하여 대상적인 문법적형태를 취하게 된것이다.

한편 《우리는 래일 출발한다.》고 하거나 《우리는 래일 출발이다.》라고 하는것은 다같이 행동을 의미하는 술어이면서도 앞의것은 동사술어, 뒤의것은 명사술어로 되고 《네 일이 걱정스럽구나.》라고 하든 《네 일이 걱정이로구나.》라고 하든 꼭 같은 심리상태를 나타내는 술어이면서도 앞의것은 형용사술어, 뒤의것은 명사술어로 되는것 역시 뒤의것의 《출발》이나 《걱정》이 다시 대상화되여 명사술어의 형태를 취한 까닭이다.

이상의 사실들에 비추어 명사는 대상을 나타내는 품사이고 동사는 행동을 나타내는 품사, 형용사는 상태를 나타내는 품사라고 하는 정의와 관련해서 그 《대상》, 《행동》, 《상태》 등의 개념을 순수한 어휘의미론적견지를 벗어나 어휘문법적견지에서 리해해야 한다.

품사분류의 기준과 관련하여 순수 문법적기준에 따라 단어들이 품사로 류별된다고 하는 견해도 있고 단어의 어휘의미론적특성과 문법적특성을 함께 기준하여 품사를 갈라야 한다고 하는 견해도 있다. 이와 관련하여 일부 학자들은 이 두가지 각도에서 서로 다른 단어부류들을 설정하고 그 한쪽만을 품사라고 부르기도 한다.

단어들은 순수 문법적표식에 따라 단어의 문법부류로 가를수도 있고 그와 함께 어휘적의미의 성격도 고려하여 단어의 어휘문법적부류들을 갈라낼수도 있다.

그런데 지금까지 분류되여온 여러 품사들은 문법적성격의 차이만을 가지고는 그 분류를 완성할수 없다. 례컨대 조선어에서 명사와 수사의 차이점이나 부사, 상징사, 감탄사 호상간의 차이점을 그 문법적표식에서만 찾을수 없으며 어휘의미론적성격도 함께 보아야 한다.

그러므로 품사분류에서는 문법적기준을 위주로 하면서도 어휘의미론적성격도 하나의 기준으로 내세우게 되며 결국 품사는 단어의 어휘문법적부류로 되는것이다.

이상과 같이 단어들의 어휘의미론적일반화와 문법적류형화를 통해서 품사가 분류되는 한편 많은 단어들에서 나타나는 단어조성의 구조적표식도 보충적인 구별기준으로 될수 있다. 그것은 단어조성의 형태부들중에는 일정한 품사에 한하여 나타나는것이 적지 않기때문이다.

례컨대 《ㅡ군》, 《개》, 《ㅡ질》과 같은 뒤붙이는 명사에만 나타나고(《일군, 씨름군, 싸움군…》, 《날개, 덮개, 베개…》, 《키질, 빗질, 싸움질…》), 《ㅡ치ㅡ》, 《ㅡ대ㅡ》, 《ㅡ거리ㅡ》 등 뒤붙이는 동사에서만 볼수 있고(《밀치다, 덮치다, 놓치다…》, 《싸대다, 으시대다, 헤대다…》, 《두덜거리다, 들썩거리다, 어른거리다…》), 《ㅡ롭ㅡ》, 《ㅡ스럽ㅡ》, 《ㅡ답ㅡ》류의 뒤붙이나 《드ㅡ》 같은 앞붙이는 형용사에만 들어있다. (《슬기롭다, 영예롭다, 피롭다…》, 《영광스럽다, 좀스럽다, 별스럽다…》, 《참답다, 정답다, 아름답다…》, 《드세다, 드높다…》)

지금까지 여러 문법책들에서는 품사분류의 단어조성적기준을 론함에 있어서 이처럼 그 품사가 이루어진 구조에만 국한시켰으나 나아가서 그 품사로부터 다른 품사가 생성되는 구조적성격 역시 그러한 기준으로 될수 있다고 보았다.

례컨대 명사는 흔히 동사 《하다》와 결합하여 합성동사를 이루고(《일하다, 운동하다, 현대화하다…》) 뒤붙이 《답》, 《스럽》, 《롭》이 붙어서 파생형용사를 이루며(《꽃답다, 정답다, 남자답다…》, 《영광스럽다, 자랑스럽다, 복스럽다…》, 《지혜롭다, 수고롭다, 영예롭다…》) 형용사는 뒤붙이 《이, 히, 리, 우, 추》 등이 붙어서 동사를 이루기도 하고(《높이다, 넓히다…》) 부사로 되기도 하며(《깊이, 빨리, 되우, 낮추…》) 명사로 바뀌기도 한다. (《길이, 넓이, 높이…》)

그러나 이러한 단어구조적표식은 품사분류에서 전체를 포괄하는것이 아니라 일부 파생어나 합성어에 국한되므로 품사분류의 기본기준으로 되지 못하고 일부 단어에 한한 보조적기준으로 될뿐이다.

이리하여 품사는 어휘의미론적일반화와 문법적류형화를 기본기준으로 하고 단어구조적표식화를 보조적기준으로 하여 분류한 단어의 가장 큰 어휘문법적부류로 된다.

3. 품사의 범위

품사는 일종의 단어부류이므로 품사론의 대상은 단어이며 단어보다 큰 단어결합이나 단어보다 작은 형태부는 품사의 어느 부류에도 속할수 없다.

그러나 개별적인 어휘에서 단어들의 호상관계가 단순치 않으며 이에 따라 품사의 범위를 어디까지로 보겠는가 하는 문제가 제기되고있다.

우선 단어들가운데는 자립적인 일반단어들이 있는외에 보조어라고 부르는 비자립적인 단어들도 적지 않은데(불완전명사, 보조동사 등) 이러한 보조어도 단어의 일종인 이상 단어부류로서의 품사에서 제외될수 없다.

이와 반대로 형태부는 단어의 한 부분이므로 그자체가 어떤 단어부류로 될수 없고 따라서 품사로 되지 못한다. 그런데 우리 말에는 류다른 유의미적단위들이 있어서 이를 특수한 단어로 볼것인가 또는 특종의 형태부로 볼것인가 하는것이 품사론서술에서 어려운 선결조건으로 나서고있다.

례컨대 《국제(~정세)》, 《원시(~사회)》, 《녀류(~작가)》 등의 《말뿌리적단어》들은 단어로서 갖추어야 할 문법적형태를 취하지 못하여 단어가 아니라 단어와 류사한 한개 말뿌리에 지나지 않으며 따라서 품사체계에 포괄되지 못한다. 이런 《말뿌리적단어》중 일부는 《고요가 깃들었다》, 《부산을 피운다》, 《부지런만 하면》, 《대담도 하구나》, 《조용은 한데》와 같이 극히 제한된 형태를 취해서 한개 단어로 분리되기도 하는데 이런 경우에는 그 형태에 해당한 품사(명사)취급을 하지 않을수 없다.

한개 형태부처럼 보이는 《듯》(《올듯 하다》), 《만》(《볼만하다》), 《법》(《될법 하다》), 《상》(《할상 싶다》) 등도 비록 그뒤에 형태를 조성하는 토를 붙이지 못하고 《하다》와 직접 련결되지만 그앞에서는 다른 단어의 규정형과 련결되므로 하나의 불완전명사로서 품사체계에 들어간다.

또 단어와 단어가 한개 덩어리로 합쳐서 문장에 들어간 《조선민주주의인민공화국》, 《조국통일민주주의전선》, 《반제반봉건민주주의혁명》, 《3대혁명붉은기쟁취운동》과 같은것들도 그것이 아무리 길더라도 한개 단어의 기능을 노는 이상 품사(명사)에 소속되고 《일당백》, 《지덕체》, 《남녀로소》, 《동서남북》, 《독불장군》과 같은 한자성어(한자성구)나 《직총》, 《농근맹》, 《총련》류의 준말 역시 품사론의 대상(명사)으로 된다.

조선어품사론에서 제기되는 주요문제의 하나로서 토가 품사체계에 포괄되는가 되지 않는가 하는 문제가 있다. 이 문제 역시 토를 하나의 단어로 보는가 아니면 특종의 형태부로 보는가 하는데 귀결된다.

일부 문법가는 우리 말의 토가 언제나 문법적의미만을 가지면서 문법적형태를 조성하기때문에 도저히 단어로 될수 없다고 주장한다.

그러나 단어와 형태부의 차이가 곧 실질적(어휘적)의미와 문법적의미의 차이와 맞먹는것은 아니다. 형태부가운데서 실질적의미를 가진 단어조성의 형태부도 있고 문법적의미를 띤 형태조성의 형태부도 있듯이 단어가운데도 실질적의미를 가진 일반단어들과 함께 인디아-유럽언어들의 전치사, 조사 등과 같이 문법적의미를 가진 단어들도 있다.

또 일부 문법가들은 토가 한개 단어에만 관계되는 덧붙이와는 달리 한 단어뿐아니라 단어결합 또는 문장과도 관계되는것만큼(《풀과 나무가 자란다.》, 《누가 이기느냐가 문제다.》) 하나의 보조적단어로 된다고 주장한다.

그러나 토가 이처럼 단어결합이나 문장과 기능상의 련관을 가지는 경우에도 그것이 첨가되는 구조적단위는 어디까지나 단어이며 토는 언제나 그 단어형태의 구성부분으로 될따름이다. 때문에 토와 단어 혹은 말줄기와의 사이에는 다른 단어가 끼우지 못하고 끼운다면 다른 토가 끼울뿐이며(《이기느냐가》) 토는 단어와 떨어져서 존재하지 못한다. 그러므로 토가 단어결합이나 문장과 기능상으로 련관된다 해도 구조적견지에서 볼 때는 단어결합이나 문장에 붙는것이 아니라 항상 단어나 그 구성부분으로서의 말줄기에 첨가되는것이다.

토의 성격은 바로 이러한 구조적특성, 첨가적본질에 따라 규정되여야 하며 그 론리적, 기능적련관에 의해서 규정될수는 없는것이다. 그런 론리적, 기능적련계만 따진다면 인디아-유럽언어들의 동사인칭말끄리도 문장전체와 관계되므로 단어라고 해야 할것이다.

일부 문법가들은 덧붙이라는 개념자체가 단어에 내속된 형태부를 의미하기때문에 토는 덧붙이로 될수 없으며 전형적덧붙이는 인디아-유럽언어들의 말끄리 같은것이라고 한다.

우리 나라 근대초기의 문법책들과 광복전까지의 거의 모든 문법책들은 바로 이런 견지에서 토가 말끄리와 다르다고 하여 《조사》로 인정하고 품사체계에 포괄시켰던것이다.

토가 단어냐 덧붙이냐 하는 론의에서 덧붙이라는 용어는 넓은 의미로 쓰인것이다. 인디아-유럽언어들의 말끄리도 넓은 의미에서만 덧붙이이고 좁은 의미에서는 덧붙이가 아니다. 이로부터 덧붙이와 구별하여 말끄리라는 용어로서 단어끝에서 굴절하는 형태부를 가지고있는것이다. 좁은 의미의 덧붙이, 전형적덧붙이는 대체로 단어조성의 덧붙이이고 이밖에 로어의 과거시칭덧붙이 《л》같은것이다.

우리 말에서도 좁은 의미의 전형적덧붙이는 단어조성의 덧붙이들 그리고 단어조성과 형태조성의 두가지 기능을 노는 상덧붙이(《남기다》, 《입히다》)같은것이다. 이와는 달리 토는 넓은 의미에서만 덧붙이에 속한다. 그래서 좁은 의미의 덧붙이와 구별하여 《토》라는 전통적용어로써 문법적의미를 가지는 교착적덧붙이를 표시하고있다.

일부 문법가는 《체언토》와 《용언토》를 구별하여 체언은 문장에서 토없이도 쓰임으로써 그자체가 한개 단어로 되므로 체언에 붙는 토 역시 단어로 인정해야 하며 용언은 문장에서 토없이는 쓰이지 못하는것만큼 거기에 붙는 토는 단어일수 없고 단어말줄기에 붙어서

단어의 구성부분을 이루는 형태부라고 주장한다. (《꽃이 붉다.》)

이처럼 첨가받는 부분이 자립적이라고 해서 첨가되는 부분에도 자립성이 있다고 하는것은 하나의 론리적비약이다. 이런 식으로 결론을 내린다면 례컨대 《마음씨》의 《씨》와 같은 단어조성의 덧붙이도 《마음》이라는 자립적단어에 붙었으므로 덧붙이가 아니라 일종의 단어라고 해야 할것이다.

우리 말 리론문법에서 이른바 《체언토》와 《용언토》의 형태구조적성격을 전혀 다르게 규정하여 앞의것은 하나의 단어로서의 《조사》로, 뒤의것은 하나의 형태부로서의 《말끄리》로 인정하는 견해는 1930년대에 나왔는데 이는 일본어문법의 영향과도 관련되여있다.

일본어에서는 문법적형태를 조성할 때 체언과 용언이 구조적으로 전혀 다른 성격의 형태부를 취한다. 체언은 단어뒤에 교착덧붙이를 붙여서 형태를 이루는 반면에 용언은 말줄기에 잇달린 굴절말끄리의 변화로써 형태를 이루고 그뒤에 다시 교착덧붙이가 붙을수도 있다. (《學生(が), 行く-行け, -行け(ば)>》)

그러나 조선어에서는 일본어의 경우와 달라서 이른바 《체언토》와 《용언토》사이에 아무런 형태구조적차이도 없으며 체언이나 용언이나 다같이 교착덧붙이를 취해서 문법적형태를 조성한다. 다만 토를 제외한 앞부분만이 구조상 일본어의 경우와 같아서 체언에서는 단어이고 따라서 토없이도 쓰이며 용언에서는 말줄기이고 따라서 토없이는 쓰이지 못한다. (《학생(이) 간다-가라-가며는》)

다시말하여 체언과 용언의 형태조성에서 조선어와 일본어의 공통점은 문법적형태부의 부분(어형)에 있는것이 아니라 단어형태에서 문법적형태부를 제외한 부분(말줄기)에 있는것이다. 그리하여 조선어에서는 체언의 경우에는 언어구조적, 사전적단위로서의 단어(1차적단어)에 토가 붙어서 단어형태(2차적단어)를 이루며 용언의 경우에는 단어(1차적단어)의 부분으로서의 말줄기에 토가 붙어서 역시 단어형태(1차적 내지 2차적단어)를 이룬다고 할수 있으며 이 두가지 경우에 토의 성격은 마찬가지로 교착덧붙이인것이다.

따라서 《체언토》와 《용언토》자체에 형태구조적성격상의 본질적차이가 있어서 앞의것은 단어로, 뒤의것은 덧붙이로 된다고 하는 견해는 우리의 언어현실에 부합되지 않는다. 더구나 《체언토》와 《용언토》를 다같이 《토》라고 하면서 《토》안에서 《체언토》는 단어이고 《용언토》는 덧붙이라고 하는 주장은 토라는 구조적단위가 단어냐 덧붙이냐를 론하는 마당에서 토라는 개념자체를 무의미하게 만드는것으로 된다.

이러한 주장과는 반대로 일부 문법가는 《체언토》와 《용언토》의 구조적성격이 같다는데로부터 출발하여 체언과 용언에서 토를 제외한 부분(말줄기)의 구조적성격도 같아서 다 단어로 된다는 결론을 짓고있는데 이 역시 언어현실에 부합되지 않기는 마찬가지이다.

또 일부 문법가들은 토에 대한 종래의 모든 견해를 다 부정하면서 토는 단어도 덧붙이도 아니고 그저 《토》일뿐이라고 주장한다. 이런 립장에 선 사람들은 흔히 덧붙이의 개념과 말꼬리의 개념을 혼동해서 토가 단어와도 다르고 말꼬리와도 다르기때문에 그저 《토는 〈토〉》라고 반복한다.

여기서 토가 단어도 말꼬리도 아니라고 하는것은 응당하지만 덧붙이도 아니라고 하는것은 부당하며 따라서 말꼬리가 곧 덧붙이는 아닌것이다. 이미 우에서 언급한바와 같이 말꼬리는 굴절하는 덧붙이로서 덧붙이의 하나일따름이다. 인디아-유럽언어들에서도 덧붙이모두가 말꼬리인것은 아니다. 즉 단어조성의 덧붙이가 말꼬리와 구별되는것은 물론이고 문법적의미를 가진 덧붙이가운데서도 로어의 과거시칭덧붙이 《л》나 재귀덧붙이 《ся》 같은것도 굴절의 성격이 없어서 말꼬리에 속하지 않는다.

마찬가지로 우리 말의 토는 굴절적이 아니므로 말꼬리가 아님은 물론이거니와 그래서 덧붙이도 아니라고 하는 결론까지는 나오지 않는다. 우리의 토는 말꼬리와도 다르고 보통의(좁은 의미의) 덧붙이와도 구별되는 교착적형태부로서 넓은 의미에서는 역시 덧붙이에 속하므로 일반적으로 교착덧붙이라고 하는것이다.

이와 같이 토는 하나의 덧붙이이므로 단어의 부류를 론하는 품사론의 대상으로 되지 않으며 그것은 단어의 문법적형태를 론하는 형태론의 대상으로 된다.

그런데 넓은 의미의 덧붙이들가운데서 그 상대적분별로 보아 단어와 가장 뚜렷이 구별되는것이 말끄리이고 가장 류사한것이 교착덧붙이이기때문에 지금까지 동서의 어느 문법책에서도 말끄리를 떼여서 품사체계에 포함시킨 례는 없는 반면에 교착덧붙이는 조선어나 일본어의 많은 문법책들에서 한개 보조적단어(《조사》)로 보면서 품사의 하나로 취급해왔다.

특히 일본어는 이러한 교착덧붙이가 문장에서 단독으로 단어의 위치에 출현하는 일이 드물지 않다.(《が, それは…》, 《で, 私は》, 《と, 彼は…》, 《にも かかわらず…》, 《とは いえ…》) 이것은 마치 조선어에서 불완전명사 《뿐》이 때에 따라 규정어와 결합하지 않고 단독으로 일반명사와 같은 문장론적위치를 차지하는것과 류사한 현상이다.(《뿐만아니라…》, 《뿐더러…》)

그러나 우리 말의 토는 단독으로 단어의 자리를 차지하는 경우가 전혀 없고 언제나 단어 또는 말줄기에 붙어서만 쓰이는 전형적인 교착덧붙이이다.

따라서 품사의 개념자체를 단어와 교착덧붙이를 다같이 포괄하는 어떤 다른 개념으로 개변하지 않는 이상 토는 단어의 어휘문법적부류로서의 품사의 하나로 될수 없으며 품사체계에서 제외되여 품사론이 아니라 형태론의 대상으로 남게 된다.

제2절. 종전의 품사분류

1. 근대의 품사분류

중세기의 장구한 기간 우리 나라에서는 한문글말생활로 하여 그와 전혀 다른 구조를 가진 모국어문법체계에 대한 연구는 거의 일정에 오르지 않고있었다. 우리 민족의 고유문자 훈민정음이 창제된 이후에도 역시 한문글말의 지배가 존속함으로써 근대에 이르기까지 우리 말 문법연구는 의연히 부진상태에 있었다.

문법적현상에 대한 단편적인 지적으로부터 전일적, 체계적인 문법연구에로 이행한것은 주로 어음론, 문자론, 어휘론 등에 치중했던 중세기의 모국어연구범위를 크게 벗어난 점에서 19세기말~20세기초 우리 나라 언어학이 달성한 획기적인 성과이다.

이 시기 우리 나라에서 전개된 애국적문화계몽운동의 한면을 담당한 국문운동은 모국어의 자유롭고 자주적인 발전의 기치를 높이 들었으며 근대적인 언어리론에 기초한 조선어연구의 새로운 단계를 열어놓았다.

1) 《대한문전》(1909년)

근대초기의 시대적추이에 따라 당시 학자들은 유럽의 근대문법리론에 비추어 모국어의 문법체계를 세움으로써 초기에는 영어문법을 직선적으로 모방하는 부족점을 피할수 없었다.

외국어문법에 비추어 품사분류를 진행할 때 전면에 나서는것은 어휘의미론적기준과 문장론적기준이다. 이에 비추어 형태론적기준은 민족어고유의 특성을 가장 뚜렷이 보여줌에도 불구하고 뒤로 물러남으로써 문법체계는 기계적모방을 면할수 없게 된다.

초기문법의 대표작의 하나인 《대한문전》에서 그러한 경향을 뚜렷이 볼수 있다.

여기에는 다음과 같은 8개 품사가 제시되여있다.

1. 명사

(1) 특립(特立)명사

죠선, 을지문덕

(2) 보통명사

① 나라, 사람, 더위, 매움

② 하나, 둘

(3) 변화명사

① 깃븜, 깃브기, 슬픔, 슬프기 [《동사로서 변화ᄒᆞ는 자》]

② 푸름, 푸르기, 놉흠, 놉기 [《형용사로서 변화ᄒᆞ는 자》]

2. 대명사

(1) 인(人)대명사

① 나, 너, 이이, 그이, 뎌이

② 누구, 어느이

(2) 지시대명사

① 이거, 여긔, 이편, 져거, 뎌기, 뎌편

② 어느거, 어대, 어느편

(3) 문(問)대명사

누가, 무엇, 어대, 어느편, 언제

(4) 관계대명사

① 바(바라는바), 거(바라는거)[《순 관계대명사》]

② 이때, 그 사람, 뎌기, 그거[《혼성관계대명사》]

3. 동사

물이 흘느어, 네가 굿세다(《<다>는 동사니(기실은 조동사라)》)

(1) 자동사

새가 나르오, 산이 놉프다, 꾀꼬리가 우르어, 비가 개어

(2) 타동사

말이 물을 마신다, 쇠소리를 울니어

① 주동사

을지문덕이 수양데를 쌔트리어, 서풍이 비를 개이어

② 피동사

수양데가 을지문덕에게 쌔트리어지어, 비가 서풍에 개이어지어

4. 조동사

① 가아, 가지, 가마, 말게, 가서, 가고, 가니, 가는지, 가고져, 되어야, 하여라, 가고십흐어

② 가겟소, 가거라, 가더니, 가저이다

③ 오시오, 두사, 주소서, 가압나이다, 문법책이올시다, 리순신이오이다

5. 형용사

(1) 전치(前置)형용사

놉흔 뫼

(2) 후치(後置)형용사

뫼가 놉흐어(《조동사 〈어〉를 얻어 동사체(体)를 이룸》)

(1) 원존(原存)형용사

놉흔 뫼, 깁흔 물, 너그러운 사람

(2) 바꿈(轉成)형용사

① 사람의 머리, 가을달, 봄바람[《명사로서 전성》]

② 가는, 갈, 갓는, 가든, 갈야든, 갓든, 갓섯든(사람)[《동사로서 전성》, 《분사(分詞)》]

③ 往ᄒᆞ는, 來ᄒᆞᆫ, 行ᄒᆞᆯ, 見ᄒᆞ든; 靑ᄒᆞᆫ, 白ᄒᆞ든[《한자(漢字)의 하(下)에 국자(國字)의 첨부》]

6. 접속사

(1) 정체(定体)접속사

가, 이, ᄂᆞᆫ, ᄋᆞᆫ, ᄅᆞᆯ, ᄋᆞᆯ, 에, 으루, 로

(2) 련체(連体)접속사

① 의, 와(나와 너)

② ᄯᅩ

(3) 순체(順体)접속사

면, 고로

(4) 반체(反体)접속사

나, 언정

7. 첨부사

(1) 정격(正格)첨부사

자못, 자조, 매오, 문득, 모름직히, 시러곰

(2) 변격(變格)첨부사

① ᄲᅡᆯ히, 짐히, 소갓히

② 놉게, 심하게

③ ᄣᅢ로, 집에

④ 말처름, 붉으스름, 프른대로, ᄯᅱ는듯히, 나는다시

8. 감동사

아, 어, 하, 음, 앗차, 잇기

여기서 보는바와 같이 이 문법책은 우리 말의 품사들을 체계화하는데 여러면으로 노력한 초창기문법가의 개척자적성과가 있는

반면에 적지 않은 부족점도 나타나고있다.

첫째로, 품사분류에서 우리 말 고유의 특성을 탐색하기보다는 기존의 영어문법모방에 치우치고있다.

그리하여 형용사를 설정함에 있어서 우리 말의 형용사가 영어의 경우와 달라서 규정어가 아니라 술어로 되는것이 기본임을 포착하지 못하고 그 규정어형인 《전치형용사》(《높흔》)를 기본형(《원종형용사》)으로 보고 술어형인 《후치형용사》(《높흐어, 높프다》)를 형용사와 조동사의 결합으로 인정하였다.

그리고 동사의 여러 문법적형태를 이룬 맺음토, 이음토, 시간토, 존경토 등을 몰밀어 조동사로 규정하고 동사규정형은 분사(分詞)라고 하였다.

나아가서 대명사로서 영어에는 있으나 우리 말에는 존재하지 않는 《관계대명사》까지 설정하여 대명사아닌 불완전명사(《바, 거》)나 지시대명사와 명사의 결합체인 《이때, 그 사람》 등을 여기에 소속시켰다.

둘째로, 품사를 분류하는데서 문장론적기능일면에 치우쳐 품사와 문장성분이 혼동되는 결과를 빚어내기도 하였다.

그리하여 명사에는 명사아닌 형용사대상형(《깃브기, 슬프기, 푸르기, 높기》)까지 들어가는가 하면 규정어위치의 명사속격형태(《사람의 머리》)나 원형(《가을달, 봄바람》)이 형용사로 넘어가고 동사규정형(《가는 사람, 갈 사람, 갓섯든 사람》)도 영어식으로 《분사》라는 이름으로 형용사에 넘겨졌다.

그리고 첨부사에는 고유한 부사외에 양상어(상황어)로 쓰인 각종 단어형태(《높게, 말처름, 때로, 붉으스름, 프른대로, 뛰는듯히》)를 다 포함시켰다.

셋째로, 품사분류에서 일관된 원칙이 없이 문법적개념에 모순되게 편의적처리를 하는 결함도 발로되고있다.

그러한 례로서 접속사에는 체언이음을 하는 《련체접속사》로서 일부 격토(《의, 와》)와 이음부사(《또》)를 넣고 또 용언이음을 하는 《순체접속사》, 《반체접속사》로서 일부 이음토(《면, 나, 언정》)를 소속시키는 한편 문장론적견지에서나 의미론적견지에서나 도저히 접속사라고 할수 없는 격토나 도움토(《가, 를, 에, 로, 는》)까지 《정체접속사》라는 모호한 이름을 붙여 여기에 포함시키고있다. 이것은 이 계렬의 토들을 영어의 말꼬리와 구별하여 한개 단어로 보면서도 그 품사소속에서는 영어의 품사체계를 벗어나지 못하고 그중 한 품사(접속사)에 억지로 밀어넣음으로써 접속사자체를 접속사 아닌 접속사, 품사아닌 품사로 만들어버린것이다.

2) 《국어문법》(1910년)[《말의·소리》 부록 주체3(1914)년]

문장론적기준을 위주로 하여 품사와 문장성분이 혼선을 이루는 초기의 영어문법모방으로부터 형태론적기준위주로 우리 말고유의 품사분류를 하는데로 넘어가는데서 기본으로 된것은 당시 애국적국문운동을 대표한 주시경의 품사분류였다.[《어문연구》, 주체55(1966)년 4호]

여기서는 품사분류의 단위로서 단어의 말줄기부분과 토부분을 갈라서 이것을 각각 《기》(후에는 《씨》)라고 불렀다.

그는 초기저작 《국어문법》(1910년)의 《기난틀》에서 우리 말품사로서 《임》(명사), 《엇》(형용사), 《움》(동사), 《겻》(조사), 《잇》(접속사), 《언》(관형사), 《억》(부사), 《놀》(감탄사), 《끗》(종결사)의 9가지 《기》를 설정하고[《주시경유고집》 과학원출판사, 주체46(1957)년, 76페지] 《기갈래의 난틀》에서 다시 개별품사안의 단어부류들을 류별했다.

1. 임

(1) 제임

① 사람, 개, 나무, 돌, 뜻, 잠[《두로》]

② 샘개(땅이름), 돌메(사람이름)[《홀로》]

(2) 대임

① 나, 너, 우리, 여기, 저기, 누구, 아모, 무엇

② 이(큰이), 것(저것), 바(일하는바), 줄(일하는줄)

③ 한아, 둘, 셋, 얼마

④ 더러, 좀, 다

2. 엇

① 히, 크, 이르, 단단하, 착하

② 이러하, 저러하, 그러하, 엇더하

3. 움

(1) 제움

자, 날, 잡히

(2) 남움

잡, 따리, 먹, 먹이

(1) 바로움

따리, 자, 잡, 날

(2) 입음움

잡히

4. 겻

① 가, 를, 에, 로, 와(내가 너와 가겠다.)

② 도, 는, ㄴ들, 마다

5. 잇

① 과, 와(벼루와 먹)

② 고, 면, 이면, 으나, 다가, 는데, 아, 어

6. 언

① 이, 저(저 나무), 그, 무슨

② 이러한, 저러한, 그러한, 엇더한

③ 큰, 적은, 이른, 착한, 많은

④ 간, 가는, 먹을, 먹던, 가앗던

⑤ 한, 두(두 새), 세, 일곱

⑥ 돌(돌집)

7. 억

① 다, 잘, 매우, 글쎄, 천천히, 곳곳이, 안이, 못

② 이리, 저리, 그리, 왜, 이처럼, 이같이

③ 크게, 착하게, 이러하게, 어떠하게

④ 날아, 돌아, 뛰어, 썰어, 그리하여

⑤ 붓으로, 돌에, 들엔들, 소에게, 일마다

⑥ 너와(내가 너와 가겠다.)

⑦ 둘에, 둘에도, 둘엔들

8. 놀

아, 하, 참

9. 끗

다, 이냐, 아라, 도다, 오, 소

이상의 품사분류를 오늘날 여러 문법책들에서 쓰고있는 품사분류에 비추어보면 《엇》, 《움》, 《놀》은 각각 형용사, 동사, 감탄사와 일치하며 《임》에는 명사, 수사, 대명사 등 체언이 모두 들어간다. 그리고 토는 세개 부류로 나뉘여 격토, 도움토는 《겻》(조사)에, 이음의 기능을 노는 격토와 이음토는 《잇》(접속사)에, 맺음토는 《끗》(종결사)에 각각 소속된다.

주시경의 품사분류에서 특이한 자리를 차지하는것은 《언》(관형사)과 《억》(부사)이다.

다른 품사들이 모두 《기》(단어)를 단위로 해서 설정된것과는 달리 이 두 품사만은 실질적《기》와 문법적《기》의 결합체인 《듬》(단어형태)을 단위로 하여 이루어졌다. 그중에는 특별히 《이, 저, 그》, 《한, 두, 세, 일곱》, 《다, 잘, 매우》와 같이 하나의 《기》로 된것도 일부 있으나 이들은 한개 단어이면서도 그자체로서 하나의 문장성분으로 되는것이므로 《기》인 동시에 《듬》이기도 한것이다.

그리하여 우의 례들에서 보는바와 같이 《언》(관형사)에는 규정어로 쓰인 대명사, 형용사, 동사, 수사, 명사가 다 포괄되고 《억》(부사)에는 양상어(상황어)나 보어(간접보어)로 된 부사, 형용사, 동사, 명사, 대명사, 수사가 다 속한다.

《언》(관형사), 《억》(부사)의 이러한 구성은 이 두개 품사를 문장성분으로서의 《금이》(수식어)와 일치시키려는 시도에서 나온것이다.

후시기에는 주시경의 품사분류에 대해 평하면서 《언》과 같은것을 품사의 하나로 잡은것은 우리 말의 성질을 깊이 생각한것이라고 하였으나(《우리 말본》, 158~159페지) 사실상 《언》에는 오늘날 관형사로 취급되는 단어들(《온, 온갖, 새…》)은 거의 없고 《무슨》

하나가 있을뿐 모두가 규정어위치에 있는 다른 품사들뿐이다. 따라서 《언》의 설정은 우리 말 고유의 품사로서의 관형사의 발견이 아니며 그것은 영어문법에서 규정어로 되는것을 기본으로 하는 형용사를 설정한것으로 보고 우리 말에도 그러한 품사를 문장론적기준에 따라 설정한 품사 아닌 품사(규정어)에 지나지 않는다.

주시경은 문장성분들가운데서 주어, 객어(직접보어), 술어는 주성분으로서 각각 《임이》(주어), 《씀이》(객어), 《남이》(술어)로 부르고 규정어, 양상어(상황어), 보어 등은 모두 하나의 부성분으로서 《금이》(수식어)라고 불렀다. 그중 규정어의 역을 노는 《금이》(수식어)는 모두 《언》에 소속시키고 양상어나 보어로 기능하는 《금이》(수식어)는 다 《억》(부사)에 포함시킨것이다.

그러나 일반적으로 《기》단위로 품사들을 나누고 또 토의 부분도 하나의 《기》로 인정해서 품사로 설정한 주시경의 품사체계에서 볼 때 이와 같이 순전히 문장론적방법으로 《기》아닌 《듬》을 단위로 해서 이루어진 또 다른 품사가 있다고 하는 사실은 두 측면에서 어긋나는것으로 된다.

첫째로, 단어에 대한 구조적해석에서 모순이 생긴다.

품사를 《기》의 겨래로 규정하고 이에 따라 다른 품사들과 마찬가지로 《언》이나 《억》도 역시 《기》의 겨래로 간주하여 《언기》, 《억기》라고 부르면서도 실지로는 《기》가 아니라 《기》와 《기》의 결합체인 《듬》을 단위로 해서 이 품사를 설정한 결과 《기》속에 다시 《기》가 있게 되여 한개 단어인 동시에 두개 단어라고 하는 모순된 해석을 하게 되는것이다.

례컨대 《붓으로, 돌에, 소에게, 일마다》 등은 《임기에 겻기가 더하여 억기로 쓰이는것》이다.(《주시경 유고집》, 137페지) 그리고 《움》(동사)과 《잇》(이음말)이 결합한 《날아, 돌아, 뛰어, 썰어》류도 한개 《억기》(부사)이며 이와 마찬가지로 《<아, 어, 아서, 어서>가 엇기아래 이어질 때에는 금이 곧 억기로 풀것》이다.

이렇게 실질적《기》와 문법적《기》가 결합해서 다시 새로운 《기》가 이루어진다고 하는것을 납득하기 위해서는 결합하는 처음의 두개 《기》(실질적《기》와 문법적《기》)만이 각각 진짜 《기》이고 결합해서 하나로 된 나중의 《기》는 사실상 《기》가 아니라 《듬》이라는것, 따라서 그것은 단어도 품사도 아니고 하나의 문장성분에 지나지 않는다는것을 리해해야 한다.

그렇기때문에 《국어문법》 첫 부분의 《기난틀》(품사분류표)에서는 《억》(부사)의 례가운데 두개 《기》로 이루어진것을 넣지 않았고 그다음의 《기난익힘》(품사분류련습)에서는 《꽃으로, 붓에, 집으로, 내에, 학교로, 학교에, 하나에, 내보다, 봄에는》, 《집어, 씻어도》 등의 례를 들었으나 이것을 《억》(부사)이라고 하지 않고 그저 《임》(명사)과 《겻》(조사), 《움》(동사)과 《잇》(접속사)으로 분석했으며 그뒤의 《짬듬갈》(문장론)과 다시 그뒤의 《기갈래의 난틀》(품사내 단어부류의 분류표)에 가서야 이런것들을 하나의 《기》로 설명하면서 《억》에 넣었던것이다.

두개 《기》로써 한개 《기》가 이루어진다는 무리한 해석을 얼마간이라도 피하기 위하여 《언》(관형사)가운데서 《큰, 착한, 이러한》, 《간, 가는, 먹을, 먹던》, 《나의》 등과 같이 규정토나 속격토를 가진 부류에 대해서는 그 토들이 위치적인 토임에도 불구하고 그것을 《기》로 인정하지 않았으며 《억》(부사)가운데서도 《크게, 착하게, 이러하게》와 같이 이음토 《게》를 가진 부류의 경우에는 그 역시 위치적인 토이지만 이를 《기》로 간주하지 않았다.

그러나 이것으로써 문제가 다 풀릴수도 없거니와 이런 분류자체에 대한 원만한 해석을 할수도 없었다. 때문에 《푸른 들》과 같은 례를 설명함에 있어서 《〈ㄴ〉가 〈푸르〉에 더하여 한낱 언기로》 된것이라고 하면서도 이것은 《〈푸르〉가 금이되는 빗 〈ㄴ〉를 더하여 된 금이》이므로 《금이듬이라고도 할만 하니라.》라고 하였다. 이것은 결국 《ㄴ》류의 토가 《빗》(문장성분의 표식)에 대응하는 하나의 《기》이고 따라서 《푸른》과 같은것은 한개 《기》(단어)가 아니라 《기》와 《기》의 결합으로 이루어진 《듬》(문장성분)이라는것을 인정하지 않을수 없었음을 의미하는것이다.

둘째로, 단어의 품사소속과 관련해서 모순이 생긴다.

일반적으로 실질적의미와 문법적의미를 구별하고 《기》를 단위로 품사분류를 진행하므로 매개의 《기》는 그자체의 의미가 변하지 않는 한 하나의 품사로 고정되여있어야 한다. 그런데도 《언》(관형사)이나 《억》(부사)만은 다른 품사들과는 달리 《기》와 《기》의 결합으로 형성된 품사이므로 이 원칙에서 벗어나 단어의 품사소속을 불안정하게 한다.

그리하여 실질적《기》는 《임이》(주어), 《씀이》(객어), 《남이》(술어) 등 주성분을 나타내는 《가, 를, 다》 등의 문법적《기》와 결합할 때는 그 품사소속에 변함이 없지만 《금이》(수식어)라는 부성분을 나타내는 《에, 로》 등의 문법적《기》 또는 《ㄴ, 는, 을, 던, 게, 의》 등과 결합하거나 그런 문법적위치에 놓일 때는 그 문법적의미로 하여 본래의 품사이기를 그만두고 《억》(부사)이나 《언》(관형사)에 소속되여야 한다.

한편 문법적《기》가운데서도 《에, 로》와 같이 《금이》(수식어)를 나타내는것들은 품사분류표에서만 《겻》(조사)에 소속되고 실지로는 《겻》(조사)으로 분석되는 일이 없이 언제나 《억》의 구성부분으로만 존재하게 된다.

례컨대 《돌, 나》 등은 《임》(명사)이면서도 《돌집, 나의 칼》에서는 《언》(관형사)으로 되고 《돌에, 나와》는 또 《억》(부사)으로 인정된다. 그리고 《크, 착하》 등은 《엇》(형용사)이면서도 《큰 말, 착한 사람》과 같이 쓰일 때는 《언》(관형사)이고 《크게, 착하게》는 다시 《억》(부사)으로 되며 이와 마찬가지로 《움》에 속하는 《먹, 날》 등도 《먹은, 먹는, 먹을, 먹던》과 같이 쓰이면 《언》(관형사)이고 《날아》로 되면 《억》(부사)이다.

이와 관련하여 《먹은, 먹는, 먹을, 먹던》 등은 《움기로 언기가 된것》이고 《돌집》의 《돌》과 같은것은 《임기가 언기노릇하는것》이며 《나의 칼》과 같이 《우에(의) 임기에 〈의〉를 더하는것은 언기가 되게 하는것》으로서 《〈나의〉가 〈칼〉의 언기니 령속격(領屬格)이라 하는것이라.》고 모순된 해석을 하지 않을수 없었다.

《국어문법》의 품사체계에 나타난 이상과 같은 모순을 해소하고 품사분류를 개선하기 위해 주시경은 그후 《말의 소리》 [주체3(1914)년]에 첨부한 《씨난의 틀》(품사분류표)에서 다음과 같은 새로운 품사체계를 제시했다.

몸씨
- 임
  - ① 사람, 돌, 뜻
  - ② 나, 너, 이, 그(그 사람)
  - ③ 다, 잘, 매우
  - ④ 아, 하, 어
- 엇
  - 희, 크, 착하
- 움
  - 가, 먹, 먹이

토씨
- 겻
  - ① 가, 를, 에, 로, 와, 의(스승의 말)
  - ② 도, 마다, 든지
  - ③ ㄴ, 은, 는(붉은꽃)
  - ④ 게(곱게 피오)
- 잇
  - ① 와(메와 내)
  - ② 어, 고, 면
- 긋
  - 다, 냐, 아라

(《주시경유고집》, 227페지)

이 분류를 《국어문법》의 품사분류와 대비해보면 품사의 종류와 그 구성내용이 크게 달라졌음을 알수 있다.

우선 《언》(관형사)과 《억》(부사)을 문장성분으로서의 《금이》(수식어)와 동일시하던 결함을 극복하고 모든 품사를 철저히 《기》단위로 설정했다.

그리하여 실질적《기》와 문법적《기》가 결합해서 《언》이나 《억》을 이루었던것을 다 해체해서 본래의 품사에 소속시켰으며 종래 《기》를 이루지 않고 《언》이나 《억》의 구성속에만 밀어넣었던 격토 《의》, 이음토 《게》 그리고 《ㄴ, 은, 는》 등의 규정토전부를 《기》로 인정해서 《겻》(조사)에 포함시켰다.

다음으로 토없이 《언》(관형사)이나 《억》(부사)으로 될수 있었던 《이, 그》류의 지시대명사나 《다, 잘, 매우》 등의 부사는 모두 《임》(명사)에 소속시키고 종래의 《놀》(감탄사) 역시 《임》(명사)에 포함시켰다.

이리하여 이전의 《언》(관형사), 《억》(부사), 《놀》(감탄사)의 세개 품사가 없어진 대신에 《임》(명사)과 《겻》(조사)의 구성이 훨씬 커지는 결과를 초래하였다.

《임》의 구성속에 체언, 부사, 감탄사 등이 모두 포괄되게 된것은 이것이 다 토없이도 문장성분으로 될수 있다는것 비록 정도상 차이는 있어도 다 토를 취할수도 있으며 또 어떤 계렬의 토를 어떻게 취하는가 하는 점에서도 공통점이 있다는 사실과 관련된듯하다.

그리고 《겻》의 구성속에 격토, 도움토, 규정토전부와 이음토 《게》가 포함된것은 이러한 토들이 《잇》이나 《긋》에 속한 토들과는 달리 술어의 표식으로 되지 않는다는 상대적인 공통점이 있는것으로 착상하였다고 보아진다.

이상의 품사분류는 무엇보다도 조선어단어의 형태구조적특성을 독창적으로 반영한 점에서 긍정적의의를 가진다.

단어들은 우선 실질적품사로서의 《몸씨》와 문법적품사로서의 《토씨》로 구별된다. 《몸씨》가운데서는 다시 토없이도 쓰이는 《임》과 토를 붙여서야 쓸수 있는 《엇》(형용사)이나 《움》(동사)이 구별되고 《토씨》가운데서는 대상적인 《겻》(격조사)과 서술적이음의 《잇》(이음조사)이나 서술적맺음의 《긋》(맺음조사)이 갈라져나온다.

이러한 각도에서 볼 때 《몸씨》가운데서 토없이도 쓰이는것들은 모두 《임》이라는 하나의 품사에 소속시키고 그안에서 다시 흔히 토를 달아서 쓰는 체언부류와 기본적으로 토없이 쓰는 부사류, 대체로 토를 달지 않는 감탄사류를 가르지 않은 반면에 토없이는 쓰지 못하는것들을 하나의 용언부류로 묶지 않고 그중 토를 취하는데서 약간의 차이가 있는 형용사와 동사에 각각 《엇》, 《움》의 명칭을 붙여 《임》과 대등한 자리에 올려세운것이라든지 토전체를 포괄하는

《토씨》를 설정하고 그안에서 그 문장론적기능에 따라 다시 가를 때 이음토는 《잇》(이음조사), 맺음토는 《긋》(맺음조사)으로 명확히 분별하면서도 그밖의 격토, 도움토, 규정토, 양상어기능을 노는 이음토 《게》는 몰밀어 하나의 《겻》에 포괄한 사실 등은 품사분류에서 균형을 잃은 부족점으로 된다.

그러나 이 품사분류는 전문문법책이 아닌 어음론저서 《말의소리》에 첨부된 한폐지의 부록일뿐이며 또 이 저서가 간행된 그해에 저자가 생애를 마친 사실을 고려할 때 이것은 하나의 미완성원고가 가지는 불가피한 부족점으로 된다.

이처럼 《말의 소리》에 제시된 품사체계는 비록 불철저한 제한성이 있으나 전반적으로 보아 《국어문법》의 품사체계에 나타났던 모순을 극복하고 단어구조와 단어의 품사소속을 안정하게 하는 한편 조선어단어들의 어휘문법적특성을 밝히는 면에서 귀중한 성과로 된다.

그후의 문법가들속에서는 《요컨대 명사, 대명사, 수사, 부사, 감탄사, 관형사의 전부를 <임>에 포함》시킨 《이런 <임>을 무엇이라고 정의하셨는지 추측키 어렵다.》(《우리 말본》 158～159폐지)는 식으로 이 품사분류를 부정평가하면서 그전의 품사체계라면 의례히 초기 《국어문법》의 9품사를 내세우는것이 통례로 되였다.

그러나 품사체계를 바로세우는데서 문장론적기준위주의 영어문법모방으로부터 형태론적기준을 위주로 하는 우리 말 고유의 품사체계에로의 기초를 닦은 점에서 《말의 소리》의 품사분류는 퇴보나 답보도 아닌 획기적전진으로서 전환적의의를 가진다.

2. 20세기 20년대이후 품사분류

20세기 전반기에 우리 나라 언어학자들이 일제식민지통치하에서 진행한 우리 말 문법연구에서 제시한 몇가지 대표적인 품사체계를 개략적으로 보기로 한다.

1) 《조선문전요령》 主체16(1927)년, 《조선문법연구》 주체 36(1947)년

여기서는 품사를 분류함에 있어서 《우리 말의 고유한 구분을 기초로 삼는 분류》와 《서유럽어의 품사분류를 참고한 분류》의 두가지 체계를 제시하고있다.

첫째 체계에서는 《토의 보조가 정칙》인 체사(體詞), 《토의 보조를 안받는것이 정칙》인 개사(介詞), 《토의 보조없이는 못 쓰이》는 용사(用詞), 《토와 전혀 무관계》한 투사(投詞), 《다른 말을 보조해서만 쓰이》는 조사(助詞)의 5개 품사로 나누고 둘째 체계에서는 명사, 대명사, 수사, 부사, 동사, 형용사, 감탄사, 후치사, 접속사, 종결사의 10개 품사로 나누되 그중 후치사와 종결사는 《조선특유》의것이라 한다.

이 두가지 품사체계의 호상관계는 다음과 같다.

(1) 체사	① 명사
	② 대명사
	③ 수사
(2) 개사	④ 부사
(3) 용사	⑤ 동사
	⑥ 형용사
(4) 투사	⑦ 감탄사
(5) 조사	⑧ 후치사
	⑨ 접속사
	⑩ 종결사

여기서 보는바와 같이 《조선고유의 분류》는 순수 형태론적 원칙에 의한 품사의 대별이며 《서유럽어의 품사분류를 참고한 분류》는 거기에 다시 어휘의미론적 및 문장론적차이까지 고려한 품사분류라 할수 있다. 그리하여 체사는 주로 어휘의미론적차이에 따라 명사, 대명사, 수사로 갈라지고 용사는 어휘의미론적차이와 미세한 형태상차이에 따라 동사와 형용사로 갈라지며 조사

는 문장론적기능의 차이에 따라 후치사, 접속사, 종결사로 갈라진다.

이처럼 한편으로 유럽언어들의 품사분류에서 보는 기존공식을 참작한 품사체계를 제시하면서도 그와는 달리 우리 말에 고유한 토를 위주로 하는 철저한 형태론적기준에 기초하여 다섯개 품사를 따로 설정한것은 큰 성과로 된다.

그러나 유럽언어들의 부사와 맞먹는 개사를 설정하면서 여기에 자립부사라는 명칭으로 보통의 부사(《제법, 미리, 아조, 벌써》)를 넣은 외에 계립(係立)부사라는 명칭으로 앞붙이(《엇먹고, 빗맞고, 시퍼러, 새카마》)까지 함께 넣은것은 단어와 단어조성의 형태부와의 한계를 모호하게 한 결함으로 된다.

그리고 우리 말에 풍부한 각종 토들을 조사라는 한개 품사로 집결한것은 정당하나 그속에 유럽언어들의 전치사와 맞먹는 후치사를 설정하는데서 그 구성이 모호한 결함을 나타내고있다. 여기에는 격토, 도움토 등 개별적토들을 소속시킨외에 《후치사의 혼성형태》라는 이름으로 일부 단어에 붙는 토와 그뒤에 오는 단어형태까지 합쳐서(《자네밖에 없다, 시월안에 온다, 나를 위하냐, 너를 향하야, 나를 시기어, 나에 관하야, 너에 대하야, 나에 비하여, 나에 따라, 너에 있어, 나로 더불어, 나로 하여금, 너로 또한, 이와 같이, 너와 달리》) 후치사의 일종으로 보고 이에 대하여 《명사, 동사, 형용사 등이 후치사와 련접하야 한개의 후치사로 융화된것처럼 보일 때가 있》다고 설명하고있다.

이와 마찬가지로 조사속에 들어있는 접속사의 구성에서도 이음토들을 소속시킨외에 일정한 이음의 기능을 노는 경우의 맺음토 역시 여기에 소속시키고(《그것이 옵니까, 아니요.》, 《내가 갈지 그역 모르고》, 《나는 간다만 네 일이 문제이다.》, 《나야 가랴만 네 일이 문제이다.》) 나아가서 규정토와 결합한 일부 불완전명사까지 《죽을번 다시 살았다,》, 《붙든채 가만두었다,》, 《들은체만체 가만히 있다,》, 《웃는듯 우는듯》), 《의사(擬似)이음》이라는 이름으로 함께 넣은것은 형태위주로부터 기능위주로 물러선것으로 된다.

팎, 바지저고리, 물불, 봄가을, 눈비, 비바람, 마소, 어른아이

○ 칼바람, 토끼잠, 물오리, 쥐며느리, 모시옷, 비단이불, 산나물, 아침노을, 벼이삭, 꽃망울

○ 이것, 저것, 그것, 그대

② 수사+명사

○ 한마음, 한몸, 네모, 네거리, 네굽, 네활개, 예순고개, 세이레(21일), 두겹

○ 일직선, 사군데, 오각별, 오대양, 륙대주, 석삼년

③ 부사+명사

○ 막일, 막벌이, 먼저번, 오래동안, 내리사랑

④ 상징사+명사

○ 건들바람, 너털웃음, 더펄머리, 납작코, 넙적다리, 비틀걸음, 쑥덕공론, 울뚝밸, 살짝뽈, 딱총, 번들령, 깜짝수, 푸석돌, 빨락종이, 뾰족각, 종종걸음, 뻐꾹새, 종달새

⑤ 감탄사+ 명사

○ 아차실수, 악악소리, 만세소리

⑥ 동사+명사

○ 빈말, 뜬눈, 구운밤, 식은땀, 간밤, 맞은편

○ 땔나무, 멜끈, 밀걸레, 들것, 쥘손, 뺄구멍, 들창, 솟을대문, 밀차, 디딜방아, 쓸모, 살길, 쉴참, 데릴사위, 길짐승, 날짐승, 샐녘

○ 몰아숨, 끓어사격, 뜨더(뜯어)국, 건너편, 건너쪽, 건너동네, 넘어마을, 넘어편

○ 갈림길, 날림식, 디딤돌, 부림소, 부침땅

⑦ 형용사+명사

○ 된장, 먼동, 잔돈, 잔소리, 큰집, 작은아버지, 궂은비, 구린내, 단잠, 흰소리, 큰소리, 쓴맛, 신젓, 짠물, 단내, 붉은기, 어린애, 어린이, 젊은이, 늙은이

○ 귀염성, 무섬증, 가렴증

△ 반복합성법

① 말뿌리반복

○ 자자구구, 구구절절

② 명사반복

○ 눈치코치, 동네방네, 의지가지, 군데군데, 주의주장, 사건사고

○ 여기저기, 이것저것, 이편저편, 누구누구, 무엇무엇, 어디어디

3) 합성-첨가법

△ 말줄기합성-첨가법

① 동사말줄기+동사말줄기+뒤붙이

○ 미닫이

② 동사말줄기+뒤붙이+명사

○ 돌개바람, 뜯개말, 구부렁탄

③ 명사+동사말줄기+뒤붙이

○ 해돋이, 달맞이, 옷걸이, 못뽑이, 품팔이, 해바라기, 장돌뱅이, 귀머거리, 귀후비개, 이쑤시개

④ 수사+동사말줄기+뒤붙이

○ 하루살이

△ 단어합성-첨가법

① 명사+명사+뒤붙이

○ 애꾸눈이, 삼발이

② 명사+상징사+뒤붙이

○ 배불뚝이

③ 상징사+명사+뒤붙이

○ 절뚝발이, 절름발이

△ 반복합성-첨가법

○ 뚱뚱보, 꼼꼼쟁이

- 언어
  - 주성부분
    - 체언
      - 1. 명사(수사를 포함)
      - 2. 대명사
    - 용언(서술어)
      - 용언
        - 3. 존재사(《있다, 없다》)
        - 4. 지정사(《이다, 안이다》)
        - 5. 형용사
        - 6. 동　사
      - 7. 조용사(《히, 시, 쓰,, 개쓰》) (보조용언)
  - 종속부분
    - 8. 조사
      - ① 체언조사
      - ② 용언조사
      - ③ 별동조사
    - 9. 관형사
    - 10. 부　사
    - 11. 접속사
    - 12. 감탄사

여기서는 품사들이 종전보다 더 세분화되고 정돈되였다. 그리하여 용언속에 동사, 형용사외에 존재사와 지정사가 설정되고 토(《조사》)도 격토류는 체언조사, 서술토류는 용언조사, 도움토류는 별동조사로 정연하게 갈라졌다.

그러나 비위치적인 존경토나 시태토를 조사에서 떼내여 따로 조용사라는 품사를 설정한것은 토일반의 구조적공통성보다 위치토와 구별되는 비위치토의 기능상차이를 우선시한 결함으로 된다.

이 문법책에서는 토와 구별되는 용언말끄리를 설정하여 말끄리는 단어의 마지막소리마디이고 그우에 있는 전부가 말줄기인데 말끄리에는 원단과 변동단이 있어서 원단모음의 교체로 용언이 활용된다고 하였다.

원단음	변동단음
머그(며)	머거(서)
노프(며)	노파(서)
크(며)	커(서)

이것은 단어의 구조에서 말줄기와 토의 한계선을 부정확하게

긋고 무의미적인 결합모음과 유의미적인 형태부를 혼동한 결함으로 된다.

4) 《조선어법의 초보》 주체21(1932)년, 《우리 말본》 주체26(1937)년

· 20세기 30년대에 출판되여 광복전의 가장 크고 상세한 조선어리론문법책으로 널리 보급되였다.

여기서는 우리 말 품사들을 큰 부류, 작은 부류로 축차적인 분류를 하면서 언어현상에 대한 면밀한 고찰을 하고있다.

- 품사
  - 관념사
    - 주요사
      - ① 임자씨 (체언)
        - 바탕임자씨 (실질체언) —1. 이름씨(명사)
        - 꼴임자씨 (형식체언)
          - 주관적—2. 대이름씨(대명사)
          - 객관적—3. 셈씨(수사)
      - ② 풀이씨 (용언)
        - 바탕풀이씨 (실질용언)
          - 동　작—4. 움칙씨(동사)
          - 성　질—5. 어떻씨(형용사)
        - 꼴풀이씨 (형식용언) —6. 잡음씨(지정사)
    - ③ 수식사
      - 단어수식사
        - 체언을 수식하는것—7. 어떤씨(관형사)
        - 용언을 수식하는것—8. 어찌씨(부사)
      - 구절수식사
        - 비교적 독립적인것—9. 느낌씨(감동사)
  - ④ 관계사 —10. 토씨(조사)

이 품사분류는 당시까지의 우리 나라 문법책들가운데서 종적, 횡적으로 가장 면밀하고 상세하게 정연한 체계를 갖춘것이다.

품사분류에서는 심중한 결함도 발로되고있다.

우선 용어의 개념이 모호한바 관계적의미를 가진 토와 구별되는 일반단어들의 의미상공통성을 《관념사》라고 한것, 명사와 대명사 및 수사와의 차이나 동사, 형용사와 지정사와의 차이를 《실질》과 《형식》의 차이로 규정한것이다.

그리고 이 문법책에서는 다같이 교착적성격을 가지는 우리 말의

토에 대해서 주로 체언에 붙는 격토나 도움토는 단어로 보아 한개 품사로서의 조사로 인정한 반면에 주로 용언에 붙는 서술토에 대해서는 말끄리로 보아 조사에서 제외하고있는데 이것은 형태조성에서 구조적차이를 가지는 일본어문법을 그대로 모방한 결함으로 된다.

일본어는 체언의 형태조성에서는 우리 말과 마찬가지로 《조사》(토)의 교착으로 대상적형태를 이루지만 용언의 형태조성에서는 우리 말과는 달리 《조사》(토)의 교착에 의해서가 아니라 굴절말끄리의 활용에 따라 서술적형태를 이루는것이다.

또한 토들가운데서 비위치적인 존칭토나 시태토는 《조사》도 《말끄리》도 아닌 《보조말줄기》에 소속시켰는데 이것 역시 토의 구조상공통성을 초월하여 기능상차이에 따라 무리하게 서로 다른 구조적단위로 갈라놓은 오유로 된다.

3. 20세기 후반기 품사분류

조국광복후 공화국북반부에서는 조선로동당의 주체적이며 인민적인 언어정책에 의하여 우리 말의 자유로운 발달과 모국어연구에서 거대한 전진이 이룩되였다.

국문에 의한 인민교육이 발전하고 국문연구의 광활한 길이 열림으로써 우리 말 문법리론분야에서도 진지한 탐구와 광범한 토론을 거쳐 큰 성과가 이룩되였다.

그중 대표적인 문법책들의 품사체계를 보기로 한다.

1) 《조선어문법》 1 주체49(1960)년

이 문법책은 조국광복후 공화국북반부에서의 문법연구의 새로운 성과를 종합하여 편찬한 문법책이다.

여기서는 품사분류의 네가지 기준을 확정하고 이에 기초하여 품사의 개념을 규정하였다.

《품사란 언어의 어휘구성에서 어휘적의미의 성격의 동일성, 문법적범주의 구성의 동일성, 문장에서의 문장론적기능의 동일성 및 단어조성의 류형의 동일성 등 일련의 표식의 총체에 의하여 합동된

단어의 부류들이다.》

이 네가지 기준에 의거하여 8품사체계를 세웠으며 토는 한개 단어로 인정하지 않음에 따라 품사체계에서 제외하였다.

8품사와 품사내 단어부류는 다음과 같다.

(1) 명사(《대상을 명명하는 단어들의 부류》)

{ㄱ. 보통명사: 사람, 도시
ㄴ. 고유명사: 꽃분이, 평양

{ㄱ. 완전명사: 사람, 도시
ㄴ. 불완전명사: 것, 나름

{ㄱ. 활동체명사: 사람, 동물
ㄴ. 비활동체명사: 식물, 기계

(2) 수사(《대상의 수량 또는 순서를 나타내는 단어들의 부류》)

{ㄱ. 수량수사: 하나, 둘, 공(령), 일
ㄴ. 순서수사: 첫째, 둘째, 백째, 천여째

{ㄱ. 단순수사: 하나, 첫째, 여나문, 십여째
ㄴ. 합성수사: 한둘, 한두째, 이십, 이백째

(3) 대명사(《대상을 지시하는 단어들의 부류》)

ㄱ. 인칭대명사: 저, 나, 당신, 자네, 그대, 너, 이, 그, 저
ㄴ. 지시대명사: 이, 그, 저, 여기, 거기, 저기, 이리, 그리, 저리
ㄷ. 미정-물음대명사: 누구, 아무, 무엇, 얼마, 몇, 어디, 언제
ㄹ. 재귀대명사: 저, 자기, 자신, 자체, [당신]

(4) 동사(《어떠한 인물 또는 대상의 행동이나 상태를 과정으로서 파악하여 표현하는 단어들의 부류》)

{ㄱ. 자립적동사: 읽다, 증산하다
ㄴ. 보조적동사: 가다(우거져가다), 말다, 싶다

{ㄱ. 타동사: 읽다, 빗다
ㄴ. 자동사: 날다, 가다

(5) 형용사(《어떠한 인물이나 또는 대상의 성질, 표식을 표현하는 단어들의 부류》)

례: 붉다, 어둡다, 크다

(6) 관형사(《대상의 표식을 나타내는 단어들의 부류이다. 그러나 형용사와는 달라서 형태의 변화를 가지지 않으며 문장에서는 오직 규정어로만 될수 있다.》)

ㄱ. 성질관형사: 막다른, 순, 새, 그까짓, 무슨, 어느, 웬

ㄴ. 분량관형사: 각, 근, 단, 모든, 전, 제, 온

(7) 부사(《행동, 성질의 표식 또는 그 표식이 가지는 표식을 나타내는 단어들의 부류》)

ㄱ. 양상의 부사: 깊이, 도로, 힘껏, 우리끼리, 꾀꼴

ㄴ. 정도의 부사: 가장, 하도, 덜, 거의, 이다지, 이리

ㄷ. 시간의 부사: 이미, 앞으로, 곧, 금방

ㄹ. 장소의 부사: 멀리, 곳곳이, 집집이, 골골이

ㅁ. 이음의 부사: 또, 곧, 즉, 및, 하물며, 고로

ㅂ. 양태의 부사: 물론, 만약, 부디, 모름지기, 반드시

(8) 감동사(《이야기하는 사람의 감동, 의지, 욕구들을 명명을 통하지 않고 직접 표현하는 단어들의 부류》)

ㄱ. 이야기하는 사람의 여러가지
감정을 나타내는 감동사: 아, 에라, 지화자, 만세

ㄴ. 이야기하는 사람의 의지 또는
욕구 등을 나타내는 감동사: 자, 여보, 오래오래, 어기여차

ㄷ. 상대방의 이야기에 대하여 가지는 각종
태도를 나타내는 감동사: 예, 옳소, 아니, 천만에

이 품사분류원칙과 8품사체계는 그후 《문화어문법규범》[주체61(1972)년]에 고착되고 다시 《조선어리론문법》(품사론)[주체76(1987)년]에서 리론적전개를 보게 되였다.

2) 《현대조선어》·2 주체50(1961)년

김일성종합대학에서 편찬한 대학용교과서 《현대조선어》(1, 2, 3)의 한권으로서 형태론교과서이다.

여기서는 종래 개별적품사별로 문법적범주와 문법적형태를 반

복서술하던 불합리성을 없애고 먼저 품사서술을 끝내고 문법적형태를 종합적으로 진행하였다.

그리고 품사를 단어의 어휘문법적부류로 규정하고 4가지 분류기준에 따라 9품사체계를 세웠다.

《품사란 언어의 어휘구성일반에 대하여 그 어휘적성격과 문법적성격을 동시에 고려하여 나눈 부류 즉 단어의 어휘문법적부류이다.…

…단어의 어휘문법적부류로서의 품사는 단어의 어휘의미론적성격, 그 형태론적특징, 문장론적성격, 단어조성적특성 등을 종합적으로 고려한 기초우에서 종국적으로 결정지어지게 된다.》

이 품사체계에서는 종래 부사에 포함되였던 본딴말이 상징사라는 한개 품사로 되였으며 객관적감각을 나타내는 이 상징사는 주관적감각을 나타내는 감탄사와 더불어 감각적인 품사부류로서 개념적성격을 띤 다른 모든 품사들과 대조적으로 구별되여있다.

품사		
① 명　사	체언	개념적성격
② 수　사		
③ 대명사		
④ 동　사	용언	
⑤ 형용사		
⑥ 관형사		
⑦ 부　사		
⑧ 상징사		직감적성격
⑨ 감탄사		

이러한 9품사체계와 품사론과 형태론의 분리는 그후 **김일성**종합대학에서 다시 편찬한 《조선어문법》[주체53(1964)년]에 그대로 이어졌다.

3) 《조선어리론문법》 주체76(1987)년

사회과학원에서 편찬한 《조선어리론문법》 4권중 한권으로서 종전의 과학원문법과 규범문법의 8품사체계를 리론적으로 상세히 전개한 문법책이다.

《품사는 단어들의 어휘의미적표식과 문법적표식의 공통성에 따라 일반화되고 추상화된 어휘문법적부류이다.》

《…단어들을 품사로 분류하는데서는 문법적표식을 기본적인 식별기준으로 하여 먼저 추상적으로 크게 단어들을 가르고 그에 기초하여 어휘의미적표식과 단어조성적표식을 총체적으로 고려하여 품사를 설정하여야 한다는 결론이 나온다.》

품사들을 립체적으로 체계화함에 있어서 이 문법책의 특징은 종전의 다른 문법책들과는 달리 론리적인 주종관계가 아니라 문법적형태의 유무를 1차적분류로 하고 그 다음에 문장론적지위에 따라 2차적분류를 진행한것이다.

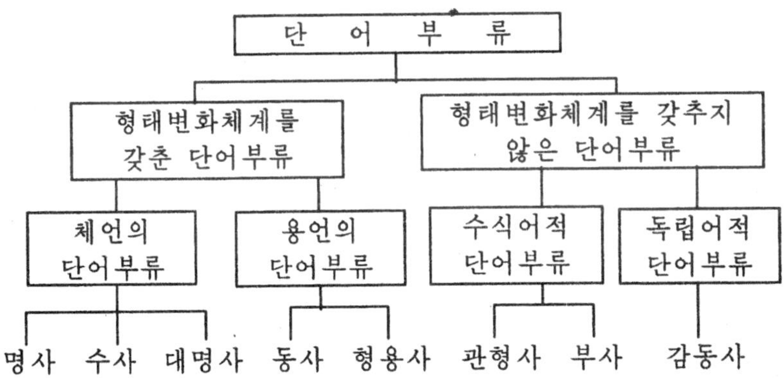

제3절. 현대조선어 품사체계

1. 민족어의 특성과 품사체계

한 언어의 품사체계를 구성함에 있어서 단어의 어휘문법적부류로서의 품사가 가지는 어휘의미론적특성과 문법적특성을 함께 고려해야 한다고 하는 일반적원칙과 함께 매개 민족어에 고유한 구조적특성을 반드시 념두에 두어야 한다.

단어의 일반적인 의미를 론할 때 조선어에는 개념적인 단어들외에 감각적인 단어로서 감탄사가 다양하며 특히 어떤 사물현상에 대한 감각을 직감적으로 흉내내는 본딴말이 남달리 발달하여 매우 풍부하다는 사실에 류의하게 된다. 이리하여 우리 말의 단어부류로서는 우선 개념어와 감각어의 두 부류가 뚜렷이 갈라진다. 이 감각어가운데서 감탄사는 주관적감각의 단어부류라고 할수 있고 이에 대응하여 본딴말들은 객관적감각의 단어부류라고 할수 있다.

우리의 본딴말은 그자체가 다양하고 풍부하며 그 문법적성격도 다른 품사들과 다른 점이 많고 이로부터 여러 다른 품사의 단어들이 수많이 생겨났다. 그러므로 이러한 본딴말을 다른 단어들에서처럼 그저 부사의 특수한 한개 종류로 취급하는것은 불합리하며 응당 한개 품사로 내와야 한다.

우리 말에서는 또한 개념적인 단어부류가운데서 명명적이 아니라 지시적성격을 띤 단어부류도 매우 풍부한데 이들은 명사를 대신한다고 하는 대명사(《나, 너, 이, 저, 그, 누구, 무엇》)로 존재할뿐아니라 수사를 대신하는것(《몇, 얼마》)도 있고 나아가서 동사를 대신하는것(《이러다, 저러다, 그러다; 어쩌다》), 형용사를 대신하는것(《이렇다, 저렇다, 그렇다; 어떻다, 아무렇다》), 관형사를 대신하는것(《어느, 웬, 무슨》), 부사를 대신하는것(《이리, 저리, 그리;어찌, 아무리, 왜》) 등 거의 모든 품사와 련관된다.

이런 조건에서 이 부류의 수많은 단어들가운데서 명사나 수사(체언)를 대신하는것만 골라서 대명사라는 하나의 품사를 설정하는 것은 불합리하며 품사론적견지에서 문법적성격이 각각 다른 이런 어휘들을 모두 모아서 하나의 품사(《대사》)를 설정할수도 없다. 그러므로 지시적성격을 가지는 이런 단어부류는 각각 매개 품사안의 한개 종류로 처리하는것이 타당하다.

다음으로 단어의 문법적특성을 론함에 있어서는 무엇보다도 우리 말이 굴절어나 고립어와도 구별되는 교착어라는 형태구조적성격을 무시해서는 안된다.

전형적교착어인 우리 말의 품사분류에서는 고립어의 경우와 달라서 문장론적특성보다 형태론적특성이 전면에 나서게 된다. 우리 말에서 단어의 형태를 구성하는 토는 절대로 단독으로는 쓰이지 못하는 교착덧붙이인것만큼 그것은 단어가 아니며 따라서 그 무슨 《조사》의 자격으로 어휘문법적부류로서의 품사체계에 들어갈수 없다.

한편 우리 말의 토는 굴절어의 말꼬리와 달라서 품사에 따라 같은 의미의 형태가 서로 다르게 조성되지 않고 고도로 규격화되여 같은 의미의 토는 어떤 품사에서나 같은 형태를 이룬다. 때문에 품사별로 분산되지 않고 품사분류와는 따로 한데 집결하여 하나의 문법분과를 이루게 된다. 결국 단어의 자격을 얻지 못하여 품사체계에서 제외된 수많은 토들은 그것대로 따로 집결하여 품사론과 대등한 형태론을 구성하게 되는것이다.

이리하여 우리 말의 문법분과는 품사분류를 포함한 형태론과 문장론으로 구분되는것이 아니라 품사론, 형태론, 문장론으로 구분된다. 그리고 품사론의 대상인 품사체계에서는 우선 어휘의미론적일반화에 따라 단어들이 개념어와 감각어로 대별되는 것이다.

그 다음은 형태유무라는 형태론적표식에 따라 형태어와 무형태어가 갈라지고 다시 문장론적표식에 따라 형태어에서는 대상적성분인 주어나 보어로 되는 체언과 서술적성분인 술어로 되는 용언이 갈라지고 개념적인 무형태어는 부차적문장성분으로 되는 수식어로서 그속에서 다시 체언을 수식해서 규정어로 되는 관형사와 용언을 수식해서 양상어(상황어)로 되는 부사가 갈라진다.

그 다음으로 체언에서는 어휘의미론적성격의 차이에 따라 명사와 수사가 갈라지고 용언에서는 어휘의미론적성격과 함께 미세한 형태상차이에 의해 동사와 형용사가 구별된다. 한편 감각적인 무형태어는 그 어휘의미론적특성과 문장론적기능의 차이에 따라 주관적감각을 나타내면서 느낌말로 되는 감탄사와 객관적감각을 나타내면서 양상어(상황어)나 규정어 또는 술어로 되는 상징사가 갈라진다.

이리하여 현대조선어 품사체계는 다음과 같은 립체적구조를 이룬다.

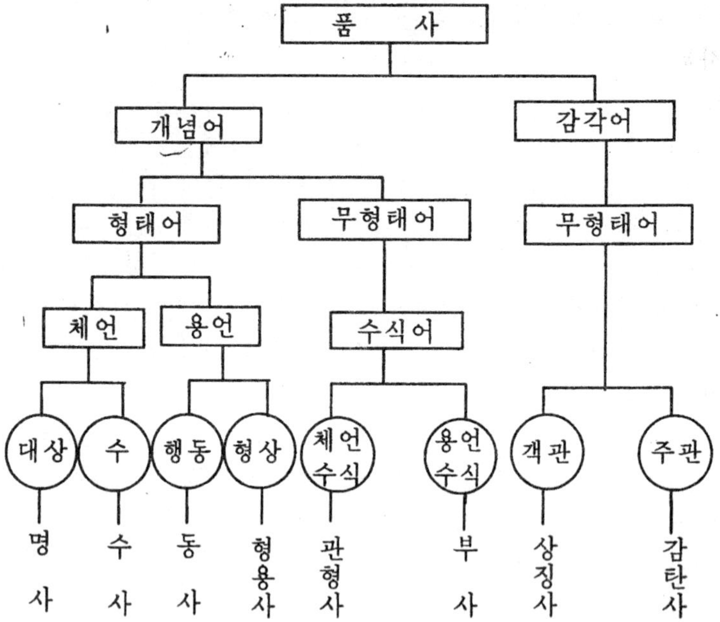

2. 품사의 력사적형성로정

언어의 모든 범주들과 마찬가지로 품사도 력사의 산물이다. 언어발달과정에 단어들은 여러 경로를 거쳐 변모되면서 한 품사로부터 다른 새 품사가 갈라져나오기도 하고 개별적단어가 한 품사로부터 다른 품사로 넘어가기도 한다. 그 결과 언어의 어휘구성은 풍부화되고 품사체계는 더욱 정비된다.

이러한 품사변화는 여러가지 방도로 수행된다.

① 한 품사의 말줄기가 다른 품사의 말줄기로 분화한것

○ 신(명사)→신는다(동사)

띠(명사)→띤다(동사)

○ 가물다(동사)→가물(명사)

[삼을] 삼다(동사)→삼(명사), 덜다(동사)→덜(부사)

○ 정말(명사)→정말(부사)

진정(명사)→진정(부사)

○ 잘못(부사)→잘못(명사)
　모두(부사)→모두(명사)
○ 크다(형용사)→큰다(동사)
　밝다(형용사)→밝는다(동사)

② 한 품사의 형태가 다른 품사의 말줄기로 바뀐것

○ 참으로(명사 조격형태)→참으로(부사)
　별로(명사 조격형태)→별로(부사)
○ 덜어(동사 이음형)→더러(부사)
　미쳐(동사 이음형)→미처(부사)
○ 넘어(동사 이음형)→너머(명사)
　건너(동사 이음형)→건너(명사)

③ 단어결합이 한 품사의 단어로 굳어진것

○ 한 ᄣᅢ(수사+명사)→함께(부사)
　그 냥(양)(대명사+명사)→그냥(부사)
○ 불이 나게(명사+동사)→부리나케(부사)
　불 현(켠)듯(명사+동사+명사)→불현듯(부사)

한편 개별적단어의 한개 문법적형태가 토로 전환함으로써 단어이기를 그만두고 품사체계에서 떨어져나가는것도 있고

○ 칼로 ᄡᅥ(써서)→칼로써
　산에 닥아→산에다가
　나 붙어→나부터
　너 좇아→너조차

어떤 단어가 덧붙이로 변해서 역시 품사체계에서 제외되는것도 있다.

○ 수(명사)→수말
○ 암(명사)→암소

이상과 같은 품사변동의 과정은 완만한 점차적변화의 성격을 띠며 이에 따라 어느때나 품사론적견지에서 과도적, 중간적현상이 존재하게 된다.

제4장. 체언부류

체언은 형태를 가진 개념어의 한 부류로서 대상성을 가지고 진술의 주체나 객체로 등장한다.

단어구조면에서 체언의 특징은 말줄기와 단어가 일치하여 형태를 조성할 때 대상적인 토들이 단어뒤에 교착되는것이다.

체언에는 명사와 수사의 두개 품사가 속한다.

제1절. 명사

명사는 체언을 대표하는 품사로서 여러가지 대상을 나타낸다.

대상성을 가진 단어들가운데서 대상자체가 아니라 대상의 수량이나 순서를 나타내는것은 명사가 아니라 수사에 속하며 이와 반대로 대상을 이름짓지 않고 가리키기만 한다고 해서 종래 명사에서 제외했던 대명사도 그 역시 대상을 나타내므로 명사에 포함된다. 그리고 대상의 어떤 명칭으로 되지 않는 불완전명사 역시 그것이 어떤 대상을 나타내므로 명사에 소속될 근거를 가지게 된다.

그러므로 이 모든 부류를 다 포괄하는 명사의 개념은 대상의 명칭이 아니라 대상의 표현으로 된다.

명사에는 가장 보편적인 일반명사와 특수한 종류로서의 고유명사, 불완전명사, 단위명사, 대명사 등이 있다.

1. 일반명사

명사가운데서 가장 보편적이며 대표적인 부류로서 대상의 명칭으로 되는 명사이다.

여기에는 우선 인물, 동물, 식물, 광물들과 여러 물품의 명칭이 속한다.

○ 사람, 학생, 소, 곰, 나무, 풀, 돌, 물, 책, 종이, 그릇, 기계

이밖에 어떤 현상이나 사건의 명칭, 추상적개념의 명칭도 한개 대상으로 추상됨으로써 명사에 속한다.

○ 무지개, 봄, 전쟁, 친선, 사상, 주체, 속도

나아가서 어떤 행동이나 상태도 다시 대상성을 가지므로 명사로 될수 있다.

○ 운동, 정지, 로동, 휴식, 느낌, 아픔, 기쁨, 슬픔

명사에는 대상의 고정된 명칭외에 호상관계를 가지고 상대적으로 불리우는 명칭도 포괄된다.

○ 아버지, 어머니←→아들, 딸
할아버지, 할머니←→손자, 손녀
아저씨, 아주머니←→조카
형, 누이, 언니←→아우, 동생
스승, 선생←→제자
선배←→후배
앞, 전방←→뒤, 후방
우, 상부←→아래, 하부

명사에는 또한 개체를 나타내는것도 있고 그것들이 합친 집체를 나타내는것도 있어서 서로 대응된다.

○ 나무, 수목－숲, 수림, 밀림
사람, 인간－인민, 민중, 군중, 백성, 인류
군인－군대
새－조류
짐승－수류
고기－어류

일부 일반명칭은 사람이름앞에 올 때는 동격어로 되고 그뒤에 붙어서는 존중의 뜻빛갈을 띠면서 사람이름과 더불어 하나의 문장성분을 이룬다.

비교: 교수 리승기, 교수 리승기선생
리승기교수, 리승기교수선생

박사 계응상, 박사 계응상선생
계응상박사, 계응상박사선생

강좌장 허복만, 강좌장 허복만선생
허복만강좌장, 허복만강좌장선생

학생 김태식, 학생 김태식동무
김태식학생, 김태식학생동무

소년 리창식
리창식소년

위원장 전창수, 위원장 전창수동지
전창수위원장, 전창수위원장동지

비서 최성철, 비서 최성철동지
최성철비서, 최성철비서동지

일반명사의 문법적특징은 거기에 격토가 붙거나 또는 토없이 문장에 출현하여 주어, 객어(직접보어), 보어로 되고

○ 새(가) 난다. [주어]
새(를) 잡았다. [객어]
새(와) 같다. [보어]

규정어의 규정을 받아서 피규정어로 되는것이다.

○ 나는 새, 작은 새[피규정어]

일반명사가 규정어나 보임말 또는 부름말로 되는 경우도 있으나 이것은 기본기능이 아니다.

○ 새의 날개[규정어]
새—이는 나는 짐승 즉 날짐승이다. [보임말]
새야 새야 파랑새야[부름말]

일반명사는 또한 맺음토나 이음토가 붙어서 토없이 술어(맺음술어)나 이음말(이음술어)로 되기도 하지만 이것은 2차적기능이다.

○ 저것은 기러기(고) 이것은 비둘기(다).
[이음말] [술어]

일반명사에는 그 문장론적위치에 관계없이 도움토나 복수토가

붙기도 하는데 도움토는 차별없이 붙으나

○ 새도 난다.[주어]　새도 잡았다.[객어]

새만 보았다.[주어] 새만 보았다.[객어]

복수토 《들》은 주로 인물이나 동물의 명사에 붙고

○ 새들(이) 난다.[주어] 새들(을) 잡았다.[객어]

학생들(이) 모였다.[주어] 학생들(을) 불렀다.[객어]

그밖의 명사에 붙는 일은 드물며

○ 나무들(이) 자란다.[주어] 나무들(을) 바라본다.[객어]

많은 경우 인물이나 동물이외의 명사에 붙은 복수토 《들》은 그와 련관된 인물이나 동물이 복수임을 의미한다.

○ (사람들이) 모두 와서 나무들(나무를) 찍는다.

(개들이) 또 모여 들어 싸움들(싸움을) 하는구나.

명사의 분류와 관련하여 활동체명사와 비활동체명사를 가르기도 한다. 이것은 일부 형태조성과 문장구조에서 사람이나 동물이 기타의 대상과 구별되기때문이다.

우선 격형태에 일부 차이가 있고

비교: 형님에게 편지를 드리고 개한테 물을 주었다.[활동체명사]
배나무에 물을 주었다.[비활동체명사]

형님에게서 편지를 받고 개한테서 명태를 빼앗았다.[활동체명사]
배나무에서 배를 땄다.[비활동체명사]

앞의것은 뒤의것에 비해 복수형태를 취하거나 피동문의 주어로 되는것이 자연스럽다.

비교: 형님들이 오고 개들이 짖었다.[활동체명사]
신문들도 보고 편지들도 읽었다.[비활동체명사]

어린이가 형님에게 불리워가다가 개한테 물리였다.[활동체명사]
그림은 그에 의하여 그리여졌다.[비활동체명사]

그러나 이러한 차이는 절대적인것이 아니여서 례외도 적지 않다.

비교: ┌ 말에 올라탔다. [활동체명사]
└ 나무에 올랐다. [비활동체명사]

┌ 말에서 떨어졌다. [활동체명사]
└ 나무에서 떨어졌다. [비활동체명사]

┌ 아이들이 자란다. [활동체명사]
└ 나무들이 자란다. [비활동체명사]

┌ 돼지가 자동차에 깔리였다. [활동체명사]
└ 나무가 자동차에 깔리였다. [비활동체명사]

이처럼 부분적이며 상대적인 문법적차이에 따라 명사의 부류를 가르는것은 별로 의의를 가지지 않으며 경우에 따라 설명을 더 해주는것보다 못하다.

이것은 우리 말에서 말차림의 차이나 존칭여부의 형태상차이가 있다고 해서 일부 명사들을 따로 갈라내여 《존경명사》부류를 설정하지 않는것과 비교할수 있는 현상이다.

최근년간에 이르러 일부 문법책에서는 명사의 한 종류로서 《말뿌리적명사》를 설정하고 이를 《자립적명사로부터 다른 품사로 넘어가거나 또는 단어조성적형태부로 넘어가는 과도적단계에 있으면서 명사의 기능을 잔재적으로 수행하는 특수한 단어부류》로 규정하고있다.

그중 첫째 부류는 주로 명사와 결합하는 《국제》(국제정세, 국제경기), 《간이》(간이식당, 간이매대), 《녀류》(녀류작가, 녀류시인), 《편의》(편의시설, 편의봉사부문), 《원시》(원시사회, 원시림)와 같이 일반적으로 단어로서 자립하지 못하고 단어안의 말뿌리로 존재하는것이다.

그 둘째 부류는 《부지런》(부지런하다), 《고요》(고요하다), 《부산》(부산하다), 《충실》(충실하다), 《용감》(용감하다), 《헌신》(헌신하다), 《영생》(영생하다), 《분투》(분투하다), 《의거》(의거하다)와 같이 주로 형용사나 동사의 말뿌리를 이루다가 가끔 제한된 일부 격토나 도움토를 붙여 《부지런을 피우다.》, 《부지런은 하다.》, 《고요를 깨뜨리다.》, 《고요도 하다.》, 《부산을 떨다.》, 《부산은 하다.》와 같이 분리되여 단어를 이루는것이라고 한다.

이러한 《말뿌리적명사》의 설정은 단어와 형태부의 분별에 혼란을 조성한다. 어떤 단어구조적요소이든지 그것이 단어구조속의 한 부분이면 형태부이고 다른 단어조성적형태부와 결합함이 없이 문장성분으로 출현하면 그것은 단어이다. 그리하여 례컨대 《꽃밭》의 《꽃》은 말뿌리이고 《꽃의 향기》의 《꽃》은 단어로서 명사에 속한다. 이와 마찬가지로 《공부한다》의 《공부》는 말뿌리이고 《공부를 한다》의 《공부》는 단어로서 명사이다. 《말뿌리》이기도 하고 단어로서의 《명사》이기도 한 그런 《말뿌리적명사》란 있을수 없다.

첫째 부류의 《국제》, 《간이》, 《너류》, 《편의》, 《원시》 등이 아무리 그 의미가 뚜렷하고 출현빈도가 높더라도 단어로 유리되는 일이 없다면 그것은 어디까지나 말뿌리이지 특수한 《말뿌리적단어》는 아니다. 말뿌리중에 단어로 출현하지 못하는 말뿌리도 있다는것이 결코 모순된 현상일수는 없는것이다.

둘째 부류의 《부지런》, 《고요》, 《부산》, 《충실》, 《용감》, 《헌신》, 《영생》, 《분투》, 《의거》 등도 그것이 《하다》에 붙어있을 때는 말뿌리이고 토를 취하여 떨어졌을 때는 단어로서 형용사나 동사로 될뿐 이 두가지 경우에 다같이 어떤 《말뿌리적단어》로 존재할수는 없는것이다.

이와 류사한 현상은 《불후의 로작》, 《불멸의 업적》, 《불굴의 투사》, 《료원의 불길》, 《불모의 땅》에 들어있는 《불후의》, 《불멸의》, 《불굴의》, 《료원의》, 《불모의》와 같이 언제나 속격토가 붙어서만 출현하는 단어들에서도 볼수 있다.

이들이 다른 명사들처럼 여러가지 격토나 도움토를 취하지 못하고 속격토만 취한다고 해도 그것은 속격의 기능을 노는 한 어디까지나 명사의 속격형태이지 어떤 말뿌리로만 존재하는 특종의 품사는 아닌것이다.

다만 《출발하다》, 《생산하다》, 《극복하다》, 《완수하다》의 말뿌리 《출발》, 《생산》, 《극복》, 《완수》가 유리되여서도 다른 단어들과 명사식으로가 아니라 동사식으로 련결되여 《평양을 출발》, 《처음으로 생산》, 《많은 난관을 극복》, 《계획을 완수》와 같이 쓰일 때는 명사가 아니라 동사말뿌리로 보아야 할것이다.

그러나 《나도 래일 출발이다.》, 《네 일이 걱정이다.》, 《또 야단이구나.》, 《나도 찬성이다.》, 《너는 반대냐?》, 《우리도 그럴 생각이다.》의 《출발》, 《걱정》, 《야단》, 《찬성》, 《반대》, 《생각》 등은 그것이 아무리 행동적의미를 가지고 술어위치에 씌였다 해도 동사적형태가 아니라 명사적형태를 취하고 명사식련계를 맺고있으므로 동사 또는 동사말뿌리가 아니라 명사로 인정되여야 한다.

2. 고유명사

명사가운데는 그 기능으로 보아 다른 품사들에서는 볼수 없는 독특한 부류의 단어들이 있다. 사람이름, 나라이름, 여러 지리적대상의 이름 등이 바로 그것이다. 이들은 일반명사와는 달리 어떤 부류의 대상을 의미하는것이 아니라 그 부류에 들어있는 개체를 나타내고있다.

이처럼 어떤 개별적대상을 같은 부류의 다른 대상과 특별히 구별하여지은 개체의 명칭을 고유명사라고 한다.

비교: ┌사람, 나라, 도시, 마을, 산, 강, 바다[일반명사]
└철호, 조선, 평양, 청산리, 백두산, 대동강, 동해[고유명사]

단어는 이렇게나저렇게나 일반성을 띠고있으며 명사의 경우에도 매개 단어는 한 부류에 속하는 여러개 대상을 추상한 개념에 속한다. 례컨대 《도시》라는 단어는 세상의 여러 도시들가운데서 그 공통점만을 뽑아낸 개념을 나타내는 명칭이다. 그러므로 세상의 어느 곳에 위치하든지 또 어떤 특성을 가지고있든지 관계없이 도시는 다 《도시》라고 할수 있다.

이런 의미에서 명사는 일반적으로 어떤 대상의 부류에 대한 명칭이다.

그러나 명사가운데는 이러한 부류의 명칭으로 되지 못하고 그중 오직 하나의 개체에만 해당하도록 지은 명칭이 있어서 이를 고유명사라고 부르게 된것이다. 그리하여 우의 례에서 보는것처럼 일반명사로 표현되는 《사람》중의 개인인 《철호》나 《나라》중의 하나인

《조선》이나 《도시》중의 하나인 《평양》, 《마을》중의 하나인 《청산리》, 《산》의 하나인 《백두산》, 《강》의 하나인 《대동강》, 《바다》의 하나인 《동해》가 다 고유명사로 되는것이다.

이처럼 일반명사와 고유명사의 차이는 그 명명의 성격이 다른데 있는만큼 현실적으로 어떤 대상이 둘이상 있는가 또는 하나뿐인가 하는것과 반드시 일치하지는 않는다.

그리하여 현실적으로는 같은 고유명사로 불리우는 대상이 둘 또는 그 이상 있을수도 있다. 례컨대 《철호》라는 이름을 가진 사람이 하나가 아니라 여러명인데 그렇다고 해서 이 명사가 고유명사로부터 일반명사로 바뀌지는 않는다. 그것은 어떤 사람에게 《철호》라는 이름을 붙이게 된것은 그 한사람을 다른 사람과 구별하기 위해서이지 《청년》, 《학생》 등과 같이 여러 대상에 공통적으로 쓰기 위해 붙인것이 아니기때문이다.

이와 반대로 《해》나 《달》은 세상에 하나씩밖에 없지만 그 명칭은 어떤 부류가운데서 한개 개체를 구별하기 위한것이 아니라 《별》과 같은 다른 부류의 대상과 구별하기 위해 지은것이므로 《별》과 마찬가지로 일반명사에 속하며 《새별》, 《화성》, 《북극성》 등 개별적인 별의 이름만이 고유명사로 된다.

고유명사가운데서 사람이름은 그 끝소리마디가 받침을 가진 닫긴소리마디인 경우 여기에 모음 《이》를 붙여 열린소리마디로 바꾸어부른다.

○ 영철이(영처리)가 옥순이(옥수니)를 부른다.

다만 부름말로 될 때는 《이》를 붙이지 않고 그대로 호격형태를 취한다.

○ 영철아! 옥순아!

동북방언에서는 닫긴소리마디로 끝난 일반명사도 주격형태를 취할 때 먼저 《이》를 붙인 다음 주격토 《가》를 붙인다.

○ 그 사람이(그사라미)가 지나가더라.

이것은 고유명사의 사람이름에 붙는 《이》가 주격형태소속으로서 잠정적으로 말줄기의 한 부분을 이루고있음을 시사해준다.

고유명사는 일반명사와는 달리 추상화, 일반화를 거친 어떤 개념에 맞게 지은 명칭이 아니라 어떤 명칭을 가진 한 부류안의 여러 개체를 서로 구별하기 위해 붙인 기호와도 같은 명칭이므로 임의의 일반명사를 가져다 고유명사로 전환시킬수 있다.

그리하여 례컨대 일반명사의 《차돌》, 《곱돌》, 《구슬》, 《노을》을 빌어서 《차돌(차돌이)》, 《곱돌(곱돌이)》, 《구슬(구슬이)》, 《노을(노을이)》과 같은 사람이름을 지을수 있다. 이것은 비유의 수법으로 지은 이름이여서 일반명사가 가졌던 본래의 의미가 련상되기는 하지만 벌써 기호적성격을 띤 고유명사로 되는만큼 이러한 선택은 자유로운것이다.

이와는 달리 일반명사를 새로 짓는 경우에는 이러한 자유선택이 아니라 필연적인 의미상련관이 요구된다. 례컨대 바늘구멍의 이름을 바늘《귀》라고 지은것은 그것이 바늘의 머리부분에 뚫린 구멍으로서 사람의 《귀》를 련상시켜 류사한 의미로 되기때문이다. 만일 《귀》대신 《코》를 따다가 바늘《코》라고 한다면 이러한 의미적련관은 파괴되므로 그런 명칭은 이루어질수 없다.

이와는 달리 장갑이나 양말을 뜨는 뜨개바늘의 머리에 있는 구부러진 부분은 사람의 《코》를 련상할수 있도록 바늘《코》라고 불러야지 바늘《귀》라고 할수는 없는것이다.

지명에서도 해당 지대의 특징으로 되는 일반명사를 따서 지은 《너더리(널다리)》, 《새재(조령)》, 《울돌(명량)》, 《새마을》, 《파일군》, 《금골》 등을 볼수 있는데 여기에도 의미상련계는 있으나 그 기호적기능으로 해서 새로운 일반명사가 아니라 일반명사출신의 고유명사로 된다.

또한 책이름, 영화, 연극의 이름 같은것도 마찬가지여서 《성황당》(혁명연극), 《고향》(소설), 《진달래》(시), 《동의보감》(의학책), 《보중》(영화), 등이 일반명사와 구별되는 고유명사로 인정되는것 역시 기호적성격을 띤 어느 한 대상의 이름이기때문이다.

이처럼 일반명사로부터 고유명사로 넘어온것들이 있는 이외에 장편서사시 《백두산》, 총서 《불멸의 력사》중 장편소설 《압록강》, 장편소설 《두만강》, 연극 《김제원》, 려객선 《만경봉》호, 《삼지연》호와 같이 다른 고유명사로부터 새로운 고유명사가 생겨난것도 있다.

그중에는 철도역이름의 《성진》이 《김책》으로, 《문평》이 《문천》으로, 《주을》이 《경성》으로 바뀐것처럼 한 고유명사가 다른 고유명사로 교체된것도 있고 《영홍》이 《금야》로, 《경원》이 《새별》로 바뀐것처럼 본래의 고유명사를 버리고 새 고유명사를 지어 붙인것도 있다.

이렇게 고유명사의 교체가 쉽사리 이루어진것도 고유명사가 가지는 기호적성격때문이며 일반명사 호상간에는 이러한 교체가 이루어지기 어려운것이다.

드문 례로서 어떤 고유명사가 그 기호적성격을 잃고 개념적성격을 얻어 일반명사로 전환되기도 한다. 사람이름으로서의 《양귀비》가 아편꽃이름으로 된것이나 사람이름의 《렌트겐》이 일종의 광선이름으로 된것이 그런 례이다.

고유명사가운데서 특수한 자리를 차지하는것은 《로동신문》, 《민주조선》, 《청년전위》와 같은 신문이름, 《근로자》, 《력사과학》과 같은 잡지이름, 《갈매기》, 《황금벌》과 같은 담배이름, 《승리》, 《자주》와 같은 자동차이름, 《비둘기》와 같은 재봉기이름류이다.

이들은 분명 한 부류속의 개체가 아니라 《신문》, 《잡지》, 《담배》, 《자동차》, 《재봉기》 등 큰 부류안의 작은 부류 즉 류에 대한 종의 관계에 있다. 그럼에도 불구하고 그 명칭이 일반명사에 속하지 않고 조건적으로나마 고유명사에 속하는것은 본래의 개념을 떠나 한개 기호로서 다른 대상에 옮겨졌기때문이다. 그래서 이런 부류의 고유명사는 일반명사와의 혼동을 피해서 옮김표(《 》)안에 넣어서 쓴다.

한개 고유명사가 이런 성격을 띤 다른 고유명사로 쓰이는것도 있다. 과일이름가운데 《북청》, 《황주》와 같은 사과이름, 《길주》와 같은 배이름 등이 그러한 례이다.

이처럼 고유명사는 한개 기호와도 같은것이기때문에 일반적으로 사전에 오르지 않으며 특수한 사전에 오르는 경우에도 그것은 다른 단어들처럼 그 의미를 주석하는것이 아니라 무엇을 가리키는가를 소개해줄뿐이다.

고유명사가 보통명사와 결합하여 합성어를 이루는 경우에도 그것이 《**김일성**종합대학》, 《김형직군》, 《김책제철련합기업소》와 같이 기호적성격을 띠면 고유명사로 되고 《청산리정신》, 《대안체계》, 《평양속도》, 《군인정신》과 같이 개념적의미를 가지면 일반명사로 된다.

개체의 명칭으로서의 고유명사는 그 당연한 론리적귀결로서 복수형태를 취할수 없다. 그러나 때로는 비유적의미를 띠고 복수형태를 취할수 있다.

○ 공화국영웅 《리수복》을 따라 배워 수많은 리수복이들이 그 뒤를 잇고있다.

일부 개별적대상의 명칭은 긴 복합어 또는 단어결합으로 이루어지기도 하는데 이것 역시 하나의 고유명칭으로 된다.

○ 조선민주주의인민공화국
조국통일민주주의전선
김일성사회주의청년동맹
《잊지 못할 겨울》(총서 《불멸의 력사》중 장편소설)
《죽음을 원쑤에게》(시)
《꽃파는 처녀》(혁명가극)
《밀림아 이야기하라》(혁명가극)
《한 자위단원의 운명》(혁명영화)
《대지는 푸르다》(총서 《불멸의 력사》중 장편소설)

3. 불완전명사

불완전명사는 그 의미가 어떤 다른 표식의 보충을 받지 않고는 원만히 리해되지 않을만큼 불완전하고 그앞에 다른 단어가 와서 규정적으로 결합하지 않고는 문장에 쓰일수 없을만큼 비자립적인 명사이다.

○ 승리는 우리의것이다.
도저히 참을수가 없었다.
인민을 믿을뿐이다.
그곳에 남아있었다.

불완전명사는 언제나 그앞에 련결된 규정적인 단어와 련속적으로 발음되여 하나의 문장성분을 이루며 독자적으로는 문장론적력점을 가지지 못한다.

의미론적측면에서 불완전명사의 특성은 고도의 추상화이다.

일부 불완전명사는 그 추상화정도에서 일반명사와 큰 차이가 없는것도 있으나 이런 례는 극히 드물다.

비교: ┌그 장소에 남아있었다. [일반명사]
　　　└그곳에 남아있었다. [불완전명사]

문장론적측면에서 불완전명사의 특성은 규정어없이는 못쓰이는 비자립성이다.

일부 불완전명사는 제한된 표현구에서 규정어없이 쓰일 때가 있으나 이것 역시 몇개 례외적현상에 지나지 않는다.

○ 뿐만아니라…, 뿐더러…
　곳에 따라 다르다.
　때문에 이런 일이 생겼다.
　동안이 몹시 뜨다.

일부 명사는 본뜻(기본적의미)으로가 아니라 옮긴뜻(갈라진뜻)으로 쓰일 때에 불완전명사의 성격을 보이고있다.

비교: ┌이 숲속에는 길이 없습니다. [본뜻]
　　　└그 동무의 소식은 알길이 없습니다. [옮긴뜻]
　　　┌시원한 바람에 잠이 깨였다. [본뜻]
　　　└떠드는바람에 잠이 깨였다. [옮긴뜻]
　　　┌밖에 누가 있니? [본뜻]
　　　└너밖에 누가 있니? [옮긴뜻]

그러나 단어들의 분류는 그 본뜻과 기본용법에 관계되므로 이런 옮긴뜻을 가지는 경우에도 단어로서는 불완전명사가 아니라 명사에 속한다.

불완전명사가 어떤 형태를 취하는가 하는 점에서 이것들은 각양각색이다. 그러므로 형태론적표식은 불완전명사를 일반명사와 구별하는 표식으로는 되지 못한다.

비교: 내것이-내것을-내것으로-내것과-내것이다
　　　너때문에-너때문이다

갈터이다
알만하다
좋을듯 싶다

단어조성의 면에서도 불완전명사는 대체로 하나의 말뿌리로 이루어진만큼 어떤 독특한 단어조성의 형태부유무에 따라 이를 식별할수도 없다.

따라서 불완전명사의 표식으로서는 그 의미에서의 추상화와 문장에서의 비자립성을 들게 되는데 이 두가지 표식은 밀접히 련관되여있다. 단어들은 의미의 추상화정도가 각이한데 어느 정도 추상화되여야 불완전명사로 되는가 하는것은 그앞에 규정어가 붙지 않고는 문장성분으로 되지 못한다고 하는 문장론적표식이 식별기준으로 되며 또 그러한 문장론적제약성은 단어의 의미가 고도로 추상화된 결과이다.

그러므로 의미론적추상화가 지나쳐서 어휘적의미로부터 문법적의미로 넘어간것은 이미 불완전명사가 아니며 문법적교착덧붙이로서의 토의 구성부분을 이룬다.

비교: ┌다 아는바와 같이…[불완전명사]
└그것은 나도 아는바…[토]
┌가는데가 어데냐?[불완전명사]
└극장으로 가는데…[토]
┌달이 뜬지가 오래다.[불완전명사]
└어디로 가는지 모르겠다.[토]
┌하늘이 흐린걸 보니 비가 오려나보다.[불완전명사]
└또 비가 오는걸![토]
┌이에 대해서 아는만큼 이야기하시오.[불완전명사]
└그건 나도 아는만큼 이야기할수 있습니다.[토]

. 일부 문법가들은 《뿐》, 《듯》, 《따름》 등도 이러한 과정을 거쳐 불완전명사로부터 토로 넘어간것으로 보고있으나 이들은 어느 경우에나 그 대상성을 잃지 않는만큼 규정어와 련결된 불완전명사의 일종일따름이다.

비교: ┌눈이 올뿐이다.[불완전명사]
└눈이 올뿐 바람은 불지 않는다.[불완전명사]

┌누가 온듯도 하다. [불완전명사]
└누가 온듯 말소리가 났다. [불완전명사]

┌네가 모를따름이다. [불완전명사]
└네가 모를따름 모두가 알고있다. [불완전명사]

일부 단어구조적단위들은 어떤 때는 단어의 한 부분으로서의 뿌리로 되고 어떤 때는 단어(명사)의 하나로서의 불완전명사로 다.

비교: ┌들것, 물것[명사말뿌리]
└큰것, 못난것[불완전명사]

┌학자, 교육자[명사말뿌리]
└좋된자, 덜된자[불완전명사]

┌눈짓, 손짓[명사말뿌리]
└나쁜짓, 미련한짓[불완전명사]

┌종노릇, 앞잡이노릇[명사말뿌리]
└못할노릇, 욕먹을노릇[불완전명사]

┌장래성, 혁명성[명사말뿌리]
└참을성, 견딜성[불완전명사]

┌량측, 적측[명사말뿌리]
└우리측, 이긴측[불완전명사]

일부 문법가들은 《초》(4월초), 《말》(5월말), 《시》(출장시), 경》(6월 5일경), 《내》(시간내), 《나절》(아침나절), 《상》(력사상), 발》(평양발), 《착》(신의주착), 《행》(청진행), 《별》(직업별), 《용》 학생용), 《저》(박연암저), 《작》(리기영작), 《산》(대성산), 《생》[주 1 34(1945)년생], 《부》(8월 15일부), 《당》(단위당) 등도 앞단어를 구정어로 하는 피규정어로서 불완전명사의 하나로 인정하고있다.

그러나 이것은 조선어의 교착어적성격에 따라 단어뒤에 붙은 하나의 한자말 말뿌리에 지나지 않는다.

불완전명사의 기본특징은 규정어와 결합하지 않고는 쓰이지 못하는 문장론적비자립성이며 그 규정어로서는 체언원형이나 속격 형, 용언규정형을 취하되 용언규정형과는 거의 모든 불완전명사 가 다 결합할수 있다. 그런데 우에 렬거한것들은 거기에 용언규정형도 체언속격형도 다 붙이지 못하며 오직 명사원형만을 상대 한다. 이런 조건에서는 명사원형도 이들의 첨가대상이 아니라 문 론적관계를 맺는 규정어라고 볼 근거가 없게 된다. 이 역시 문장 에서 명사에 림시로 붙는 교착적인 한자말 말뿌리에 지나지 는다.

불완전명사의 구체적의미내용은 각이하지만 그 문법적기능 보여주는 형태조성의 특성에 따라 분류하면 다음의 몇가지 류형 로 나누인다.

(1) 격형태와 서술형을 취하는것

것: 아는것이 힘이다.
모두가 인민의것이다.

곳: 이곳을 다녀갔다.
그가 다녀간 곳이다.

데: 가는데가 어디요?
거기가 우리가 가는데다.

바: 저도 생각한바가 있습니다.
그것은 이미 알고있는바다.

동안: 그를 기다리는 동안에 해가 졌다.
그를 기다리는 동안이면 해가 지리라.

녘: 날이 샐녘에 눈이 내렸다.
일이 끝난것은 해질녘이였다.

짓: 무슨짓을 했단 말이냐?
그게 무슨짓이냐?

쪽: 가는 쪽이 어데냐?
우리 마을은 저쪽이다.

분: 어느분이 오셨습니까?
바로 저분입니다.

이: 저게 서계시는이가 누구십니까?
여기로 오시는 저이입니다.

자: 최후에 웃는자가 승리자이다.

적: 그건 어릴적에 찍은 사진이고 이건 중학교 다닐

입니다.

차: 내가 가려던차에 그가 찾아왔다.

마침 떠나려던차입니다.

중: 비가 퍼붓는중에 바람까지 일었다.

모두 기다리는중이다.

참: 쉴참에 그와 이야기를 나누었다.

한숨 돌리는 참이다.

탓: 제때에 하지 못한탓에 실패했다.

누구탓이냐 하는것은 사람들이 생각할탓이다.

때문: 나때문에 너도 늦겠구나.

모두가 미국놈때문이다.

뿐: 나뿐이 아니라 모두가 알고있다.

알고있는 사람은 나뿐이다.

법: 그럴법이 어데 있느냐?

다 그렇게 되는법이다.

양: 어디 갈양으로 나서더니 갈양이면 진작 갈것이지.

해: 남의해를 탐내지 말고 제해나 잘 건사해라.

저건 내해다.

이 부류가운데는 《때문》과 같이 용언규정형대신 대상형 《기》와 결합하기도 하고

○ 비가 오기때문에 떠나지 못했다.

비가 오기때문이였다.

비교: 비가 오는 까닭에 떠나지 못했다.

비가 오는 까닭이였다.

규정어없이 문장 첫머리에 출현하기도 하는것이 있다.

○ 그날은 비가 왔다. 때문에 떠나지 못했다.

이와 류사한것으로서 《뿐》은 용언규정형외에 맺음형과 결합하기도 하고

○ 그야 알다뿐이겠습니까?

좋다뿐이냐?

나아가서 규정어없이 문장 첫머리에 오기도 한다.

○ 뿐만아니라 해보기도 한것입니다.

이러한 경우에도 《때문》이나 《뿐》의 의미에는 아무런 차이가 없으므로 이를 불완전명사와 구별되는 일반명사에 소속시킬수는 없다.

(2) 격형태만 취하는것

김: 말이 난김에 모두 이야기했다.

나위: 뭐 말할나위가 있나요?

리: 그럴리가 있습니까?

서슬: 그가 우겨대는서슬에 모두 말문이 막혔다.

수: 저야 알수가 있습니까?

줄: 이렇게 찾아오실줄을 몰랐습니다.

티: 그는 조금도 아는티를 내지 않았다.

나위: 별로 볼나위가 없더라.

따위: 저따위가 어데 있을가?

지: 집을 떠난지가 삼년이다.

즈음: 요즈음에야 알게 되였다.

일이 끝날즈음에 해가 졌다.

통: 모두들 떠드는통에 잠이 깨였다.

지: 달이 뜬지가 이슥했다.

품: 서두르는 품이 여간 아니였다.

외: 때를 기다리는외에 다른 수가 없었다.

(3) 서술형으로만 쓰이는것

폭: 그만해도 괜찮은폭이다.

셈: 다 모인셈이군요.

터: 나도 갈터이다.

따름: 차후소식을 기다릴따름이다.

(4) 위치적형태없이 쓰이는것

만큼: 아는만큼 가르쳤다.

만치: 깨달을만치 타일렀다.

세: 알기나 할세 말이지.

쪽쪽: 벼를 베는쪽쪽 단을 묶었다.

제: 산에 꾀꼬리 울제 집을 나섰다.
씨: 이젠 봄일씨 분명하구나.
겸: 고향소식도 들을겸 그를 찾아갔다.
껏: 힘자라는껏 도와주었다.

이들중 일부는 비위치적형태를 취하는 일이 있다.

○ 아는만큼은 가르쳤다.
힘자라는껏은 도와주었다.

(5) 보조용언만을 취하는것

법: 들어보니 그럴법 하다.
듯: 비가 올듯 하다, 눈이 올듯 싶다.
상: 일이 될상 싶으냐?
만: 알만 하다.
체: 모르는체 한다.
척: 다 아는척 한다.
성: 일이 될성 부르냐?
번: 큰 일 날번 했다.
둥: 비가 올둥말둥하고있다.
사: 이젠 좀 늙을사 하더군.

일부 문법가들은 이러한 류형의 《상 싶다》, 《듯 싶다》, 《번 하다》, 《척 하다》 등이 양태적인 문법적의미를 가지는만큼 이에 들어있는 《상》, 《듯》, 《번》, 《척》 등을 대상적의미를 가진 불완전명사로 볼수 없고 양태조사로 보아야 한다고 하며 또 일부 학자들은 《상 싶다》, 《듯 싶다》, 《번 하다》, 《척 하다》 등 단위를 하나의 단어(용언)로 간주하고있다.

그러나 규정형이 그 무슨 조사를 규정해줄수도 없고 어떤 용언과 련결될수도 없는것이다. 따라서 여기서도 《상》, 《듯》, 《번》, 《척》 등은 의연히 불완전명사이며 그것이 앞의 규정어와 어울린 《될상》, 《올듯》, 《날번》, 《아는척》이 다시 용언(말줄기)《싶다》, 《하다》 등과 교착하여 양태적의미를 가지는것은 별개의 문제이다.

이와 류사한 양태적의미는 《할것이다》, 《할터이다》와 같은 구조에서도 볼수 있는데 그렇다고 하여 여기서 《것》이나 《터》를 양태조사라고 하거나 《것이다》나 《터이다》를 일종의 용언단어라고 할수는 없는것이다.

(6) 격형태, 서술형, 보조용언을 다 취하는것

쯤: 날이 저물 때쯤에 돌아왔다.

돌아온것은 날이 저물 때쯤이였다.

날이 저물 때쯤해서 돌아왔다.

무렵: 동이 틀무렵에 떠났다.

떠난것은 동이 틀무렵이였다.

동이 틀무렵하여 떠났다.

불완전명사는 문장에서 단독으로 하나의 문장성분이 되지 못하고 규정-피규정의 관계로 결합된 그앞의 단어와 더불어 비로소 한개 문장성분을 이룬다.

4. 단위명사

불완전명사와 마찬가지로 비자립적인 명사로서 단위명사가 있다.

단위명사는 수량의 단위를 나타내는 명사로서 수사 혹은 수량의 물음대명사 《몇》과 결합하여 쓰인다.

○ 학생 한명

개 두마리

나무 세그루

단추 몇개

여기서 단위명사 《명》, 《마리》, 《그루》, 《개》 등은 그앞에 일반명사나 대명사의 원형이나 속격형태 또는 용언의 규정형과 결합하지 못하고 오직 수사나 수량의 물음대명사 원형과만 결합한다는 점에서 불완전명사와 구별된다.

이들은 또한 자립성없이 다른 단어뒤에 림시로 붙는다는 점에서 《평양발, 청진행》의 《발》이나 《행》 같은 한개 말뿌리를 련상시키며 또 《마리수》, 《그루바꿈》, 《개소》 등과 같이 한개 말뿌리로서 합성어에 들어있기도 하지만 다른 품사로서의 수사나 물음대명사에 붙어 그 전체로서 한 단어를 이룰수 없는만큼 한개 비자립적인 명사의 하나로 갈라진다.

일부 단위명사는 때에 따라 단독으로 문장성분을 이루기도 한다.

비교: ┌나무 한단
└단이 크다.

┌비단천 한필
└비단천을 필로 쌓아놓았다.

┌운동화 한짝
└운동화를 짝을 맞추어 신었다.

┌찰떡 한개
└찰떡이 개가 크다.

┌쌀 한되, 쌀 한말
└되로 주고 말로 받는다.

┌감자 한바리
└감자를 바리로 실었다.

일부 문법가는 이러한 사실에 근거하여 이것들을 단위명사의 계렬에서 제외하고있다. 그러나 이것들은 어느 위치에서나 계산의 단위를 의미하는만큼 단위명사로 인정해야 할것이다.

이와 반대로 일부 일반명사가 단위명사처럼 계산의 단위로 쓰이기도 한다.

○ 로동자 한사람
밤 스무알
우유 두병
국수 한그릇
실 한오리
나무잎이 한잎두잎 떨어진다.
고기 두접시
석탄 세차
쌀 다섯가마니

이 경우에도 단어의 어휘적의미에는 근본적인 변화가 없는만큼 동음이의적인 두 단어부류로 가를수 없으며 하나의 일반명사가 두가지 기능을 노는것으로 인정해야 한다.

단위명사는 그것이 몇개를 한 단위로 삼았는가 하는데 따라 서로 다른 부류로 나누인다.

① 하나를 단위로 한것

개: 떡 한개
그루: 나무 한그루
단: 벼 두단
채: 집 한채
대: 비행기 다섯대
척: 군함 두척
문: 대포 세문
자루: 연필 넉자루
배미: 논 한배미
뙈기: 밭 두뙈기
마리: 닭 한마리
장: 종이 한장
가치: 성냥 한가치
부: 잡지 두부
폭: 기 한폭
동: 아빠트 두동
바리: 짐 한바리
코: 그물 한코
뜸: 바늘질 한뜸두뜸
방: 총 한방
명: 로동자 한명
모금: 물 한모금
발: 탄알 한발
추: 방추 5만추
첩: 약 한첩
톨: 도토리 한톨

통: 편지 한통

틀: 가마 한틀

길: 한길 물속

인: 삼인일당

권: 책 두권

간: 초가 삼간

자루: 붓 한자루

모: 두부 세모

필: 명주 한필

련: 종이 다섯련

글의 단위

편: 1편

부: 2부

장: 3장

절: 4절

페지: 5페지

년월일, 시간, 나이

년: 5년

월: 3월

일: 7일

시: 12시

분(′): 4′

초(″): 6″

살: 다섯살

화페의 단위

전: 5전

원: 100원

푼: 한푼

량: 두량(두냥)

엔(¥): 50¥

루블(Rbl): 10억Rbl

딸라($): 100$

파운드(LS): 5LS

도량형의 단위

치: 천 한치

자: 천 두자

척: 키 3척

평: 밭 500평

마지기: 논 10마지기

작 : 쌀 3작

홉: 미시가루 한홉

되: 쌀 두되

말: 콩 서말

섬: 벼 넉섬

근: 소고기 한근

관: 소금 한관

메터(m): 천 1m

마일: 경제수역 200mile

리터(ℓ): 술 1ℓ

그람(g): 금 1g

톤(t): 석탄 5t

도(℃): 물온도 70℃

부(′): 체온 36° 5′

② 둘을 한 단위로 한것

벌: 양복 한벌

컬레: 신 두컬레

손: 청어 한손

쌍: 비둘기 한쌍

《짝》과 같은 단위명사는 하나의 단위로 되기도 하고(《신발 한짝》, 《장갑 한짝》) 둘의 단위로도 된다.(《신발을 짝을 맞춘다.》, 《청춘남녀가 짝을 무었다.》)

③ 열을 한 단위로 한것

죽: 접시 한죽

뭇: 조기 한뭇

④ 열둘을 한 단위로 한것

타스: 연필 한타스

⑤ 스물을 한 단위로 한것

두름: 명태 한두름

쾌: 북어 열쾌

제: 약 두제

⑥ 서른을 한 단위로 한것

보루: 담배 한보루

아지: 벼짚 한아지

⑦ 쉰을 한 단위로 한것

동: 무명 10동

⑧ 백을 한 단위로 한것

접: 마늘 한접

동: 벼짚 두동

일부 단위명사는 명사와 결합하여 약간수를 의미하는 일이 있다.

○ 닭마리나 쳤다.
쌀말이나 장만했다.
약첩이나 썼다.
감자섬이나 거두었다.
돈냥(량)이나 있는 놈이였다.

단위명사(또는 단위로 쓰이는 일반명사)는 그앞에 온 수사(또는 수량의 대명사)와 함께 하나의 문장성분을 이루며 그앞에 일반명사가 있으면 그것은 동격어로 된다.

○ 학생 한명
책상 두개
감자 몇알

그러나 이런 일반명사가 이들의 뒤에 련결되면 그것은 보통의 피규정어로 된다.

○ 한명의 학생
두개의 책상
몇알의 감자

5. 대명사

대명사는 어떤 대상을 가리키는 명사이다.

○ 나, 너, 저, 우리, 너희, 저희
이, 저, 그
누구, 무엇, 아무

대명사가 다른 명사와 구별되는 특징은 그것이 대상을 가리킬 뿐 대상을 이름짓지도 않고 고정된 대상과 련결된 어휘적의미도 가지지 않는다는데 있다.

따라서 대명사는 고도의 추상성과 일반성을 띤 단어부류로서 순전히 문맥이나 장면에 의해서만 가리키는 대상이 밝혀진다.

○ 영철은 공원을 가리키며 웨쳤다.
《저기 가서 놀자.》
아이들은 모두 그의 뒤를 따라 달려갔다.

이러한 일반성이 없이 일정한 사회적호상관계에 따라 그 대상이 결정되는 단어는 비록 어떤 대상의 이름을 대신하여 쓰인다 할지라도 대명사가 아니라 일반명사에 속하게 된다.

○ 아버지, 어머니, 형님, 누나, 동생, 선생

지금까지 일반적으로 대명사라고 하면 대상을 이름짓는 명사와는 달리 그것을 가리키는 품사로 규정되고 명사의 대신으로 인정되여왔다.

그러면서도 대명사의 하나인 물음대명사에 명사가 아니라 수사와 대응하는 《몇》, 《얼마》 등도 포함시켰다. 이것은 인디아-유럽언어들의 문법용어를 부정확하게 옮겨놓은데 기인한다.

지금 대명사라고 번역하고있는 라틴어의 《Pronomen》이나 로어의 《Местоимение》는 사실상 명사 《Nomen Substantivum》

이나 《Имя существительное》의 대리자가 아니라 우리 말의 체언에 해당한 《Nomen》이나 《Имя》의 대리자이며 수사 《Nomen numeral》이나 《Имя числительное》에도 대응하고 나아가서 형용사 《Nomen adiektivum》이나 《Имя прилагательное》에도 대응함으로써 결국 그것은 이 모든 품사의 대리자로 되는것이다.

다른 한편 우리 말 대명사가운데 가장 추상적이며 큰 비중을 차지하는 가리킴대명사 《이, 저, 그》나 물음대명사 《누구, 무엇, 아무》 계렬의 단어들은 체언에만 있는것이 아니라 용언에도 있고(《이런다, 저런다, 그런다, 어쩐다, 아무런다》, 《이렇다, 저렇다, 그렇다, 어떻다, 아무렇다》) 나아가서 관형사나 부사에도 있어서(《어느, 웬》, 《이리, 저리, 그리, 어찌, 어이, 아무리, 왜》) 전체 포괄적인 체계를 이루고있다.

그가운데서 형용사적인것들(《이렇다, 저렇다, 그렇다, 어떻다, 아무렇다》)은 유럽언어들에도 있지만 거기서는 형용사가 우리의 체언에 맞먹는 《Nomen》, 《Имя》류임에 따라 체언의 대리자로서의 대명사 《Pronomen》, 《Местоимение》에 소속되는데 대응하여 형용사가 용언에 속하는 우리 말에서는 대명사가 아니라 형용사에 포함되고있다.

이처럼 조선어에서 가리킴이나 물음의 성격을 띤 단어부류는 체언의 범위를 훨씬 벗어나 용언 또는 관형사, 부사에도 다 포괄적으로 대응하는 말그대로의 《대사》를 이루고있다. 그러나 이러한 어휘의미론적공통성을 떠나서 문법적견지에서 본다면 이들은 그 형태체계나 문장론적결합방식이 서로 너무나도 현격한 차이를 가진다. 그러므로 우리 말 문법에서 모든 품사의 대리자로서의 《대사》같은 것은 구성되지 않는다.

그리하여 결국 조선어에는 어떤 한두개 품사에 대응하는 독자적품사로서의 《대명사》도 없고 거의 모든 품사와 대응하는 《대사》도 설정되지 않으며 한개 품사로서가 아니라 개개의 품사속에 그러한 단어들의 하위부류가 있게 된다.

이로부터 대명사라는 용어도 종전처럼 명사전체와 대치하는 일종의 품사가 아니라 명사안의 한개 단어부류로 되면서 자기 이외의 명사들을 대신한다는 의미를 띠게 된다.

우리 말의 대명사는 또한 그 형태구조면에서도 유럽언어들의 대명사와 달라서 명사일반과 현격한 차이를 가지지 않는다. 이런 점으로 보아서도 그것은 명사의 하나일따름이다.

우리 말 대명사는 다시 사람대명사, 가리킴대명사, 물음대명사의 세 부류로 나누인다.

1) 사람대명사

사람대명사는 사람을 가리키는 대명사이다.

사람대명사에는 대화자대명사와 자타대명사가 있다.

① **대화자대명사**

말을 주고받는 대화자들끼리 서로 쌍방을 가리키는 대명사이다.

이들은 가리키는 대상과 그에 대한 말차림 그리고 그 대상의 범위에 따라 세개 계렬로 갈라볼수 있다.

우선 가리키는 대상에 따라 말하는 사람이 자기자신이나 자기측을 가리키는 아칭(1인칭)과 상대자나 상대자측을 가리키는 대칭(2인칭)이 구별된다.

아칭: 나, 우리, 저, 저희

대칭: 너, 너희, 당신, 그대, 자네

다음으로 상대방과의 례의적관계에 따라 존경을 표시하는 경칭, 자신을 겸손하게 낮추는 겸칭, 이러한 뜻빛갈이 없이 평범하게 말하는 평칭의 세개 말차림이 구별된다.

경칭: 당신, 그대, 자네

겸칭: 저, 저희

평칭: 나, 우리, 너, 너희

또한 어떤 범위의 대상을 가리키는가에 따라 하나의 개체를 가리키는것과 그가 속한 집체를 가리키는것으로 나누인다.

개체: 나, 저, 너, 당신, 그대, 자네

집체: 우리, 저희, 너희

말차림 \ 범위 \ 대상		아 칭	대 칭
경칭	개체		당신, 그대, 자네
	집체		
겸칭	개체	나	너
	집체	우리	너희
평칭	개체	저	
	집체	저희	

때로는 일반명사 《동무》나 《동지》가 대칭의 사람대명사기능을 놀기도 한다.

비교: ┌그 애한테는 동무가 많다.[일반명사]
　　　└거기는 동무가 가보시오.[대명사]

　　　┌동지는 천금을 주고도 못 산다.[일반명사]
　　　└동지는 어디로 가십니까?[대명사]

또 아칭의 《우리》는 상대방이 자기나 자기측과도 같이 친근하게 된 경우 상대방까지 넣어서 아칭으로 표현하는 경우에도 쓰인다.

○ 철수! 우리같이 가보세.
　동무들! 이 일을 우리 힘으로 꼭 해냅시다.

상대자를 존중해서 부르는 《당신(當身)》은 원래 그자신이라는 돌이킴의 뜻을 가진 대명사에서 유래하는데

비교: ┌아버지는 당신도 편치 않으시면서 늘 자식들의 건강에
　　　│대해 걱정하십니다.[돌이킴]
　　　└당신도 어디 편치 않습니까?[대칭]

이는 에둘러 가리킴으로써 존경을 표시하는 우리 말의 특성과 관련된것이다.

그러나 오늘날 《당신》은 공식적인 언어행위에서만 존경을 나타내고 일상회화에서는 부부간이나 친구사이에 흔히 쓰인다. 대화에서는 우리 말의 특성에 따라 일반적으로 대명사대신 《아버지》,

《어머니》, 《형님》, 《누님》, 《아저씨》, 《아주머니》, 《선생님》, 《위원장동지》 등 명사를 쓰고있다.

《그대》는 원래 그곳이라는 의미를 가진 《그듸》(그데)에서 온것으로서 역시 우회적표현으로 존중을 표시하는 대칭의 대명사인데 오늘날 입말에서는 쓰이지 않고 글말에만 남아있다.

《자네》는 친구사이 또는 늙은이가 젊은이를 존중해서 부르는 대명사로서 원래 명사 《자》에 집체의 뜻빛갈을 띤 교착덧붙이 《네》가 붙은것이다.

대명사에서 상대방에 대한 존경을 어떻게 표시하는가 하는것은 언어에 따라 다르다. 대체로 2인칭대명사복수 혹은 제3자를 가리키는 대명사를 2인칭의 존경표시에 전용하는것이 보편적현상으로 되여있다.

례컨대 로어에서는 2인칭 단수 《Ты》대신 복수의 《Вы》를 써서 존경을 나타내고 프랑스어에서도 단수의 《tu》대신 복수의 《vous》를 쓴다. 영어의 《you》도 옛형의 2인칭대명사 단수 《thou》에 대응한 복수형으로서 존경의 의미를 나타내던것이 그후 단수에도 쓰이게 됨으로써 《thou》는 사라지고 결국 《you》 하나가 단수와 복수, 존경과 비존경에 다 쓰이게 되였다. 또한 중국어(한어)에서 존경의 의미를 띤 2인칭대명사 《您》 역시 금나라, 원나라때까지만 해도 오늘날의 《你們》과 마찬가지로 단수 《你》에 대응한 복수형태였다고 한다.

이와는 달리 도이취어에서는 3인칭의 《Sie》를 2인칭존경의 《Sie》로 전환시켰고 일본어의 《あなた》도 원래 《あっち》와 같은 뜻을 가진 원칭의 가리킴대명사였다.

우리 말에서는 《당신》이 제3자를 가리키는 자타대명사(《재귀대명사》)출신의 대칭(《2인칭》)존경형태이고 《그대》가 역시 제3자를 가리키는 가리킴대명사소속인데 대응하여 《자네》는 복수형태와 류사한 집체형태소속의 대칭(《2인칭》)대명사 존경형태이다.

이처럼 대화상대방에 대한 존경표시에 복수 또는 집체형태의 대명사나 제3자를 가리키는 대명사를 대용하는것은 직접적인 가리킴대신 우회적인 가리킴으로써 상대방을 존중하는 언어의식에서 유래하는것이다.

개체로서의 《나》, 《너》, 《저》를 포함한 그 집체를 각각 나타내는 《우리》, 《너희》, 《저희》는 때에 따라 《나》, 《너》, 《저》를 제외한 집체의 의미로 쓰이기도 한다.

○ 그때 우리는 나만 남기고 모두 갔었다.
너희가 와야겠다. 너는 안 와도 좋고.
저희가 한 일이지만 저는 그때 없었습니다.

《우리》는 에둘러 말하는 경우 《나》를 대신하기도 한다.

○ 우린(나는) 그런데 소질이 없어서…[겸사]

○ 이 문제에 대해서 우리(나)는 견해를 달리한다.[론문]

개체대명사의 《나》, 《너》, 《저》는 주격형태와 대격형태에서 《내》, 《네》, 《제》로 말줄기의 변화를 일으킨다. 이것은 옛날 격형태의 모음축약의 잔존현상이다.

○ 내(나의) 임무는 내(나이)가 책임적으로 해야 한다.

○ 네(너의) 어머니는 네(너이)가 오기를 기다릴게다.

○ 제(저의) 일이니 제(저이)가 가보아야겠습니다.

사람대명사에서 가리키는 범위에 따라 개체와 집체를 구별하는것은 지금까지 보편화되여온 단수, 복수의 구별과는 그 개념이 같지 않다.

일반적으로 우리 말 품사론에서는 명사를 서술할 때 복수부류를 설정하지 않는다. 그것은 명사의 복수가 모두 복수토 《들》로 표현될뿐 복수명사가 따로 존재하지 않기때문이다. 명사복수문제는 형태론의 대상이지 품사론의 대상은 아니다.

그러나 대명사에 이르러서는 사정이 달라져서 복수란을 두는데 그것은 복수토 《들》에 의해서가 아니라 말줄기를 달리해서 복수류의 의미를 나타내는 대명사들이 있기때문이다.

그런 례로서 1인칭복수의 《우리》와 《저희》, 2인칭복수의 《너희》를 들고있다. 이에 대응하는 단수의 《나, 저, 너》는 복수토 《들》을 붙이지 못하는 대신 이처럼 말줄기를 바꾸어서 복수류를 나타내는것이다.

그런데 이들을 면밀히 살펴보면 교체된 《우리, 저희, 너희》는 실지 《나, 저, 너》의 복수라기보다 그러한 개체에 맞는 집체라는 뜻빛갈을 띠고있다.

그렇기때문에 하나밖에 없는 자식도 부모에 대해 말할 때 보통 《내 아버지》, 《제 어머니》라 하지 않고 보통 수의 개념과는 모순되게 《우리 아버지》, 《저희 어머니》라고 하며 다른 사람들도 그에게 《네 아버지》, 《네 어머니》라고 할 대신 흔히 수의 개념을 초월해서 《너희 아버지》, 《너희 어머니》라고 말한다.

그리고 단수가 아니라 복수임을 뚜렷이 밝힐 때는 그뒤에 다시 복수토를 붙여서 《우리들》, 《저희들》, 《너희들》이라고 한다. 그리하여 외아들이나 외동딸의 경우에는 《우리 아버지》, 《저희 아버지》, 《저희들의 어머니》, 《너희들의 부모》라고 하지는 못한다. 이러한 사실도 결국 《우리》, 《저희》, 《너희》가 수적개념으로서의 복수를 의미하는 대명사가 아님을 시사해주는 것이다.

《우리》는 원래 《집》을 의미하는 명사였다고 추정된다. 그 흔적은 오늘날 《돼지우리》, 《개우리》의 《우리》에 남아있고 《울타리》, 《울바자》, 《울안》, 《울밑》의 《울》에 간략되여들어있다. 집과 짐승우리의 련상작용은 한자창제에서도 볼수 있는데 《집 가(家)》가 돼지우리를 형상한것임은 다 아는 사실이다.

《우리》의 의미가 집이였으므로 《우리 아버지》, 《우리 어머니》는 자기 집의 아버지나 어머니를 의미하는것이였는데 점차 1인칭대명사로 전환하면서 그뒤에 다시 《집》을 붙여 《우리 집》이라고도 하고 그 대상도 집에 국한하지 않고 《우리 마을》, 《우리 학교》, 《우리 나라》와 같이 각종 집단에 공통적으로 쓰이게 된 것이다.

이런 류의 의미전환을 일본어에서도 볼수 있다. 일본말에서 가정으로서의 집을 의미하는 《うち》 역시 우리 말의 《우리》와 마찬가지로 가끔 1인칭대명사의 기능을 놀고있는것이다.(《うちのおとうさん》)

한편 우리의 언어생활에서 두사람이 마주 앉아 1인칭의 《나》와 2인칭의 《너》로 대화를 나누다가 헤여지면서 《우리 다시 만나

자.》고 할 때 《우리》는 1인칭복수가 아니라 1인칭과 2인칭을 합친 복수로 되는데 이것은 중국어(한어)에서 1인칭복수의 《我們》과 구별해서 쓰는 《咱們》에 해당한것이다. 그러므로 이런 경우의 《우리》 역시 복수의식이라기보다 동료로서의 집체의식의 발현이라 할수 있다.

세상사람들이 조선사람의 말에서는 류달리 《우리》라는 대명사가 많이 쓰인다고 하는것도 어떤 복수의식이라기보다 집체의식이 강한 우리 인민의 고유한 민족성을 말해주는것이다.

《너희》나 《저희》도 원래 《너》, 《저》의 속격형태 옛형으로서 《너의 집》, 《저의 집》이라는 의미를 함축하여 새로운 대명사로 전환했다고 추정된다.

집단의 뜻빛갈을 띤 교착덧붙이로서의 《네》가 《우리》, 《저희》, 《너희》뒤에 덧붙어 《우리네》, 《저희네》, 《너희네》와 같이 집체의 뜻빛갈을 더 뚜렷이 해주기도 한다.

이상의 여러 사실에 비추어볼 때 지금까지 단수의 《나》, 《저》, 《너》에 대응하는 복수대명사로 취급되여온 《우리》, 《저희》, 《너희》는 《나》, 《저》, 《너》 등 개체에 대응하는 집체의 대명사라고 하는것이 보다 정확하다.

이리하여 우리 말에서는 복수대명사란 따로 존재하지 않으며 개체대명사와 집체대명사가 서로 구별될따름이다.

② 자타대명사

객관적인물에 대하여 그의 립장에서 자타쌍방으로 나누어 가리키는 대명사이다.

가리키는 대상에 따라 객관적인물 그자신을 가리키는 자칭과 그의 립장에서 남을 가리키는 타칭으로 갈라지며

자칭: 저, 자기, 자신, 자체

타칭: 남, 타인, 타자

대상의 범위에 따라 그 하나만을 가리키는 개체대명사와 그가 속한 집단을 가리키는 집체대명사가 구별된다.

개체: 저, 자기, 자신, 자체, 남, 타인, 타자

집체: 저희

범위 \ 대상	자칭	타칭
개체	저, 자기, 자신, 자체	남, 타인, 타자
집체	저희	

집체대명사 《저희》에 다시 집체의 뜻빛갈을 띤 《네》를 덧붙여 그 집체의 의미를 명백히 하기도 하고 《자기》에 《네》를 붙여 집체를 나타내기도 한다.

○ 저희네, 자기네

자칭대명사는 대체로 사람에 대해서만 쓰이고

○ 제 잘못은 모르고 남만 탓하는구나.

그들은 남의 힘을 바라지 않고 저희가 이 일을 해내겠다고 결의하여 나섰다.

자기 조국의 운명은 타자의 간섭이 없이 자체의 힘으로 개척해나가야 한다.

타인에게 책임을 미루지 말고 자신을 반성해보아야 한다.

오직 《자체》만이 그앞에 규정어를 가지는 구조에 한해서 사물을 가리키는 일이 있다.

○ 건물의 기초자체가 좋다.

계획자체가 웅대하다.

지구는 그자체가 돌면서 또 태양주위를 에돈다.

자칭대명사 《저》는 아칭대명사 《저》나 《나》, 《너》처럼 주어나 규정어위치에서 《제》로 바뀌고 집체를 나타낼 때는 그뒤에 《희》가 붙는다.

○ 제가 잘못하고서도 충고는 듣지 않고 제 말만 하는구나.

그들은 저희가 한 일에 대해 긍지를 느꼈다.

자칭대명사가 가리킴대명사 《그》와 구별되는 점은 그것이 어떤 대상을 주관적립장에서가 아니라 객관적립장에서 가리킨다는데 있다.

비교: 영식동무가 이 일을 맡아나섰는데 그는 자기가 시작한 일은 기어이 끝장을 내는 성미였다.

겸칭의 아칭대명사 《저》, 《저희》와 자칭대명사 《저》, 《저희》의 차이도 바로 이런 점에 있다.

비교: 동무 이름이 뭐이지요?

제 이름부터 댈게지. [자칭]
제 이름은 박철수라고 합니다. [아칭]

일이 왜 이렇게 됐소?

저희도 모르겠습니다. [아칭]
저희가 하구서도 몰라? [자칭]

현대조선어 자칭대명사에서 《저》, 《자기》, 《자체》 등은 존경하는 사람에 대해서는 쓰지 않고 피하며 경우에 따라 《자신》이 일부 쓰인다.

자칭대명사가운데서 《자신》과 《자체》는 다른 명사나 대명사뒤에 붙어서 그와 더불어 한 문장성분을 이루기도 한다.

○ 너자신이 앞장서고 우리들자체가 모범이 되여야 한다.
계획자체가 주밀하지 못하니 그자신도 갈피를 잡지 못했다.

때로는 자칭대명사들끼리 결합하여 강조의 뜻빛갈을 띠는데 이때 《저》, 《저희》나 《자기》는 앞에 놓이고 《자신》과 《자체》는 뒤에 온다.

○ 그앤 제자신이 한 일을 가지고 남을 탓하더라.
그들은 저희들자체로 할수 있다고 했다.
그는 자기자신이 모범을 보이려고 했다.
나는 자기자체의 결함부터 분석해보았다.

자칭대명사 《저》, 《자기》, 《자신》, 《자체》에 대해서 그것이 어떤 대상을 다시 돌이켜 가리킨다고 해서 유럽언어들에서처럼 조선어문법에서도 이로써 돌이킴대명사를 설정하는 일이 있었다.

이 단어들이 그 의미에 따라 유럽언어들의 돌이킴대명사와 같은 기능을 노는것은 사실이다. 그러나 문법적형태는 그와 달라서 사격으로만 쓰이지 않고 주격형태도 취하며 돌이켜지는 단어에 일정한 격을 요구하지 않으므로 돌이킴대명사일수 없다고 인정하며 명사의 일종으로 보는 견해도 있다.

그런데 문법적형태에서 명사와 별로 차이가 없고 주로 그 어휘의미론적징표에 따라서 명사와 구별된다고 하는것은 우리 말 대명사일반이 가지고있는 공통적특성이다. 그리고 돌이킴대명사가 주격을 취하지 못한다든가 대응하는 단어에 일정한 격변화를 요구한다든가 하는것은 돌이킴대명사로서 갖추어야 할 응당한 본질적속성이 아니라 유럽언어들의 돌이킴대명사에 고유한 특성에 지나지 않는다.

문제는 이러한 단어들이 우리 말 품사체계에서 일반명사적인가 아니면 대명사적인가를 판별하는데 있다.

여기서 우리가 우선시해야 할 단어는 우리 말 어휘구성의 핵심을 이루고있는 고유어휘이다. 따라서 돌이킴대명사로 지목되는 단어들중 고유어휘 《저》의 어휘문법적특성을 먼저 밝히고 그와 동의적인 《자기, 자신, 자체》 등을 그와 한 부류에 소속시킬수 있다.

우리 말에 먼 거리의 대상을 가리키는 가리킴대명사 《저》(옛형은 《뎌》)가 있어서 그로부터 아칭대명사 겸칭의 《저》가 나오고 돌이켜 가리키는 《저》 역시 거기서 생겨나서 결국 세개 종류의 《저》가 존재하게 되였다.

이들은 그 어음구성이 동일할뿐아니라 형태체계를 보더라도 사람대명사에 고유한 《나－내》, 《너－네》, 《저－제》류의 굴절적형태변화와 《너－너희》, 《저－저희》류의 형태조성을 하여 역시 《저－제》, 《저－저희》로 쓰이고있다.

비교: ┌저도 모릅니다.[아칭]
　　　└저도 모르면서 그러네.[돌이킴]
　　　┌제가 압니다.[아칭]
　　　└제가 알고도 묻네.[돌이킴]
　　　┌저희가 하겠습니다.[아칭]
　　　└저희가 하겠답니다.[돌이킴]

언어현실의 이 모든 공통성을 제쳐놓고 가리킴대명사의 《저》나 대화자대명사 아칭의 《저》, 《저희》만을 대명사라 하고 돌이켜 가리키는 《저》, 《저희》는 대명사로부터 명사로 배제할수 없는것이다.

문제의 《저》, 《저희》는 이처럼 어음구성과 형태체계, 의미상련관의 어느 모로 보든지 대명사임이 틀림없다. 이에 따라 같은 의미, 같은 기능을 가진 《자기》, 《자신》, 《자체》도 당연히 대명사로 된다.

다만 이런 대명사부류가 다른 대명사부류와 구별되는 본질적 기능은 무엇이며 이에 따라 무슨 대명사라고 불러야 할것인가에 대해서 좀더 고찰할 필요가 있다.

원래 《돌이킴대명사》라고 하는 말자체가 유럽문법의 용어이거니와 돌이켜 가리키는 기능으로 말하면 우리 말의 가리킴대명사 《그》 역시 그런 류의 기능을 논다고 할수 있다. 이와 관련하여 흥미있는것은 《훈민정음》언해본 서문에서 한문의 《其》자를 《저》로 새겨서 《不得伸其情者》를 《제 ᄠᅳ들 시러 펴디 몯ᄒᆞᇙ 노미》이라고 번역한 것이다. 이것은 예로부터 가리킴대명사 《그》가 돌이켜 가리키는 《저》와 기능상으로 비슷하는것을 보여준다.

그럼에도 불구하고 《그》가 돌이킴대명사로 떨어져나오지 않고 《이》나 《저》와 더불어 가리킴대명사계렬에 고착된것은 주관적견지에서 제3자만을 돌이켜 가리키는 대명사이기때문이다.

그런데 우리 말 문법에서 오래동안 돌이킴대명사로 물망에 오르내리고있는 《저》는 유럽언어들의 돌이킴대명사처럼 돌이킴이 아닌 일반대명사와 대립하는것이 아니라 지금 명사취급을 받고있는 《남》과 대립해서 《저》와 《남》의 상대적통일을 이루고있다.

또 고유어휘 《저》에 해당한 한자어휘 《자기》, 《자신》, 《자체》의 《자(自)》는 고유어휘 《남》에 해당한 한자어휘 《타인》, 《타자》의 《타(他)》와 어울려 《자타가 인정한다.》, 《자동사와 타동사》 등으로 쓰이고있다.

여기서 돌이킴의 《저》, 《자기》, 《자신》, 《자체》가 아칭의 《나》나 그 겸칭 《저》와 구별되는것은 그들처럼 주관적립장에서가 아니라 객관적립장에서 그들의 처지를 놓고 가리킨다는데 있다.

이때 주관적으로 자신을 가리키는 《나》, 《저》와 객관적견지에서 이를 가리키는 《저》, 《자기》, 《자신》, 《자체》는 그러한 차이점과 함께 그 가리키는 대상이 동일하다고 하는 공통점도 가지고있다.

이 공통점으로 하여 《저》와 《남》을 합쳐 말할 때 《저》 대신 《나》를 써서 《나남없이》, 《나남이 다 같다》고도 한다. 그리고 《자기비판》, 《자기반성》, 《자체검토》라고 하는것과 함께 그 《자(自)》자뒤에 다시 《나 아(我)》자를 붙여 《자아비판》, 《자아반성》, 《자아검토》라고도 하는것이다.

다른 한편 고유어휘 《남》이나 같은 뜻의 한자어휘 《타인》, 《타자》가 가리킴대명사 《이》, 《저》, 《그》와 구별되는것 역시 주관적립장에서가 아니라 객관적립장에 서서 가리킨다는데 있다.

이리하여 조선어대명사에는 주관적으로 대화자 량측을 가리키는 아칭 및 대칭의 대화자대명사와 함께 이들의 시각에서 제3자로 되는 각종 대상을 가리키는 가리킴대명사가 있는 이외에 주관적이 아니라 객관적이라는 점에서 이들과 구별되는 또 한 부류의 대명사가 존재하게 되였다.

그런데 이런 대명사가 가리키는것은 사실상 어떤 돌이킴여부가 아니라 자타관계이다. 따라서 이들은 돌이킴대명사라고 하기보다 자타대명사라고 부르는편이 정확하다. 이 부류안에서 《저》, 《자기》, 《자신》, 《자체》 등은 자칭이고 그와 대립한 《남》, 《타인》, 《타자》 등은 타칭으로 된다. 그리고 이러한 자칭, 타칭은 대체로 사람을 가리키는것만큼 대화자대명사와 마찬가지로 역시 사람대명사에 속하게 된다.

여기서 유럽문법에서 받아들인 1인칭, 2인칭이라는 용어는 자칭, 타칭과 균형을 맞추어 아칭, 대칭으로 바꾸어부르게 된것이다.

2) 가리킴대명사

가리킴대명사는 대화자가 아닌 제3자에 속하는 각종 대상을 가리키는 대명사이다.

가리킴대명사는 우선 말하는 사람의 립장에서 가리키는 대상과의 거리에 따라 가까운것을 가리키는 근칭과 멀리 보이는것을 가리키는 원칭 그리고 상대방에게 이미 알려진것을 가리키는 환칭의 세 부류로 나누인다.

근칭: 이, 여기, 이제

원칭: 저, 저기, 저제

환칭: 그, 거기, 그제

가리킴대명사는 또한 가리키는 대상의 종류에 따라 각종 대상을 다 가리키는 일반대명사와 대상이 차지한 자리를 가리키는 장소대명사, 대상이 출현하는 때를 가리키는 시간대명사로 구별된다.

일반: 이, 저, 그

장소: 여기, 저기, 거기

시간: 이제, 저제, 그제

거리 / 대상	근칭	원칭	환칭
일반	이	저	그
장소	여기	저기	거기
시간	이제	저제	그제

가리킴대명사의 거리상구분에서 유럽언어들은 일반적으로 근칭과 원칭의 2렬체계를 이룬다.

○ this(these)-----that(those)[영어]

этот(эта, это, эти)-----тот(та, то, те)[로어]

조선어도 원래는 유럽언어들처럼 근칭과 원칭의 2렬체계이던것이 그후 원칭에서 환칭이 갈라져나와 3렬체계를 이루게 되였다.

가리킴대명사가 2렬체계가 아니라 3렬체계라는 점에서 우리말은 중국어(한어)나 일본어와 공통성을 가진다.

○ 此--彼--其[중국어]

○ これ--あれ--それ[일본어]

환칭의 《그》계렬에 대하여 한때 근칭과 원칭의 중간을 차지하는 중칭이라고 하는 견해가 보편화되여왔으나 이는 언어현실에 부합되지 않는다. 《이》보다 멀고 《저》보다 가까운것이 《그》가 아니다. 《저》가 원칭인것은 시야에 있는 한에서의 원칭이고 시야에서 벗어나 멀리 있는것은 《저》라 하지 못하며 오히려 《그》가 쓰일수 있다.

이에 따라 일부 문법가는 오히려 《저》를 중칭이라 하고 《그》

를 원칭이라 하였다.

그러나 이런 경우의 《그》계렬은 단순한 먼 거리가 아니라 이미 화제에 오른것을 다시 가리키는 의미를 가진다.

○ 나는 어제 고개너머마을에 들렸는데 그 마을에서는 벌써 모내기를 시작했습니다. 거기서 옛 친구들도 만났습니다.

《그》계렬은 또한 이야기듣는 상대자쪽에 있는것을 직접 가리키기도 한다.

○ 거기 좀 앉으시오. 그 책 나도 잠간 봅시다.

이 두가지 경우 《그》계렬이 가지는 의미상공통성은 이미 상대방에게 알려진것을 돌이켜 가리킨다는데 있다. 그래서 이를 중칭이나 원칭이 아니라 환칭이라고 부르기로 한것이다.

근칭의 《이》계렬도 이미 화제에 오른것을 가까이 가리키는데 쓰인다.

○ 조국이 광복되던 날–나는 이날의 감격을 잊을수 없다.

○ 유서깊은 만경대–여기에서 위대한 수령님께서 탄생하시였다.

원칭의 《저》나 지칭의 《그》가 본래의 기능을 벗어나서 말을 고르거나 강조하는데도 쓰인다.

○ 저, 말 좀 물읍시다.

조국통일에로 지향하는 우리 인민의 진군길을 그 누구도 막아서지 못한다.

일이 이렇게 될줄 그 누가 알았으랴!

가리킴대명사의 대상구분에서는 원래 어데서나 일반적인 《이》, 《뎌》(《저》), 《그》가 단독으로 쓰이거나 각종 명사와 결합하여 쓰이다가 그중 장소를 의미하던 《어긔》가 《이》, 《저》, 《그》와 유착되여 장소가리킴대명사계렬이 생겨나고

○ 이 어기→여기

뎌 어긔→저기

그 어긔→거기

시간을 의미하는 《제》가 《이》, 《저》, 《그》와 유착되여 시간가리킴대명사계렬이 생겨났다.

○ 이제나 저제나 하고 기다렸다.

그제야 알아차렸다.

가리키는 대상들가운데서 사람에 대해서는 흔히 불완전명사 《분》, 《이》, 《놈》 등을 붙여쓰고

○ 이분, 저분, 그분

이이, 저이, 그이

이놈, 저놈, 그놈

동물이나 사물, 추상적개념 등에 대해서는 불완전명사 《것》을 붙이며

○ 이것, 저것, 그것

시간에 대해서는 흔히 《때》를 붙인다.

○ 이때, 저때, 그때

가리킴대명사 《이》, 《저》, 《그》나 거기에 불완전명사 《분》, 《이》가 붙은 뒤에 다시 집체의 뜻빛갈을 띤 《네》를 붙여 제3자의 집체를 나타내기도 한다.

○ 이네(들), 저네(들), 그네(들)

○ 이분네, 저분네, 그분네

○ 이이네, 저이네, 그분네

가리킴대명사는 또한 모음굴절을 해서 작다거나 귀엽다거나 얕본다는 뜻빛갈을 나타내기도 한다.

○ 이→요, 저→고, 그→고

여기→요기, 저기→조기, 거기→고기

이놈→요놈, 저놈→조놈, 그놈→고놈

이때→요때, 저때→조때, 그때→고때

일반가리킴대명사 《이》, 《저》, 《그》는 흔히 명사앞에서 규정어로 쓰이며

○ 이 사람, 저 토끼, 그 산

추상적대상의 이름을 대신하여 단독으로 쓰이는 일이 일부 있고

○ 강성대국-이는 우리 인민의 리상이다.

저보다 좋은것은 없습니다.

다시는 그와 같은 일이 없겠지요.

사람의 이름을 대신하는것은 《그》가 전형적이고

○ 그는 로력혁신자였다.

《이》와 《저》는 흔히 복수형태를 취해서 단독으로 쓰인다.

○ 이들은 농촌청년들이였다.

저들도 우리 공장 로동자들입니다.

《이》, 《저》, 《그》가 규정어로 되는 경우 거기에는 속격토가 붙지 못함으로써 관형사와 같은 성격을 가지므로 이를 관형사로 보는 견해도 있으나 단독으로 씌여 격형태나 도움형태를 취하는 대명사 《이》, 《저》, 《그》와 의미상차이가 없으므로 소리같은말로 가르지 않고 다같이 하나의 가리킴대명사로 취급한다.

한편 여기서 사람을 가리키는 경우의 《이》, 《저》, 《그》는 가리킴대명사와 구별하여 그와 소리같은말관계의 사람대명사 3인칭으로 규정하는것이 지금까지 통례로 되여왔다.

그런데 우리 말의 이른바 3인칭대명사 《이》, 《저》, 《그》는 유럽언어들의 경우와는 판이하게 가리킴대명사와 그 어음구성이 꼭 같다는데 문제가 있다. 어음구성이 같은 조건에서 이들을 다른 부류의 단어로 보자면 그사이에 의미상의 본질적차이가 있어야겠는데 그러한 어휘의미론적차이를 별로 찾아볼수 없는것이다.

우선 《이》, 《저》, 《그》가 사람을 가리키는 일이 있다고 해서 그때는 이들이 가리킴대명사로부터 사람대명사로 넘어간것이라고 할수 있겠는가?

대명사는 어떤 대상을 이름짓는것이 아니라 그것을 가리키는 단어부류이므로 《이》, 《저》, 《그》 등의 대명사들이 사람을 가리키는 경우와 다른 대상을 가리키는 경우를 구별해서 거기에 어휘적의미의 차이가 있다고는 할수 없는것이다.

사람대명사와 가리킴대명사를 가르는 기준은 그것이 사람을 가리키는가 다른 대상을 가리키는가 하는데 있는것이 아니라 사람전용인가 사람도 포함한 대상일반에 쓰이는것인가 하는데 있다. 대명사의 정의를 내릴 때 명사처럼 대상을 이름짓지 않고 가리키기만 하는 품사라고 규정하고도 그안에 다시 가리킴대명사를 두는것은 이 단어부류가 어떤 특정한 대상이 아니라 여러가지 대상을 차별없이 다 가리키는 가장 포괄적인 대명사부류라고 하는 고유한 특성을 가지기때문이다.

다음으로 가리킴대명사가 때에 따라 사람을 가리키는데 그치지 않고 그를 대신하는데 이르렀다고 하여 사람대명사로 전환했다고 할수 있겠는가?

현행문법책들에서는 이 두가지 경우를 구별해서 사람을 가리키되 《그 사람》, 《이 동무》, 《저 선생》과 같이 토없이 규정어로 쓰이면 가리킴대명사라 하고 《그는 학생이다.》, 《이들에게 물어보았다.》, 《저들의 소원》과 같이 토를 취해서 주어나 보어 또는 대상적규정어로 되면 3인칭의 사람대명사로 처리하고있다.

이처럼 속격토없이 규정어로 되는 경우의 《이》, 《저》, 《그》만을 가리킴대명사라고 한다면 그것은 사실상 대명사도 체언도 아니며 우리 말 품사체계에 특유한 관형사의 일종으로 될따름이다.

한편 토를 취해서 주어, 보어, 대상적규정어 등으로 등장하는 《이》, 《저》, 《그》가 언제나 사람을 대신하는것도 아니다. 《조국—이는 생명보다 귀중하다.》, 《기러기떼, 저들을 바라볼 때면》, 《약품의 성능과 그(그의) 용법》이라고 말할 때의 《이》, 《저》, 《그》는 사람을 대신하지 않는다. 그렇다고 해서 이들을 꼭같은 문장론적위치에서 사람을 대신하는 《이》, 《저》, 《그》와 구별해서 전자는 가리킴대명사이고 후자는 3인칭대명사라고 할수도 없는것이다.

유럽언어들의 3인칭대명사도 언제나 사람만을 가리키지는 않는다. 그중 중성의 3인칭대명사가 사람을 가리키지 않는것은 더 말할것도 없거니와 남성, 녀성의 3인칭대명사도 자연성과 구별되는 문법성으로서 사람아닌 대상을 가리킬 때가 적지 않음은 다 아는 사실이다. 이런 점에서 유럽언어들의 3인칭대명사란 사실상 3인칭이라기보다도 3칭의 대명사라 하는것이 타당할것이다. 그럼에도 불구하고 이것을 가리킴대명사와 구별해서 3인칭대명사를 따로 설정하는것은 그 어음구성과 형태체계가 가리킴대명사와 뚜렷이 구별되기때문이다.

비교: 로어 ┌он(она, оно)[인칭대명사]
└то[지시대명사]

영어 ┌he(she)[인칭대명사]
└that[지시대명사]

그러나 우리 말의 이른바 《3인칭대명사》의 《이》, 《저》, 《그》는 그 어음구성으로 보나 형태체계로 보나 가리킴대명사 《이》, 《저》, 《그》와 아무런 차이도 가지지 않는다. 따라서 이를 《3인칭대명사》로 규정하는것은 그 기능일면에만 치우쳐 유럽언어들의 문법을 잘못 모방한것으로 된다.

만일 각도를 바꾸어 제3자에 속하는 각종 대상을 몰밀어 3인칭으로 보는 립장이라면 가리킴대명사 역시 3인칭이고 나아가서 명사전반이 통털어 3인칭으로 될것이다. 그것은 술어동사가 인칭변화를 하는 언어들에서 1인칭, 2인칭을 제외한 대명사주어와 함께 명사주어를 상대해서도 동사가 3인칭말꼬리를 취하는것으로 보아서도 명백하다.

우리의 언어생활에서도 제3자의 이름과 그를 가리키는 3인칭이라는 말은 서로 통하고있다.

《그의 이야기에서 특징은 자기를 항상 3인칭의 위치에 놓는것이였다. 그는 <내가 그랬다.>, <내가 속았다.>라고 해야 될 말도 <최창걸이 그랬다.>, <최창걸이 속았다.>고 말하여 대화상대방의 웃음을 자아내군 하였다.》

이러한 언어의식에 비추어보아서도 가리킴대명사와 3인칭대명사사이에 큰 계선을 그어 동음이의적인 서로 다른 부류의 《이》, 《저》, 《그》를 설정할수는 없는것이다.

결국 우리 말의 대명사전체를 새로운 기준에 따라 1인칭대명사, 2인칭대명사, 3인칭대명사로 재분류하지 않는 이상 사람대명사에는 1인칭대명사, 2인칭대명사만을 두고 3인칭에 해당한 사람을 가리킬 때는 가리킴대명사를 쓴다고 해도 무방한것이다.

이런 식의 설명은 라틴어문법에서도 볼수 있는데 거기서는 사람대명사는 1인칭, 2인칭뿐이고 3인칭은 가리킴대명사를 대용한다고 하고있는것이다.

이로부터 문법현상에 대한 론리의미적분석이 초래한 동음이의적단위로서의 가리킴대명사와 3인칭대명사의 무리한 분별을 벗어나서 우리 말 대명사 《이》, 《저》, 《그》는 언제나 가리킴대명사로서 제3자에 속하는 사람이나 각종 대상을 다 가리키는것으로 인정해야 한다. [《김일성종합대학학보》 주체53(1964)년 10호, 2페지]

3) 물음대명사

어떤 대상에 대하여 물음을 품고 가리키는 대명사이다.

물음대명사가 가리키는 대상은 사람, 사물, 장소, 시간 등이며 각각 서로 다른 대명사가 이에 대응한다.

사람: 누구, 아무

사물: 무엇

장소: 어디

시간: 언제

사람물음대명사 《누구》는 주격토 《가》를 취할 때 옛형의 《누》로 바뀌고 주어나 규정어위치에서 《뉘》로 바뀌기도 한다.

○ 누(누구)가 왔니?
어찌 될줄 뉘(누구가) 알리.
저게 뉘(누구의)집 애요?

결국 현대조선어에는 사람물음대명사에 《누》와 《누구》의 두개 변종이 있는셈인데 이것은 력사적으로 병존한 《누》와 《누고》의 잔존현상으로서 오늘날의 《누구》는 《누고》의 어음변화된 후신이라고 할수 있다.

옛날의 《누》는 오늘날과 같은 주격, 속격형태를 취한것은 물론이고

○ 七代之王을 뉘 마ᄀ리잇가(《룡비어천가》 15장)

대격형태도 취하고

○ 이런 이본 길헤 눌 보리라 ᄒᆞ야 우러 곰 온다(《월인석보》 8권, 101장)
누를 의지ᄒᆞ며 어듸를 향ᄒᆞ리요(《샤씨남정긔》 상권, 39장)

나아가서 대격형태뒤에 조격토나 구격토가 붙은 2차적구격형태를 이루기도 하였다.

○ 글월을 눌로 ᄒᆞ여 쓰이료(《로걸대언해》 하, 13장)

눌노 더브러 의혼(議婚)ᄒᆞ리오(《사씨남정긔》 상, 6장)

그리고 《누구》의 전신으로 추정되는 《누고》도 여기저기 나타나고있다.

○ 이 벗은 누고고(《로걸대언해》 하, 5장)

무로ᄃᆡ 부톄 누고(《월인석보》 21권, 195장)

샹이 무러 ᄀᆞᆯᄋᆞ샤ᄃᆡ 삼ᄃᆡ이하의 사ᄅᆞᆷ을 아라 잘 ᄡᅳ린 님금이 누고고(《션됴힝장》 33장)

사물물음대명사 《무엇》은 옛날 《므섯》의 후신으로서 입말에서 《뭣》, 《무어》, 《뭐》, 《뭬》, 《머》 등 다양한 어음변화를 일으키고 있다.

○ 뭣이 어떻다구 그래?

무얼 어쩌면 좋을지 모르겠구만.

이게 뭐냐?

그 애가 말을 들을게 뭬람?

나두 알지 머!

장소물음대명사로서는 《어디》외에 옛형의 《어드메》도 가끔 쓰이고있다.

우리 말의 물음대명사는 문장에서 쓰일 때 론리적력점을 달리하여 물음의 대상이 서로 다름을 나타낸다. 물음대명사에 론리적력점이 떨어지면 질문의 대상이고 그렇지 않으면 질문의 대상이 아니라 그 가리킴이 정확치 못한 점에서만 물음으로 된다.

비교: 누가 왔니?[질문]

동생이 왔다.

누가 왔을가?[미정]

아직 안 왔을게야.

어디 갈가?[질문]

모란봉에 가지.

어디 갈가?[미정]

시간이 없네.

이리하여 우리 말의 물음대명사는 물음문뿐아니라 그밖의 여러가지 문장에 다 나타난다.

비교: 책임자가 누구십니까?[물음문]

여기 누구 좀 와주시오.[명령문]

이게 도대체 뭐란 말이요?[물음문]

뭘 좀 알아봅시다.[권유문]

어디가 아프냐?[물음문]

어디 좀 아픈 모양이더라.[서술문]

언제 가겠니?[물음문]

언제 한번 가봐야겠는데[서술문]

다만 《아무》만은 론리적력점에 관계없이 언제나 질문의 대상으로는 되지 못하며 격토가 붙지 못하고 도움토만이 붙어서 쓰인다.

○ 아무도 못 봤니?

아무나 빨리 가려무나.

이리하여 조선어에서는 물음대명사와 미정대명사가 서로 구별되지 않는다.

유럽언어들에서는 서로 다른 말뿌리를 취하거나 특수한 조사의 첨가여부에 의해서 그 어음구성이 구별되는 물음대명사와 미정대명사가 갈라진다.

비교: 영어 ┌who[물음대명사]
└somebody, anyone[미정대명사]

┌what[물음대명사]
└something, anything[미정대명사]

로어 ┌кто[물음대명사]
└кто-то, кто-либо, кто-нибудь[미정대명사]

┌что[물음대명사]
└что-то, что-либо, что-нибудь[미정대명사]

그러나 조선어에서는 우에서 보는바와 같이 같은 대명사가 문장속에서 론리적력점의 유무에 의하여 질문과 미정의 차이를 나타낼뿐 그 어음구성이나 어휘적의미는 두 경우에 아무런 차이도 없다.

따라서 우리 말에서 동음이의적인 물음대명사와 미정대명사의 두 부류가 있을수 없고 하나의 단어부류의 두가지 용법으로 인정해야 하며 이렇게 된 이상 《미정－물음대명사》라는 이중명칭도 적합치 않은것이다. [《**김일성**종합대학학보》 주체49(1960)년 10호]

이에 따라 종전의 문법책들에서 통용되던 용어 《미정－물음대명사》를 《물음대명사》로 바꾸어 부르게 된것이다. [《현대조선어》 2 주체50(1961)년, 66～69페지]

유럽언어들에서는 또한 그 단어구조상차이에 따라 부정대명사도 따로 갈라내고있지만

○ nobody, nothing[영어]
никто, ничто[로어]

조선어에서는 이 역시 단어구조에서 물음대명사와 구별되지 않으며 오직 첨가되는 토와 문맥에 따라 분별될뿐이다. 따라서 이것도 물음대명사의 한개 용법에 지나지 않는다.

비교: 누구를 만났니?[질문]
누구도 안 만났다. [부정]
무엇이 있니?[질문]
그 무엇도 없다. [부정]
아무나 가거라. [미정]
아무도 못 간다. [부정]

일부 물음대명사는 단순히 어조를 고루거나 강조를 나타내는데 쓰이기도 한다.

○ 어디 나도 한번 해볼가?
제야 뭐 할줄 알아야지, 암만해도 안되는걸 뭐.
그걸 누가 모른대?

6. 명사의 단어조성

단어조성의 면에서 명사는 여러가지 단어조성수법을 가장 널리 활용해서 이루어진다.

1) 첨가법

△ 앞붙이첨가법

◎ 앞붙이+명사

갈-: 갈가마귀, 갈거미, 갈범

갓-: 갓스물, 갓서른, 갓마흔

강-: 강추위, 강더위, 강다짐

군-: 군침, 군말, 군불, 군소리, 군것

날-: 날감자, 날콩, 날가루, 날것, 날고기, 날김치, 날밤, 날도적, 날강도

덧-: 덧이, 덧신, 덧저고리, 덧거름

동-: 동저고리, 동가슴

뒤-: 뒤범벅, 뒤스럭, 뒤설레

맏-: 맏아들, 맏형, 맏딸, 맏며느리

뭇-: 뭇매, 뭇사람, 뭇놈, 뭇별

민-: 민머리, 민낚시, 민물

맨-: 맨입, 맨손, 맨발, 맨것

생-: 생나무, 생고무, 생것, 생사람

숫-: 숫음식, 숫총각, 숫처녀, 숫기, 숫것

수-: 수개, 수고양이, 수소, 수말, 수닭, 수병아리, 수꿩, 수범, 수꽃, 수놈, 수기와, 수돌쩌귀

암-: 암개, 암고양이, 암소, 암말, 암닭, 암병아리, 암꿩, 암범, 암꽃, 암놈, 암기와, 암돌쩌귀

황-: 황소, 황새

시-: 시집, 시아버지, 시어머니, 시형, 시동생, 시누이, 시부모, 시할아버지, 시할머니

가시-: 가시집, 가시아버지, 가시어머니, 가시부모, 가

시할아버지, 가시할머니

참-: 참새, 참나무, 참깨, 참기름, 참미나리

개-: 개살구, 개삼, 개밀

좀-: 좀도적, 좀도끼

친-: 친아버지, 친어머니, 친아들, 친딸

양-: 양아버지, 양어머니, 양아들, 양딸

이붓-: 이붓아버지, 이붓어머니, 이붓아들, 이붓자식

첫-: 첫눈, 첫날, 첫술

풋-: 풋나물, 풋고추, 풋감, 풋강냉이, 풋바심, 풋낯, 풋것, 풋잠

찰(차, 찹)-: 찰벼, 찰떡, 찰기장, 찰거머리, 차조, 차돌, 찹쌀

메(멥)-: 메벼, 메조, 메밀, 멥쌀

햇-: 햇콩, 햇곡식, 햇솜, 햇잎

헛-: 헛간, 헛기침, 헛소리, 헛방, 헛탕, 헛소문

한[1]-: 한길, 한숨

한[2]-: 한복판, 한가운데, 한여름, 한가을, 한겨울, 한낮

홀-: 홀몸, 홀아비, 홀말꼬리

홑-: 홑옷, 홑이불, 홑저고리, 홑바지, 홑것

겹-: 겹옷, 겹이불, 겹저고리, 겹바지, 겹파자

엇-: 엇결, 엇셈, 엇그루, 엇접

알-: 알몸, 알속, 알건달, 알짜

올-: 올밤, 올벼, 올감자, 올사과, 올콩, 올팥

애-: 애호박, 애오이, 애송아지, 애벌

외[1]-: 외곬, 외톨, 외아들, 외딸, 외기러기, 외마디, 외줄

외[2]-: 외가, 외할아버지, 외할머니, 외손자, 외삼촌

왼-: 왼손, 왼발, 왼팔, 왼쪽, 왼편

오른-: 오른손, 오른발, 오른팔, 오른쪽, 오른편

연-: 연보라, 연분홍, 연록색

진-: 진보라, 진분홍, 진자주

[앞붙이가 두개 붙은것]

○ 맏시누이, 맏외삼촌

△ 뒤붙이첨가법

① 명사+뒤붙이

-갈: 빛갈, 색갈, 성갈

-거리[1]: 일거리, 웃음거리, 구경거리, 이야기거리

-거리[2]: 패거리, 틀거리

-군: 일군, 사냥군, 씨름군, 구경군

-기: 바람기, 누기, 생기, 결기

-개비: 바람개비, 장작개비

-갱이: 알갱이, 정갱이

-도리: 웃도리, 아래도리

-매: 몸매, 눈매, 입매, 손매

-맹이: 돌맹이, 알맹이

-붙이: 쇠붙이, 살붙이

-새: 본새, 낌새

-질: 손질, 발질, 주먹질, 바느질, 부채질, 마당질, 가래질, 낚시질, 써레질

-짓: 눈짓, 손짓, 몸짓

-심: 배심, 입심

-께: 초순께, 다리목께

-치: 눈치

-장(짱): 으름장, 끝장, 배짱

-짜: 통짜, 공짜, 모짜, 강짜

-씨: 날씨, 말씨, 마음씨, 솜씨(손씨)

-아기: 싸라기

-아지: 바가지, 송아지, 망아지, 강아지

-아리: 이파리

-앵이: 꼬랭이

-엥이: 뿌렝이

② 상징사+뒤붙이

－이: 더펄이, 누데기, 기러기, 뻐꾸기, 종다리, 꾀꼬리

－아미: 귀뚜라미, 동그라미

③ 동사+뒤붙이

－새: 생김새, 구김새

－질: 새김질

－거리: 놀림거리

④ 형용사+뒤붙이

－둥이: 싱검둥이, 귀염둥이

－뱅이: 게으름뱅이

⑤ 동사말줄기+뒤붙이

－개: 날개, 베개, 덮개, 깔개, 싸개, 지우개, 꾸미개

－게: 집게, 지게

－막: 올리막, 내리막, 늘그막

－암: 마감, 꾸지람

－엄: 주검, 무덤

－아리: 노라리, 비라리

－어지: 나머지, 우거지

－이: 벌이

－애(에): 마개, 베개, 드레, 써레

－어기(에기): 부스러기, 쓰레기

⑥ 형용사말줄기+뒤붙이

－이: 높이, 깊이, 넓이, 너비, 길이

⑦ 말뿌리+뒤붙이

－짜: 진짜, 가짜

－아리: 항아리, 동아리

－어리: 응어리

뒤붙이들가운데는 단어에 새로운 의미와 함께 이러저러한 감정적뜻빛갈을 더해주는것이 적지 않다.

－내기: 함흥내기, 시골내기, 여간내기

－뜨기: 얼뜨기, 시골뜨기, 촌뜨기, 사팔뜨기

−꾸러기: 잠꾸러기, 심술꾸러기, 겁꾸러기, 욕심꾸러기
−돌이: 꾀돌이, 배돌이
−둥이: 미련둥이, 검둥이
−데기: 부엌데기, 새침데기
−다리: 키다리, 꺽다리, 늙다리
−머리: 심술머리, 버르장머리, 잔등머리
−배기: 토배기, 본토배기, 얽배기
−뱅이: 건달뱅이, 게으름뱅이, 얽음뱅이, 앙탈뱅이, 비
　　　　렁뱅이
−보: 털보, 꾀보, 떡보
−살: 등살, 비위살, 혼살, 넋살
−서니: 끄락서니, 어둑서니
−숭이: 애숭이, 벌거숭이
−지거리: 욕지거리, 롱지거리
−쟁이: 겁쟁이, 멋쟁이, 심술쟁이, 욕심쟁이, 익살쟁이, 난
　　　　쟁이, 땜쟁이, 양복쟁이, 안경쟁이, 요술쟁이, 점
　　　　쟁이
−퉁이: 귀퉁이, 눈퉁이, 볼퉁이
−때기: 귀때기, 등때기, 혀때기, 팔때기, 배때기, 뺨때기
−아지: 소가지, 모가지

[뒤붙이가 두개 붙은것]

○ 지게질, 밀둥어리

△ 앞붙이−뒤붙이첨가법

○ 풋절이, 애갈이, 되풀이, 군입질, 헛짜, 알짜

2) 합성법

△ 말뿌리합성법

① 말뿌리+말뿌리

○ 학교, 남녀, 결승, 등산, 귀가, 혁신, 건국

○ 역중, 갑갑중

○ 당신, 자기, 자신, 자체

② 말뿌리+명사

○ 청기와, 독살림, 초가을, 양딸기, 양아들, 친딸, 외할아버지, 중키, 연보라

○ 경공업, 중로동, 남학생, 녀선생, 부교수, 소규모, 대건설, 최우등, 비공개, 시운전

○ 백두산, 대동강, 청산리, 숙천군, 강원도

③ 명사+말뿌리

○ 거북선, 베틀가, 벽돌공, 삼각형

○ 인민군, 경비대, 리발사, 실습생, 애국자, 위원장, 예술인, 간호원, 출판물, 보증서, 공민증, 과학원, 연구소, 서기국, 휴양소, 극장, 물리학, 소년기, 아동절, 련락망, 음악계

④ 수사+말뿌리

○ 삼각, 사면, 사방, 팔방, 팔경, 이중

⑤ 관형사+말뿌리

○ 딴전

⑥ 동사말줄기+말뿌리

○ 먹성, 입성

⑦ 형용사말줄기+말뿌리

○ 싫증

⑧ 동사+말뿌리

○ 견딜성, 말아초, 흘림체, 자장가

△ 말줄기합성법

① 동사말줄기+명사

○ 묵밭, 접자, 접칼, 비비송곳, 맞구멍, 맞절, 썩돌, 늙바탕, 꺾쇠, 익반죽, 깨도, 후리그물, 누비이불

② 형용사말줄기+명사

○ 늦잠, 늦벼, 곱돌, 검버섯, 굳잠

△ 단어합성법

① 명사+명사

○ 밤낮, 아침저녁, 논밭, 손발, 아들딸, 팔다리, 아래우, 안

2) 《조선어문법론》 주체16(1927)~주체17(1928)년, 《신편고등국어문법》 주체35(1946)년

여기서는 종래 단어의 하나로 인정하던 토를 단어에서 제외하고 5개 품사를 설정하였다.

- 감말
  - 개념말
    - 외연말 ………… 명　사(임)
    - 내포말
      - 서술말(작용) ………… 동　사(움)
      - 서술아닌말(속성)
        - 련체말 … 관형사(언)
        - 련용말 … 부　사(억)
  - 주관말 ………… 감동사(늑)

이 품사체계를 다시 종래의 품사체계 및 영어품사체계와 비교하고있다.

품사		종래의 아홉품사	영어여덟품사
명　사	본명사, 형식명사	명　사	명　사
	대명사, 미정명사	대명사	대명사
동　사	동작동사	동　사	동　사
	형용동사	형용사	adective
관형사			adective
부　사	실질부사	부　사	부　사
	앞붙이부사(《아니, 못》)		부　사
	접속사(《또, 및, 혹은》)	접속사	접속사
	귀착부사(《써, 더불어, 가지고》)		전치사
감동사		감동사	감동사

이 품사분류는 당시의 다른 문법책들과 뚜렷이 구별되는 특징들을 가지고있다.

품사분류에서 우선 토를 제외하고 론리학의 개념들을 많이 적용한것, 동사와 형용사를 한개 품사로 합친것 등이 그러하다. 그리고 《감말의 둘째번 갈래》로서 《꽃, 맘, 간다》와 같은 본정적(本定的)인것과 《이, 그러하다, 저런》 등 대지적(代指的)인것, 《누구, 무엇, 어떤》 등 미지적(未知的)인것과 《것, 한다, 에서》류의 형식적인것들은 모든 품사에 있는 매개 품사의 작은 갈래로 보면서 명사에 대응하는 대명사를 따로 설정하지 않은것도 특이한 견해로 된다.

이러한 처리는 다 언어현실과 밀접하게 련관되였다고 할수 있다. 그러나 이것을 관념상으로 과장하여 《대범 세계에 있는 말은 어떠한 말겨레(語族)이든지 감말이 말씀을 이룰적의 구실(職能)로서 이러한 근본적성질을 각각 가지고있》는것이며 《세계 모든 국어가 감말로 말씀을 이룸에 있어 일정불변하는 절대적범주》이고 《어떠한 국어의 어떠한 감말이라도 이 다섯범주를 벗어날수는 없다.》고 하면서 《어떠한 국어의 문법학이라도 그 품사는 이 다섯범주를 따라세우지 아니하면 아니 된다.》고 단정한것은 론리적개념과 언어현상을 혼동한 결함으로 된다.

또한 《명사는 외연있는 개념을 나타내고 동사, 관형사, 부사는 모두 내포만의 개념을 나타낸다.》고 한것은 론리학의 범주 그자체에도 부합되지 않는 론단이라고 할수 있다.

3) 《조선어학강의요지》 주체20(1931)년, 《조선어학》 주체24(1935)년

20세기 30년대에 나온 큰 리론문법책의 하나이다.

여기서는 단어들을 우선 주성부분과 종속부분, 체언과 용언으로 가른 다음 12개의 품사를 설정하고있다.

○ 코맹맹이
○ 살림살이, 걸음걸이, 뜀뛰기, 놀음놀이

4) 축약법

△ 함축법

○ 동식물, 청장년, 출퇴근, 좌우편, 수출입, 공부정, 농축산, 책걸상, 륙해공군, 판검사, 함남북, 동서해

△ 준말법

○ 직맹, 농근맹, 녀맹, 황철, 평방, 성강, 의대, 경공대, 수협, 조국전선, 총련, 당사, 조중친선, 조로사전
○ 텔레비, 프로레스링, 테로, 니스, 늄, 졸론
○ 5.1절, 3.8절, 9.9절

5) 굴절법

○ 맛→멋, 가죽→거죽, 알→얼, 민물→맹물, 머리→마리(한마리), 나→너, 더벅머리→다박머리
○ 부스럼→보스럼, 여드름→야드램, 인정머리→앤정머리, 거짓부리→가짓부리, 렴치(염치) →럄치(얌치)
○ 이→요, 저→조, 그→고, 여기→요기, 저기→조기, 거기→고기

6) 전환법

△ 말줄기전환법

① 동사말줄기→명사

○ 꾀다→꾀, 품다→품, 뻠다→뻠, 뭉치다→뭉치, 가물다→가물, 뒤설레다→뒤설레

② 형용사말줄기→명사

○ 길다→길(한길물속), 점잖다→점잖(점잖을 빼다)

△ 단어전환법

① 동사→명사

○ 삶(살음), 잠, 꿈, 졸음, 믿음, 웃음, 울음, 죽음, 걸

음, 싸움, 도움, 느낌

○ 달리기, 읽기, 쓰기, 꾸리기

② 형용사→명사

○ 기쁨, 슬픔, 설움, 아픔, 즐거움, 괴로움

○ 굵기, 세기, 크기

7) 합성－전환법

△ 말줄기합성－전환법

① 명사＋동사말줄기→명사

○ 낭떠러지, 안달

② 동사말줄기＋동사→명사

○ 돋보기

△ 단어합성－전환법

① 부사＋부사→명사

○ 잘못, 잘잘못

② 명사＋동사→명사

○ 산너머, 령너머, 어깨너머, 강건너, 길건너

○ 고기볶음, 씨슈음, 눈가림, 창가림, 사람됨

○ 모내기, 줄넘기, 줄타기, 본보기, 주먹치기, 바줄당기기, 쓰레받기

△ 반복합성－전환법

◎ 동사＋동사→명사

○ 됨됨(사람됨됨이 점잖다.)

쓰임쓰임(물건 쓰임쓰임이 헤프다.)

들음들음(돌아다니며 들음들음이 많다.)

8) 응축법

○ 마찬가지, 매한가지, 여기, 저기, 거기, 어디, 어데

명사로부터는 각종 단어조성수법에 따라 여러 다른 품사들이 조성된다.

△ 동사

① 명사＋동사→동사

○ 뒤따르다, 가책되다, 걱정하다, 각오하다

② 명사→동사말줄기

○ 신→신다, 되→되다, 품→품다

△ 형용사

① 명사+형용사→형용사

○ 꽃답다, 그늘지다, 맛있다, 힘차다

② 명사→형용사말줄기

○ 풀→푸르다, 물→무르다

△ 관형사

① 명사+뒤붙이→관형사

○ 이까짓, 네까짓, 제까짓

② 명사→관형사

○ 처음→첫, 여럿→여러

△ 부사

① 명사+뒤붙이→부사

○ 직심스레, 열심히, 힘껏, 끝내, 제가끔, 이다지, 그만

② 명사+말뿌리→부사

○ 비교적, 사실상, 얼마간

③ 명사+명사→부사

○ 제법

④ 관형사+명사→부사

○ 어느새, 어느덧

⑤ 명사+부사→부사

○ 남먼저, 때마침, 제아무리

⑥ 명사+명사→부사

○ 조심조심, 군데군데, 줄기줄기

⑦ 명사+형용사말줄기+뒤붙이→부사

○ 하늘높이, 바다깊이

⑧ 명사+명사+뒤붙이→부사

○ 틈틈이, 짬짬이, 실실이, 나날이

⑨ 명사→부사

○ 진정, 정말, 참, 도합, 직접, 앞으로, 때로, 진실로

⑩ 명사+명사→부사

○ 때때로

⑪ 명사→감탄사

○ 참! 천만에!

제2절. 수사

수사는 대상의 일정한 수를 나타내는 품사이다.

수사가 나타내는 수의 범위에는 수량과 순서가 포함된다.

○ 집에 동생이 둘 있다.[수량]

고개밑의 둘째 집이 우리 집이다.[순서]

이처럼 수사는 대상의 수적측면을 나타낼뿐 대상자체를 나타내지는 않는 점에서 명사와 구별되며 그 독특한 고도의 추상화로 하여 어떤 대상의 계산에나 다 쓰인다.

○ 사람 열, 사과 다섯, 고개 둘, 문제 하나, 별 셋, 사발 여섯

○ 첫째 용무, 둘째 안건, 넷째 아들

수적개념이 포함되더라도 그 대상자체까지 나타내는 단어들은 수사가 아니라 일종의 명사이다.

○ 오각별, 구절판, 칠보산, 팔선녀, 구룡연, 오분열도, 사각형, 일심단결, 이팔청춘

○ 제일강산, 제3자, 제2전선

확정된 수가 아니라 개략적인 수를 나타내는것도 일정한 계산을 거친만큼 역시 수사에 속한다.

○ 한둘, 서넛, 너더댓, 예닐곱

○ 너덧째, 대여섯째, 서너너덧째

대상의 일정한 수가 아니라 막연한 수를 나타내는것은 수사에서 제외되여 명사의 하나로 된다.

○ 소수, 다수, 약간, 다량, 여럿, 처음, 마지막, 반수, 절반,

전부, 여럿, 배, 갑절

이것은 수를 나타내되 계산에 리용되는 일정한 수를 나타내지 못하고 수에 대한 상대적인 개념만 표시하므로 이것을 수사라고 할수 없고 그렇다고 하여 어떤 대상의 이름은 아니므로 명사로 보기에도 충분치 않으나 대상이라는 개념의 폭을 넓혀서 명사에 소속시키고있다.

수사가운데는 계산되는 일정한 수로서의 수사의 성격과 어떤 대상의 단위를 함께 나타내는 이중적성격을 가진것도 있다. 여기에는 날자계산과 관련되는것, 짐승의 나이세기와 관련되는것 등이 있다.

○ 하루, 이틀, 사흘, 나흘…

○ 하릅(한습), 이듭, 사릅, 나릅, 다습…

여기에는 《하나》, 《둘》, 《셋》과 같은 수적개념과 《날》 또는 《살》이라고 하는 대상적개념이 함께 포함되여있기때문에 순수한 수사도 아니고 순수한 명사도 아니며 수사이기도 하고 명사이기도 한 이중성을 띠고있다.

이것을 한자어휘의 《일일》, 《이일》, 《삼일》 등과 비교해보면 뜻은 같지만 여기서 《일》, 《이》, 《삼》 등은 순수한 수사이고 《일》은 단위명사로서 명확히 두 단어로 갈라지지만 《하루》, 《이틀》, 《사흘》 등은 둘로 가를수 없는 한 단어이므로 수사와 명사의 어느 하나에 소속시킬수밖에 없다. 그런데 여기에 들어있는 수의 의미는 계산에 리용되는 완전한 수이고 날자의 의미는 단위명사의 경우와 같은 비자립적인 의미이다. 이런 점에서 수의 개념과 완전한 대상의 명칭이 합친 《오각별》, 《삼각형》, 《칠보산》, 《팔선녀》, 《구룡연》, 《적십자》, 《제일강산》, 《제2전선》의 경우와 구별되며 그것이 어떤 대상의 이름으로서 명사에 속하는것과는 본질적차이를 가지게 된다.

더구나 《하릅》, 《이듭》 같은것은 소나 말자체가 아니라 그 나이(살)를 의미할뿐이며 《하릅이》, 《이듭을》과 같은 격형태를 취하여 문장속에서 자립할수 없고 다시 규정어로서 짐승의 명칭(명사)과 결합해서 《하릅송아지가》, 《이듭말을》과 같이 쓰이므로 거기에 포함된 대상적의미란 매우 불완전한것이다.

그리하여 이들을 종전과는 달리 명사가 아니라 일종의 수사로 취급하게 된다. 이러한 특종의 수사는 《오년》, 《사월》, 《삼일》, 《두살》 등의 《년》, 《월》, 《일》, 《살》 등이 수의 대상단위로서 단위명사로 되듯이 그런 단위의 개념을 내포하는 수로서 단위수사라고 할수 있다.

수사가운데는 《몇》, 《얼마》와 같이 수에 대해 물음을 품고 가리키는 물음수사도 있다.

이리하여 우리 말의 수사는 일반수사와 물음수사로 크게 갈라지며 일반수사가운데서는 그 기원상 및 결합류형상차이에 따라 고유어수사와 한자어수사가 갈라지고 그 기능상차이에 따라 수량수사와 순서수사로 나누이는 한편 정확한 수를 나타내는것과 개략적인 수를 나타내는것이 다시 구별된다.

1. 일반수사

1) 고유어수사

고유어수사는 하나부터 아흔아홉까지이다. 옛날의 수사 《온》(백)이나 《즈믄》(천)은 이미 쓰이지 않는다.

① 수량수사

일정한 수량을 나타내는 수사이다.

△ 정확한 수량을 나타내는것

○ 하나, 둘, 셋, 넷, 다섯, 여섯, 일곱, 여덟, 아홉, 열, 스물, 서른, 마흔, 쉰, 예순, 일흔, 여든, 아흔

△ 개략적인 수량을 나타내는것

○ 한둘, 두셋, 서넛, 두서넛, 너덧, 서너너덧, 너더댓, 대여섯, 예닐곱, 일여덟, 스무예닐곱, 여나문, 스무나문, 서르나문, 마흐나문, 쉬나믄, 예수나문, 일흐나문, 여드나문, 아흐나문

수량수사의 문법적특성은 명사와 마찬가지로 격형태를 취하여 주어, 객어(직접보어), 보어, 규정어로 되고

○ 여덟의 절반에 셋을 더하면 일곱이 된다.
[규정어] [보어] [객어] [주어]

이음토나 맺음토를 붙여서 이음말(이음술어)이나 술어(맺음술어)로 쓰이되

○ 겨레도 하나고 나라도 하나다.
[이음말] [술어]

토없이 단위명사와 규정적결합을 하여 하나의 문장성분을 이루는것이 많다.

○ 다섯명, 여섯마리, 일곱개, 여덟두럼

일반명사와 다른 점은 그앞에 서술적규정어가 오지 못하며 단위명사와 결합했을 때만 서술적규정어가 올수 있다.

비교: ┌미운 일곱, 믿음직한 여덟[불가능]
└미운 일곱살, 믿음직한 여덟명[가능]

또한 많은 일반명사들과는 달리 복수형태를 취하지 못하며 그와 결합하는 명사 역시 복수형태를 취하지 못한다.

○ 다섯들, 여섯들[불가능]
다섯명들, 다섯학생들, 여섯마리 소들[불가능]

그리고 수량수사는 명사와 결합할 때 그 앞뒤자리를 바꿀수 있다.

○ 아홉사람—사람 아홉
다섯 자전거—자전거 다섯

일부 수량수사는 단위명사앞에서 약간의 어음변화를 일으킨다.

○ 한명, 두개, 세필, 석섬, 서되, 넉섬, 네마리, 스무두름

수사 《하나》가 줄어든 《한》은 《한명》과 같이 일정한 수량을 나타내는 이외에 《어떤》, 《같은》, 《대략》 등의 의미로도 쓰인다.

○ 옛날 한(어떤) 청년이 한(같은)마을에 사는 소년을 데리고 한(대략) 열흘 산에 나무하러 다녔는데…

② 순서수사

일정한 순서를 나타내는 수사이다.

수량을 나타내는 수사에 뒤붙이 《째》를 붙이되 《첫째》만은 관형사 《첫》에 《째》를 붙여서 이루어진다.

△ 정확한 순서를 나타내는것

○ 첫째, 둘째, 셋째, 넷째, 다섯째, 여섯째, 일곱째, 여덟째, 아홉째, 열째, 스무째, 서른째, 마흔째, 쉰째, 예순째, 일흔째, 여든째, 아흔째

옛날 문헌에는 수량을 나타내는 《하나, 둘, 셋…》을 순서를 나타내는데도 그대로 쓴 례도 보인다.

○ 여숫가짓 ᄠᅳ디 잇ᄂᆞ니 ᄒᆞ나ᄒᆞᆫ… 둘ᄒᆞᆫ… 세ᄒᆞᆫ… 네ᄒᆞᆫ…
다ᄉᆞᄉᆞᆫ… 여스슨…(《월인석보》 7권, 49장)

○ 生忍이 ᄯᅩ 두가지니 ᄒᆞ나ᄒᆞᆫ… 둘ᄒᆞᆫ…
法忍이 ᄯᅩ 두가지니· ᄒᆞ나ᄒᆞᆫ… 둘ᄒᆞᆫ…(《월인석보》 7권, 53장)

그러나 그후 여기에 《자히》를 붙이고 이것이 《째》로 변함에 따라 수량의 표현과 순서의 표현은 뚜렷이 구별되게 된것이다.

△ 개략적인 순서를 나타내는것

○ 한두째, 두어째, 두세째, 두서너째, 서너째, 서너너덧째, 너덧째, 너더댓째, 대여섯째, 예닐곱째, 일여덟째, 여나문째, 스무나문째, 서르나문째, 마흐나문째, 쉬나문째, 예수나문째, 일흐나문째, 여드나문째, 아흐나문째

순서를 나타내는 뒤붙이 《째》는 교착덧붙이로서 수사와 결합한 단위명사뒤에 붙기도 한다.

○ 첫번째, 두해째, 세명째, 네마리째

시간을 나타내는 단위명사 《시》앞에서는 순서수사 《첫째》, 《둘째》, 《셋째》 등 대신에 수량수사를 쓴다.

○ 한시, 두시, 세시, 네시, 다섯시, 여섯시, 일곱시 여덟시, 아홉시, 열시, 열한시, 열두시

또한 날자를 나타낼 때도 수량수사를 쓰는 일이 있다.

○ 5월 스무날

순서수사의 문법적특성은 명사와 류사하면서도 기본적으로 토를 취하지 않고 규정어로 쓰이며

○ 첫째 문제, 둘째 고개
서너째 순위, 너덧째 자리

토를 취하여 다른 문장성분으로 되는것은 부차적의의를 가

진다.

○ 첫째가 둘째를 기다리다가 셋째에게 갔다.
[주어] [객어] [보어]

○ 우리가 첫째니 너희는 둘째다.
[이음말] [술어]

③ 단위수사

△ 날자를 나타내는것

— 정확한 날자를 나타내는것

○ 하루, 이틀, 사흘, 나흘, 닷새, 엿새, 이레, 여드레, 아흐레, 열흘

— 개략적인 날자를 나타내는것

○ 하루이틀, 사나흘, 네댓새, 대엿새, 예니레, 일여드레, 여들아흐레

이들은 수량을 나타내기도 하고 달력의 순서를 나타내기도 한다.

수량을 나타낼 때는 그대로 쓰고

○ 가는데 열흘 걸리고 오는데 열하루 걸렸다.
눈이 사나흘 오고 바람이 하루이틀 불었다.

달력의 순서를 나타낼 때 열흘까지는 흔히 그앞에 한자말 말뿌리 《초》를 붙이고 그 이상은 그대로 쓴다.

○ 오늘은 삼월 초열흘이고 래일은 열하루이다.

수량의 단위수사를 곱셈으로 나타내기도 한다.

○ 아들 낳은 뒤 세이레(21일)가 겨우 지나고…

옛날에는 《하루》의 전신인 《ᄒᆞᄅᆞ》, 《ᄒᆞᆯ리》가 쓰이기도 하고

○ ᄒᆞᄅᆞ ᄒᆞᆫ번(《월인석보》 7권, 31장)
ᄒᆞᄅᆞ도 ᄇᆞ리디 마쟈(《로걸대언해》 하, 37장)
ᄒᆞᆯ리어나 이트리어나…(《월인석보》 7권, 71장)

같은 의미로 《날》을 붙인 《ᄒᆞ날》, 《ᄒᆞᆯᄂᆞᆯ》, 《ᄒᆞᆫ날》 등이 쓰이기도 했다.

○ ᄒᆞ날애(《로걸대언해》 하, 49장)
널로 ᄒᆞ여곰 ᄒᆞᆯᄂᆞᆯ 슈고ᄒᆞ여다(《로걸대언해》 하권, 32장)

내 이ᄃᆞᆯ 초ᄒᆞᄅᆞᆺ날 王京셔 ᄠᅥ난노라(《로걸대언해》 상권, 1장)

《하루》는 《어느날》이라는 의미로도 쓰인다.

○ 하루는 바다에 해수욕을 갔는데…

이러한 용법은 이미 옛날문헌에서도 씌였다.

○ ᄒᆞᄅᆞᆫ 布와 깁 폴리 디나가거늘…

ᄯᅩ ᄒᆞᄅᆞᆫ ᄒᆞᆫ 계집이 콩만치 큰 블근 眞珠一百낫ᄎᆞᆯ 가져다가 뎐당ᄒᆞ거늘(《박통사언해》 중, 27장)

ᄒᆞᄅᆞᆫ 하ᄂᆞᆯ 칩기 심ᄒᆞ고 눈비 만히 온대(《션됴힝장》 37장)

《열흘》이상은 수사와 명사 《날》, 《달》, 《해》를 결합하여 쓴다.

○ 스무날, 서른날

○ 한달, 두달, 석달

○ 한해, 두해, 세해

그런데 날자를 나타내는 단위수사 《이틀》에 《날》을 붙인 《이튿날》은 다음날을 의미하고 이와 같은 류형의 《이듬해》 역시 다음해를 의미한다.

달력의 순서와 달리 일반적인 순서를 나타낼 때는 뒤붙이 《째》를 붙인다.

○ 이틀째, 사흘째, 나흘째, 닷새째, 열흘째

△ 짐승의 나이를 나타내는것

○ 하릅, 한습, 이듭, 사릅, 나릅, 다습, 여습

이들의 짐승의 명칭앞에 규정어로 쓰인다.

○ 이듭 송아지, 사릅 말

2) 한자어수사

한자어수사는 《일》부터 십진법의 모든 단위에 다 들어있다.

△ 정확한 수를 나타내는것

○ 령(공), 일, 이, 삼, 사, 오, 륙, 칠, 팔, 구, 십, 이십, 삼십, 사십, 오십, 륙십, 칠십, 팔십, 구십, 백, 천, 만, 억, 조, 경

△ 개략적인 수를 나타내는것

○ 일이, 이삼, 삼사, 사오, 오륙, 륙칠, 칠팔, 팔구, 구십, 십

여, 이십여, 삼십여, 사십여, 오십여, 륙십여, 칠십여, 팔십여, 구십여, 백여, 천여, 만여

이러한 한자어수사는 수량과 순서를 나타내는데 다같이 그대로 쓰인다.

비교: 쌀 오홉 삼작, 삽 백자루, 농가 삼십호[수량]
일장 이절, 오번 선수, 십분 오초, 오층 삼호[순서]

고유어수사가 없는 《백》이상의 단위와 개략적인 수를 나타내는 《ㅡ여》뒤에 《째》를 붙여 순서를 나타내기도 한다.

○ 백째, 천째, 만째

○ 십여째, 이십여째, 백여째, 천여째, 만여째

또 수량이 아니라 순서임을 명백히 하기 위해 한자어수사앞에 관형사 《제》를 붙이기도 한다.

○ 제1차, 제2회, 제3번, 제4호, 제5위, 제7장, 제3절

여기서 수사앞에 붙는 《제》에 대하여 종전에 앞붙이로 보는 견해와 관형사로 보는 견해가 있었다.

이를 앞붙이로 인정하기는 어려운 점이 있다. 같은 의미를 나타내는데 붙기도 하고 안붙기도 하는 그런 앞붙이는 단어의 구성성분으로서의 앞붙이로 될수 없다. 그리고 발음으로 보더라도 수사와 떨어져서 발음되는데 그 보조적형태부란 있을수 없는것이다. 오히려 수사뒤에 오는 단위명사가 수사와 붙어서 발음된다. 례컨대 《제일차》라고 할 때 《제》와 《일》사이에는 발음상간격이 있고 《일》과 《차》는 그런 간격이 없이 발음되는데 이처럼 붙어서 발음되는것은 다른 단어로서의 단위명사라고 하면서 떨어져 발음되는 《제》는 같은 단어의 한개 구성부분으로서의 앞붙이라고 할수는 없는것이다.

따라서 이러한 《제》는 앞붙이가 아니라 관형사의 하나에 속하게 된다.

순서를 나타내는 뒤붙이 《째》는 한자어수사의 경우에도 그뒤에 직접 붙는 이외에 단위명사뒤에 붙는 일도 있다.

○ 십번째, 삼회째, 사년째, 오개월째

개략적인 수량을 의미하는 한자말 말뿌리 《수》를 한자어수사

앞에 붙여서 곱셈을 나타내기도 한다.

○ 수십, 수백, 수천, 수만, 수억만

일부 경우에는 곱셈으로서가 아니라 그 수사자체가 개략적이라는 의미로 《수》를 붙이기도 한다.

○ 준경은 이로부터 수3시간 후에는 우를 만나볼것과…(《생을 구하는 마음》 리익상)

○ 김군! 수삼차 편지는 반갑게 받았다.(《탈출기》)

때로는 한자어수사앞에 고유어수사를 붙여서 곱셈을 나타내기도 한다.

○ 《…이 애는 신령님에게 석삼년을 빌어 배인 아이니…》(《봉이 김선달전설》)

2. 물음수사

대상의 수에 대해서 물음을 품고 가리키는 물음수사는 다시 대상의 수량에 대한 물음인가 순서에 대한 물음인가에 따라 수량물음수사와 순서물음수사로 나누인다.

모두가 고유어수사이다.

1) 수량물음수사

대상의 수량에 대한 물음을 나타내는 물음수사로서 《몇》, 《며칠》, 《얼마》가 있다.

물음대명사의 경우와 마찬가지로 문장에서 론리적력점을 가질때는 질문의 의미를 가지며 론리적력점을 가지지 않을 때는 미정의 의미를 띤다.

비교: 여기 이사해온지 몇해 되였습니까?[질문]
몇해 되지 않았습니다.[미정]
며칠전에 떠났습니까?[질문]
며칠 됩니다.[미정]
얼마나 기다리면 그 동무가 옵니까?[질문]
얼마 지나서 그 동무가 왔습니다.[미정]

┌몇명 데리고 가야겠는데. [미정]
└몇명이면 되겠습니까?[질문]

┌돈을 얼마 가지고 가시오.[미정]
└얼마나 필요할가요?[질문]

2) 순서물음수사

대상의 순서에 대한 물음을 나타내는 수사로서 수량물음대명사 《몇》에 뒤붙이 《째》를 붙여서 구성된다. 역시 론리적력점의 유무에 따라 질문과 미정의 두가지 의미를 가진다.

비교: ┌그 애 성적이 학급에서 몇째나 됩니까?[질문]
　　　└글쎄 잘 몰라도 몇째 안에 들겝니다.[미정]

때로는 이러한 뒤붙이 《째》가 수사뒤의 단위명사뒤에 붙어서 역시 순서를 나타내기도 한다.

○ 몇번째가 우리 선수냐?
　그를 몇년째 기다리고있었다.

3. 수사의 단어조성

수사의 단어조성은 비교적 단순하다. 일부 제한된 뒤붙이를 붙이는 수법이 있는 이외에 수사가 서로 결합하는 단어합성수법으로 일관되여있다. 이러한 합성은 개략적인 수 또는 십진법으로 된 높은 수를 나타낸다는데 특징이 있다.

말뿌리를 하나만 가진 수사를 단순수사라 하며 두개이상의 말뿌리를 가진 수사를 합성수사라고 한다.

1) 단순수사

△ 말뿌리만으로 된것

모두가 정확한 수를 나타낸다.

○ 하나, 둘, 셋, 열, 스물, 서른
　일, 이, 삼, 십, 백, 천, 만

△ 말뿌리와 덧붙이로 된것

정확한 순서를 나타내는것도 있고

○ 첫째, 둘째, 셋째
백째, 천째

개략적인 수량을 나타내는것도 있고

○ 여나문, 스무나문
십여, 백여, 천여

개략적인 순서를 나타내는것도 있다.

○ 두어째, 서너째

[뒤붙이가 두개 붙은것]

○ 여나문째, 스무나문째, 서르나문째
십여째, 백여째, 천여째

2) 합성수사

△ 말뿌리만으로 된것

고유조선어수사는 개략적수량을 나타내며

○ 한둘, 두셋, 서넛, 너덧, 너더댓, 대여섯, 예닐곱, 일여덟

한자어수사는 정확한 수를 나타내는것도 있고

○ 이십, 삼십, 사십, 오십, 륙십, 칠십, 팔십, 구십, 이백, 삼백, 사천, 오천, 륙만, 칠억

개략적인 수를 나타내는것도 있다.

○ 이삼, 삼사, 사오, 이삼십, 삼사백, 사오천, 오륙만, 륙칠억

△ 말뿌리와 덧붙이로 된것

고유조선어수사는 개략적순서를 나타내며

○ 한두째, 두세째, 서너째, 서너너덧째, 너덧째, 너더댓째, 대여섯째, 예닐곱째, 일여덟째

한자어수사는 정확한 순서를 나타내는것도 있고

○ 이백째, 삼백째, 사천째, 오만째

개략적인 순서를 나타내는것도 있다.

○ 이삼십째, 삼사백째, 사오천째, 오륙만째

[뒤붙이가 두개 붙은것]

○ 이백여째, 삼백여째, 사천여째, 오만여째

수사로부터도 다른 품사의 단어가 일부 조성된다.

△ 명사

① 수사+말뿌리

○ 삼각, 사방, 팔경, 이중

② 수사+명사

○ 한마음, 한몸, 네모, 네거리

제5장. 용언부류

용언은 형태를 가진 개념어의 한 부류로서 서술성을 가지고 진술성을 나타낸다.

단어구조에서 용언의 특징은 단어의 기본부분으로서의 말줄기에 서술적인 토들이 교착하여 단어의 형태를 이루는것이다.

용언에는 동사와 형용사의 두개 품사가 속한다.

제1절. 동사

동사는 용언을 대표하는 품사로서 대상의 각종 행동을 나타낸다.

이가운데는 행동을 자립적으로 나타내는 부류도 있고 보조적으로 나타내는 부류도 있으며 행동을 이름짓지 않고 그저 가리키기만 하는 부류도 있다.

이에 따라 동사는 가장 보편적인 일반동사와 보조동사, 가리킴동사의 세개 부류로 크게 갈라진다.

1. 일반동사

동사가운데서 가장 보편적인 부류로서 행동을 이름지어 나타내는 동사이다.

여기에는 우선 사람이나 동물 그리고 각종 사물현상의 움직임을 나타내는 단어들이 속한다.

○ 가다, 오다, 뛰다, 날다, 흐르다, 던지다, 일하다, 말하다, 짓다, 깨뜨리다, 건설하다, 조직하다

여기서 말하는 행동이란 어휘문법적으로 리해되는것이여서 순수한 어휘의미론적견지에서는 행동이 아니라 하더라도 어떤 상태가 지속되는 과정, 어떤 성질이 변화하는 과정, 사람들의 이러저러한 심리적작용 등을 나타내는 단어들도 그 과정이 지속된다는 점에서 어휘문법적으로 행동성을 획득하여 동사에 포괄된다.

○ 자다, 살다, 모순되다[상태의 지속]
자라다, 썩다, 발전하다[성질의 변화]
사랑하다, 존경하다, 미워하다, 기뻐하다, 슬퍼하다[심리적작용]

동사는 이처럼 그 의미에서 대상을 나타내지 않고 대상의 행동을 나타낸다는 점에서 명사와 대조적일뿐아니라 문법적성격에서도 명사와 뚜렷이 구별된다.

동사는 명사처럼 대상적인 토를 붙여서 주어, 객어(직접보어), 보어로 되는것이 아니라 어떤 대상에 대하여 설명하는 서술적인 토(이음토, 맺음토)가 붙어서 이음말(이음술어)이나 술어(맺음술어)로 쓰이며

○ 눈이 내리고 바람이 분다.
[이음말] [술어]

규정어로 될 때도 명사처럼 속격형태를 취하는것이 아니라 역시 서술적인 토(규정토)가 붙는다.

○ 내리는 눈, 부는 바람
[규정어] [규정어]

또한 명사의 경우와는 달리 동사앞에는 규정어가 오지 못하며 명사앞에는 올수 없는 양상어(상황어)가 와서 동사가 나타내는 행동의 양상을 보여준다.

비교: ┌그들은 많은 일을 한다.
[규정어] [명사]
└그들은 일을 많이 한다.
[양상어] [동사]

동사는 그자체로서는 격형태를 취하지 못하는 대신 서술적대상형으로 변한 다음 2차적으로 격형태를 취해서 주어, 객어(직접보어), 보어 등으로 출현한다.

○ 일하기가 흥겨워 시간이 지남을 잊고있었는데 만나기로 한
[주어] [객어] [보어]

사람이 찾아왔다.

동사에는 또한 명사류에서는 볼수 없는 상형태, 존칭형태, 시태(시칭)형태 등이 있다.

○ 형님은 우리에게 동지애의 모범을 보이시였다.

동사가운데서 한자어동사들은 특수한 구조를 가진다.

체언과는 달리 용언은 한자말 말뿌리에 고유어동사 《하다》, 《되다》 등을 붙여서만 한개 동사나 형용사로 출현할수 있다.

○ 출발하다, 공연하다, 모순되다, 급하다[동사]

○ 성실하다, 용감하다, 급하다, 속되다[형용사]

그러므로 구조적견지에서 본다면 우리 말에 순수한 한자어 동사나 형용사는 존재하지 않으며 한자말 말뿌리와 고유어말뿌리가 합성된 동사나 형용사를 일반적으로 한자어동사, 한자어형용사라고 부르고있는것이다.

그런데 이러한 한자말 말뿌리는 홑소리마디가 아닌 경우 흔히 고유어 《하다》나 《되다》와 떨어져서 한개 단어형태를 갖춘다.

○ 출발을 한다, 출발이 늦었다, 모순이 된다

여기서 동사에서 떨어져나가 격형태를 취한 《출발(을, 이)》이나 《모순(이)》은 동사말뿌리기를 그만두고 명사로 전환한것이 명백하다. 이들 말뿌리는 술어의 위치를 벗어나 주어나 객어의 위치를 차지하므로 동사는 아닌것이다.

그런데 이러한 한자말 말뿌리는 때에 따라 고유어의 《하다》와 합성하지도 않고 아무런 토도 취하지 않은 원형그대로 술어의 위치에 나타나 동사의 기능을 논다.

○ 피바다가극단 평양을 출발(출발하였다)

피바다가극단 중국에서 공연(공연하였다)

이렇게 규정어가 아니라 객어(직접보어)나 보어와 결합한 《출발》이나 《공연》을 명사로 볼수는 없는것이다. 이들은 비록 고유어동사 《하다》와 합성하지 않음으로써 동사로서의 서술적형태를 취하지는 못했으나 그러한 형태를 문맥상으로 암시하면서 동사로서의

문장론적기능을 수행하고있으므로 역시 동사로 취급할수밖에 없는 것이다.

△ 자동사와 타동사

일반적으로 문법에서 동사를 자동사와 타동사로 가르면서 자동사는 남에게 직접 미치지 않는 행동을 나타내고 타동사는 남에게 직접 미치는 행동을 나타낸다고 규정해왔다. 그러나 이러한 현실적 관계가 반드시 문법적인 분류기준과 일치하는것은 아니다. 그래서 직접객체를 문장성분의 하나로서의 직접보어 (객어)로 바꾸어 직접보어(객어)의 유무를 기준으로 삼을수 있었다.

이에 따라 자동사는 직접보어를 못 가지는 동사이고 타동사는 직접보어를 가지는 동사로 된다.

비교: ┌꽃이 핀다.[자동사]
　　　└학생이 책을 읽는다.[타동사]

타동사도 그와 결합할 직접보어가 문맥이나 환경에 따라 이미 명백한 경우에는 이를 생략해버릴수 있다.

○ 내가 (책을) 읽겠다.

그러나 이렇게 되면 그 문장은 필요한 성분의 하나인 객어(직접보어)가 빠졌기때문에 불완전한 문장으로 된다. 따라서 객어(직접보어)없이 완전한 문장을 이루는 자동사와는 역시 구별되는것이다.

조선어에서 객어(직접보어)는 언제나 체언의 대격형태 《-를(을)》을 취하거나 또는 대격토없이 그와 맞먹는 체언원형으로 나타난다.

그런데 우리 말에서는 《길을 간다.》, 《대학을 나왔다.》, 《보초를 선다.》 등에서 보는바와 같이 자동사도 체언의 대격형태와 결합하는 일이 많은데 이러한 대격형태를 《길을 닦는다.》, 《대학을 지었다.》, 《보초를 교대했다.》 등의 체언대격형태와 구별하여 객어(직접보어)가 아니라고 하는것은 순수 론리의미적인 모호한 설명으로 되며 문법적인 형태체계와는 너무나도 어긋난다.

교착적형태부인 토에 의하여 문법적형태가 고도로 규격화되여 있는 조선어에서 같은 형태에는 언제나 같은 언어의식이 안받침되여있으며 이에 따라 그것은 문장성분의 공통성도 의미하게 되는것이다. [《조선어문》 주체82(1993)년 4호, 37페지]

그러므로 우리 말에서 자동사와 타동사를 인디아-유럽언어들의 문법에서처럼 행동이 직접 미치는 객체(직접보어)를 가지지 않는가 가지는가에 따라 구별하는것은 언어현실에 부합되지 않는다.

이리하여 우리 말에서 자동사는 문장에서 객어(직접보어) 없이도 쓰이는 동사이고 타동사는 문장에서 반드시 객어(직접보어)를 가지고 쓰이는 동사라고 규정하게 된다.

자동사와 타동사의 이러한 분별은 우리 말에 풍부한 불완전명사와 일반명사의 분별방식과 일치한다. 일반명사가 규정어없이도 쓰이고 규정어뒤에서도 쓰이는 명사이고 불완전명사가 규정어없이는 쓰이지 못하는 명사인것과 마찬가지로 자동사는 객어(직접보어) 없이도 쓰이고 객어(직접보어)와 결합해서도 쓰이는 동사이고 타동사는 객어(직접보어)없이는 쓰이지 못하는 동사인것이다.

자동사에는 우선 현실적으로 그 행동이 다른 대상에 직접 미치지 않는 위치이동, 자연현상, 육체적상태 등을 나타내는 동사들이 속한다.

○ 가다, 오다, 날다, 달리다, 걷다, 오르다, 내리다, 숨다, 흐르다, 떨어지다[위치이동]
개이다, 흐리다, 가물다, 녹다, 얼다, 익다, 여물다, 피다, 썩다, 줄다, 늘다, 설레다[자연현상]
자다, 앓다, 곪다, 늙다[육체적상태]

또 현실적으로는 행동이 미치는 대상을 가지면서도 그것이 객어(직접보어)가 아니라 보어(간접보어)로 나타나는 까닭에 역시 자동사에 속하는것들도 있다.

○ 당조직에 <u>의거한다</u>.
기둥에 <u>기댄다</u>.
난관에 <u>부닥친다</u>.
사람들과 <u>마주쳤다</u>.

타동사에는 우선 현실적으로 그 행동이 직접 미치는 대상을 가지는 동사들이 속한다.

○ 나무를 심는다, 돌을 던진다, 방아를 찧는다, 책을 정돈한다, 소를 몬다, 자동차를 운전한다.

이밖에 행동의 결과에 비로소 창조되는 대상, 감각이나 인식의 대상도 객어(직접보어)로 나타날수 있기때문에 그것을 요구하는 동사 역시 타동사에 속한다.

○ 집을 짓는다, 책상을 만든다, 그림을 그린다.[행동결과의 창조물]
바다를 바라본다, 옛말을 듣는다, 아픔을 느낀다, 냄새를 맡는다, 이름을 기억한다, 진리를 깨닫는다.[감각이나 인식의 대상]

한편 타동사는 반드시 객어(직접보어)를 가지는 동사이지만 자동사는 반드시 객어(직접보어)를 가지지 않는 동사가 아니라 그것없이도 쓰이는 동사이므로 자동사가 때에 따라 객어(직접보어)를 가진다고 해서 곧 타동사로 변하는것은 아니다. 객어(직접보어)없이도 쓰이는 동사인 조건에서 그것은 어디서나 자동사이다.

자동사와 결합하는 객어(직접보어)의 류형은 대체로 다음과 같다.

① 위치이동의 의미를 가지는 동사와 결합하여 그 출발점, 방향, 경과, 장소, 목적, 임무, 거리, 순위 등을 나타내는것

○ 집을 떠난다, 자리를 뜬다.[출발점]
학교를 간다, 극장을 드나든다.[방향]
벌판을 달린다, 숲속을 헤맨다.[경과장소]
휴양을 떠난다, 마중을 나간다.[목적]
보초를 선다, 보증을 선다.[임무]
십리를 걸었다, 오리를 갔다.[거리]
공부에서는 첫째를 간다.[순위]

② 소비된 시간이나 행동의 회수를 나타내는것

○ 한시간을 쉬였다, 3년을 싸웠다.
하루밤을 묵었다, 한평생을 살았다.[시간]
두번을 올라갔다, 세번을 미끄러졌다.[회수]

③ 해당 동사의 의미를 반복하는것

○ 웃음을 웃는다, 울음을 운다.
잠을 잔다, 싸움을 싸운다.
뜀을 뛴다, 걸음을 걷는다.

④ 때에 따라 밝히는 대상으로 되는것

○ 몸을 피한다, 다리를 쉰다.
배를 앓는다, 윷을 논다.

⑤ 때에 따라 객어(직접보어)로도 이음말구나 보어(간접보어)로도 나타나는것

○ 그를(그에 대하여) 생각한다.
이를(이에 관하여) 설명한다.
그 의견을(의견에) 찬성한다.
그를(그와) 만났다.
자동차를(자동차에) 탔다.

이상의 동사들은 객어(직접보어)를 가질 때나 가지지 않을 때나 그 어휘적의미에서는 아무런 변화가 없으므로 의연히 하나의 자동사에 소속된다.

그러나 일부 동사들은 객어(직접보어)를 가지지 않을 때와 가질 때가 주객전도의 관계를 이루어 어휘적의미에 반영되므로 각각 자동사와 타동사의 소리같은말을 이룬다.

비교: 기차가 움직인다.[자동사]
기차를 움직인다.[타동사]

노래가 그쳤다.[자동사]
노래를 그쳤다.[타동사]

길이 어겼다.[자동사]
길을 어겼다.[타동사]

다리가 상했다.[자동사]
다리를 상했다.[타동사]

지축이 울린다.[자동사]
지축을 울린다.[타동사]

손이 떤다.[자동사]
손을 떤다.[타동사]

┌힘이 다하였다.[자동사]
└힘을 다하였다.[타동사]
┌말이 달린다.[자동사]
└말을 달린다.[타동사]
┌어깨가 들먹거린다.[자동사]
└어깨를 들먹거린다.[타동사]

이런 부류의 동사들은 옛날로 거슬러올라갈수록 많아서 자동사와 타동사의 미분화상태를 보여주는것이다.

그러나 현대조선어에 이르러서는 대다수의 동사가 기능상 자동사나 타동사의 어느 하나로 고착된만큼 이들도 자동사와 타동사의 소리같은말로 량편에 나누어 소속시키게 되는것이다.

일부 타동사는 갈라진뜻으로 쓰일 때 객어(직접보어)를 가지지 않음으로써 자동사의 기능을 논다.

비교: ┌밥을 많이 먹었다.[타동사]
└돈이 많이 먹었다.[자동사]
┌집을 헐었다.[타동사]
└입술이 헐었다.[자동사]
┌귀를 쑤신다.[타동사]
└머리가 쑤신다.[자동사]
┌고개를 넘어갔다.[타동사]
└달콤한 말에 넘어갔다.[자동사]

한편 동사의 어휘문법적범주로서의 상범주의 변화에 따라 자동사가 타동사로 되기도 하고 타동사가 자동사로 되기도 한다.

비교: ┌쇠가 녹는다.[자동사 주동형]
└쇠를 녹인다.[자동사 사역형=타동사]
┌문화가 발전한다.[자동사 주동형]
└문화를 발전시킨다.[자동사 사역형=타동사]
┌아이를 업는다.[타동사 주동형]
└아이가 업힌다.[타동사 피동형=자동사]
┌범죄자를 구류했다.[타동사 주동형]
└범죄자가 구류되였다(구류당했다).[타동사 중동형, 피

동형=자동사]

┌ 승리를 믿는다.[타동사 주동형]
└ 승리가 믿어진다.[타동사 중동형=자동사]

형용사의 사역형은 타동사로, 중동형은 자동사로 된다.

비교: ┌ 뚝을 높인다.[형용사 사역형=타동사]
└ 뚝이 높아진다.[형용사 중동형=자동사]

2. 보조동사

다른 단어의 뒤에 련결되여 그에 보충적의미를 부여하는 동사이다.

여기에는 두가지 부류가 있다.

첫째 부류는 동사의 이음형이나 서술적대상형뒤에 련결되여 각종 보조적의미를 나타내는것이다.

○ 일하지 않는자는 먹지 말라.

여기서 《말라》는 그앞의 《먹지》와 결합하지 않고는 쓰이지 못하며 금지의 의미를 더해주면서 그와 더불어 하나의 술어(맺음술어)로 된다.

때로는 《말다》가 독자적으로 쓰이는 일도 있다.

○ 아무 말 말고있거라.
이것은 말고 저것을 주시오.
마지(말지)못해 하는구나.
건강을 빌어마지(말지) 않습니다.
누가 보거나말거나 누가 알아주건말건 언제나 꾸준하다.
보나마나 승패는 뻔하다.
남이야 말하든지 말든지 네 결심대로 하려무나.
집을 나서자마자 소낙비가 쏟아졌다.
갈가말가 떠날지말지 망설이였다.
우리 힘으로 해내고말고!
그야 말하다마다 여부가 있나요?

이러한 례는 과거로 소급할수록 더 많다.

○ 止ᄂᆞᆫ 마ᄂᆞᆫ다 ᄒᆞ논 ᄠᅳ디라(《석보상절》 3장)

마ᄅᆞ쇼셔 相公아(《박통사언해》 중, 3장)

술커든 말라(《로걸대언해》 하, 21장)

네 허믈 말라(《박통사언해》 상, 34장)

내 진실로 말고져 ᄒᆞ노라(《로걸대언해》 중, 17장)

雨雪에 젓게 말라(《로걸대언해》 하, 33)

그러나 이 두가지 경우에 단어의 의미에는 아무런 차이도 없는것만큼 서로 소리같은말로 갈라지지 않고 한개 보조동사의 두가지 용법으로 인정된다.

오늘날 한개 단어로 되여있는 《넘어뜨리다》, 《볶아치다》, 《웃어대다》에 들어있는 《뜨리다》, 《치다》, 《대다》 등도 이러한 보조동사가 그앞에 있는 동사이음형 《넘어》, 《볶아》, 《웃어》와 더불어 하나의 합성어를 이룬것이다. 그런데 현대조선어에 이러한 보조동사는 극히 적고 많은 경우 일반동사가 그런 위치에서 갈라진 뜻을 띠고 보조적기능을 논다.

례컨대 《날이 저물어간다.》에서 《간다》는 《학교에 간다.》에서 보는바와 같은 본래의 의미를 벗어나서 《저무》는 과정이 계속됨을 의미한다.

우리 말에서 동사의 이러한 보조적용법은 매우 발달해서 행동과 관련되는 여러 태적의미들이 이런 방식으로 표현된다.

○ 책을 다 읽어가지고 오너라

그는 많은 난관을 겪어 나서 이런 일쯤 두려울것이 없었다.

부닥치는 난관을 끝까지 이겨냈다.

그동안 많은 일을 해놓았다.

그 작품을 단숨에 다 읽어버렸다.

그는 자작시를 읊고있다.

이젠 떠나보자.

재미나는 이야기를 들려주었다.

할머니에게 신문을 읽어드린다.

그는 비행사가 될것을 꿈꾸어왔다.

나도 낚시질을 해보았다.

그만 잊어 먹었구나.

동사 《하다》, 《아니하다(않다)》, 《못하다》, 《되다》도 일정한 문장구조안에서 보조적기능을 놀면서 그앞의 동사와 더불어 하나의 문장성분을 이룬다.

○ 나는 가끔 길에서 그를 만나군 했다.

비가 오며말며 했다.

일을 하든지 책을 읽든지 하려무나.

눈이 오기는 했지만 많이 쌓이지는 않았다.

바빠서 그곳에 들리지 못했다.

듣다 못해 말참견을 했다.

조금이라도 더 도와주지 못해 한다.

몸이 편치않아 합디다.

그 동무더러 가게 하시오.

이제는 모두 알게 되였다.

여기서 《하다》는 타동사로, 《되다》는 자동사로 쓰이고있으나 일정한 구조속에서는 다같이 자동사로 기능하면서 서로 자리바꿈을 할수 있다.

비교: ┌이번 경기에서 꼭 이겨야 한다.
└이번 경기에서 꼭 이겨야 된다.

동사 《하다》는 이런 량면적기능으로 하여 합성어조성에서 자동사, 타동사를 다 이룬다.

비교: ┌공장에서 일한다. [자동사]
└일을 잘한다. [타동사]

┌농촌에서 생활한다. [자동사]
└기계를 생산한다. [타동사]

둘째 류형은 체언의 일정한 격형태나 용언의 서술적대상형과 련결되여 이음말(이음술어)이나 규정어로 쓰이고 술어(맺음술어)로는 쓰이지 못하며 규정어로 되는 경우 시태를 초월하여 《ㅡㄴ(은)》형을 취하는 동사이다.

이러한 용법 역시 우리 말에서 풍부히 발달하였다.

○ ┌교육사업에 관하여 론의한다.
└교육사업에 관한 론의

《관하여(관한)》가 사람명사와 결합하는 경우 명사에 격토 《께》나 《에게》가 붙기도 하지만(《언니께 관하여(관한)》, 《그에게 관하여(관한)》) 오늘날에는 일반적으로 격토 《에》를 붙인다. (《언니에 관하여(관한)》, 《그에 관하여(관한)》)

┌미제의 강점으로 인하여 나라가 분렬되였다.
└미제의 강점으로 인한 나라의 분렬

┌공화국창건기념일에 즈음하여 축전이 왔다.
└공화국창건기념일에 즈음한 축전

┌미제의 폭격으로 말미암아 파괴되였다.
└미제의 폭격으로 말미암은 파괴

┌학생들을 비롯하여 많은 청년들이 모였다.
└학생들을 비롯한 많은 청년들

┌계획에 비하여 생산실적이 높다.
└계획에 비한 생산실적

말에 반하여 동작은 굼뜨다.

강추위에도 불구하고 일을 기한내에 해제꼈다.

그 문제와 아울러 다른 문제도 토의했다.

조국과 더불어 영생하리라.

《더불어》는 때에 따라 단독으로도 쓰인다.

○ 홍엽은 더불어 이야기하면서도 만날 때마다 자신의 허약성을 느끼게 하는 장호의 남다른 힘에 대한 생각에서 벗어날 수 없었다. (《돌아보는 얼굴》 리진경)

일부 동사들은 일반용법으로도 쓰이고 보조용법으로도 쓰인다.

비교: ┌그는 늙은 부모를 정성껏 위한다. ―늙은 부모를 정성껏 위하는 그의 정성[일반용법]
└그는 늙은 부모를 위하여 정성을 다했다. ―늙은 부모를 위한 그의 정성[보조용법]

그는 사람들을 겸손하게 대한다. ―사람들을 겸손하게 대하는 그의 품성[일반용법]
그는 사람들에 대하여 늘 관심한다. ―사람들에 대한 그의 일상적인 관심[보조용법]

사람을 상대로 하는 보조용법의 경우 명사에 격토 《께》, 《에게》를 붙이는것도 있으나(《당신께 대하여(대한)》, 《오빠에게 대하여(대한)》, 《안해에게 대하여(대한)》) 오늘날에는 대체로 격토 《에》를 붙인다. (《당신에 대하여(대한)》, 《오빠에 대하여(대한)》, 《안해에 대하여(대한)》)

그는 일을 솜씨있게 한다. [일반용법]
이만한 난관으로 하여 물러서랴! [보조용법]
그로 하여(하여금) 돌격전의 앞장에 서게 했다. [보조용법]
해질무렵 하여 마을에 당도했다. [보조용법]
달이 뜰 때쯤 하여 밖에 나섰다. [보조용법]
새벽닭이 울즈음 해서 찾아갔다. [보조용법]

여기서 《해질무렵 하여》, 《달이 뜰 때쯤 하여》, 《새벽닭이 울즈음 해서》 등의 《하다》는 《되다》로 바꾸어 《해질무렵 되여》, 《달이 뜰 때쯤 되여》, 《새벽닭이 울즈음 돼서》라고 말할수 있다.

너를 보고 가겠다더라. [일반용법]
너를 보고 가라는게 아니야. [보조용법]

책을 가지고 갔다. [일반용법]
그만 한걸 가지고 뭘 그러니? [보조용법]

책을 놓고 일어섰다. [일반용법]
실적을 놓고 평가한다. [보조용법]

책을 두고 갔구나. [일반용법]
잃어버린 책을 두고 걱정이 많았다. [보조용법]

거기에 동무가 있어서 찾아갔다. [일반용법]
이에 있어선 문제로 되는것은 시간이 매우 촉박한것이였다. [보조용법]

우에 든 둘째 부류의 동사들에 대하여 이를 《후치사》 또는 《후치사적단어》라고 하면서 그앞의 체언과 함께 한개 문장성분을 이룬다고 하는 견해가 있으나 이러한 견해는 조선어의 구조에는 어울리지 않는다.

인디아-유럽언어들의 견지에서 볼 때 이것들은 전치사와 류사한 점이 없지 않으나 우리의 언어현실은 그와 본질적차이를 가진다.

인디아-유럽언어들의 전치사는 그가운데 비록 어휘적의미가 뚜렷이 잔재적으로 남아있는것들이 있지만 전형적인 전치사는 그뒤에 오는 명사류의 문법적의미를 담당한 불변의 보조어로서 그와 더불어 하나의 문장성분을 이룬다.

그러나 우리 말의 이 부류 동사들은 뚜렷한 어휘적의미를 기본으로 하고있을뿐아니라 비록 맺음형은 취하지 못하더라도 거의 모두가 이음형과 규정형의 두가지 형태를 취하는 형태변화체계속에 존재하는만큼 이를 용언에서 리탈한 어떤 보조어로 볼수 없으며 이러한 용언과 그앞의 체언이 합쳐져 하나의 문장성분을 이룬다고 할수도 없는것이다.

이것은 첫째 부류의 동사가 갈라진뜻으로 쓰이면서 그앞의 동사와 더불어 하나의 용언체계속에서 하나의 문장성분을 이루는것과도 구별되는 특성이다.

그리하여 이러한 단어부류 역시 하나의 보조동사라기보다도 일정한 형태상제약을 가지고 쓰이는 동사의 한개 보조용법을 보여줄따름이다.

3. 가리킴동사

대상의 행동을 이름짓지 않고 가리키기만 하는 동사이다.

지금까지 명사에서는 대상을 이름짓지 않고 가리키는 부류를 따로 떼내여 대명사라는 독자적품사를 설정하면서도 동사에서는 이를 같은 동사안의 한개 부류로도 설정하지 않고 넘어간것은 문법의 균일한 체계성에 어긋나는것이다.

그리하여 대상을 가리키는 대명사를 명사의 한개 부류로 설정하듯이 행동을 가리키는 동사의 부류로서 가리킴동사를 설정하게 된것이다.

가리킴동사에는 가리킴대명사의 경우와 마찬가지로 그 가리키는 거리에 따라 근칭, 원칭, 환칭의 구별이 있다.

근칭: 이리하다, 이리다, 이러다

원칭: 저리하다, 저리다, 저러다

환칭: 그리하다, 그리다, 그러다

이들은 서로 어울려쓰이기도 한다.

○ 이리저리하다, 이럭저럭하다
그리저리하다, 그럭저럭하다

가리킴동사는 가리킴부사 《이리》, 《저리》, 《그리》와 동사 《하다》의 결합에서 유래한다고 볼수 있다.

○ 이리하다→이리하다→이리다, 이러다
저리하다→저리하다→저리다, 저러다
그리하다→그리하다→그리다, 그러다

가리킴동사는 가리킴대명사와 마찬가지로 모음변화로써 왜소화의 뜻빛갈을 나타내기도 한다.

○ 이리하다, 이러다→요리하다, 요러다
저리하다, 저러다→조리하다, 조러다
그리하다, 그러다→고리하다, 고러다

가리킴동사의 특종으로서 물음을 품고 가리키는 물음동사가 있다.

○ 어찌하다, 어찌다, 어쩌다, 어찌어찌하다
아무리하다, 아무러다

이 역시 물음부사 《어찌》, 《아무리》와 동사 《하다》의 결합에서 유래하는것이다.

○ 어찌하다→어찌하다→어찌다, 어쩌다
아무리하다→아무리하다→아무러다

물음동사도 물음대명사, 물음수사와 마찬가지로 론리적력점의 유무에 의거하여 질문과 미정의 두 경우에 다 쓰인다.

비교: ┌이제 어쩌려구 하니?[질문]
└어쩌면 일이 될것도 같다.[미정]

┌모두들 어찌어찌하고있니?[질문]
└그 일도 어찌어찌해서 예정대로 되지 못하고 말았다.[미정]

《아무러다》는 미정의 의미로만 쓰인다.

○ 아무런들 제 앞처리도 못하겠니?

《어찌다》, 《어쩌다》가 규정어로 쓰이는 일은 드물다.

○ 그 어찐 말씀이요?

○ 어쩐걸! 그럴리가 있나?

4. 동사의 단어조성

단어조성의 면에서 동사는 명사와 마찬가지로 각종 단어조성 수법을 널리 리용하여 이루어진다.

1) 첨가법

△ 앞붙이첨가법

걸-: 걸뜨다

다-: 다잡다, 다몰다, 다죄다, 다소곳하다

덧-: 덧붙다, 덧쓰다, 덧대다, 덧놓다, 덧나다, 덧신다, 덧쌓다, 덧싸다

도-: 도맡다, 도사리다

드-: 드솟다, 드놀다, 드날리다

들-: 들끓다, 들쓰다, 들볶다, 들까불다, 들부시다, 들날리다, 들쑤시다

딩-: 딩굴다

데-: 데되다, 데삶다, 데익다, 데알다

되-: 되살리다, 되주다, 되넘기다, 되새기다, 되씹다, 되씌우다

뒤-: 뒤놀다, 뒤부시다, 뒤끓다, 뒤틀다, 뒤버무리다, 뒤섞다, 뒤덮다, 뒤바뀌다

몰-: 몰밀다

번(뻔)-: 번서다, 번대다, 뻔디디다

비－: 비꼬다, 비틀다
빗－: 빗나가다, 빗디디다, 빗대다, 빗맞다, 빗서다
베－: 베돌다
지르(지리)[1]－: 지르디디다, 지리누르다, 지리밟다
지르(지릅)[2]－: 지르뜨다(지릅뜨다)
짓－: 짓부시다, 짓누르다, 짓밟다, 짓조기다, 짓뭉개다, 짓구기다, 짓이기다, 짓씹다, 짓찧다
처－: 처먹다, 처박다
치－: 치닫다, 치밀다, 치받다, 치뜨다, 치솟다
헛－: 헛보다, 헛디디다, 헛잡다
헤－: 헤가르다, 헤집다, 헤매다, 헤덤비다, 헤더듬다
흐－: 흐늘어지다, 흐느끼다
휘(휩)－: 휘감다, 휘날리다, 휘두르다, 휘젓다, 휘뿌리다, 휩쓸다, 휩쓸리다, 휩싸다
얼－: 얼버무리다, 얼비치다, 얼넘기다
엇－: 엇걸다, 엇가다, 엇바꾸다, 엇나가다, 엇대다, 엇물리다, 엇먹다
엿－: 엿보다, 엿듣다
△ 뒤붙이첨가법
① 명사＋뒤붙이
－이: 비치다(빛이다), 그치다(끝이다).
② 부사＋뒤붙이
－치: 마주치다, 치우치다, 재우치다
③ 상징사＋뒤붙이
－이: 반짝이다, 들썩이다, 설렁이다, 쪼글이다, 답작이다, 덥적이다, 들먹이다, 숙덕이다, 꿈뻑이다, 뒤적이다, 지껄이다, 움직이다
－거리: 구깃거리다, 굽실거리다, 기웃거리다, 덜렁거리다, 가물거리다, 끄덕거리다, 투덜거리다, 꾸물꾸물거리다, 울렁울렁거리다, 나풀거리다, 너풀거리다, 바스락거리다, 첨벙거리다

④ 동사말줄기+뒤붙이

-치: 넘치다, 돋치다, 닥치다, 엎치다, 받치다, 접치다, 밀치다, 뿌리치다, 물리치다, 깨우치다

⑤ 말뿌리+뒤붙이

-치: 해치다, 망치다, 합치다

2) 합성법

△ 말뿌리합성법

◎ 말뿌리+동사

○ 변하다, 상하다, 당하다, 겸하다, 전하다, 향하다

△ 말줄기합성법

① 동사말줄기+동사

○ 오가다, 오르내리다, 여닫다, 날뛰다, 감돌다, 굶주리다, 돌보다, 얽매다, 쏟뜨리다

② 형용사말줄기+동사

○ 낮잡다, 얕보다, 얕잡다, 늦되다, 무르익다, 높뛰다

△ 단어합성법

① 명사+동사

○ 뒤따르다, 앞지르다, 북돋우다, 동트다, 빛나다, 깃들다, 헤염치다, 도망치다, 곱이치다, 뒤쫓다, 편들다, 동뜨다

○ 걱정하다, 겨냥하다, 귀띔하다, 다짐하다, 손짓하다, 되풀이하다, 각오하다, 간섭하다, 우회하다, 려행하다, 지도하다, 건설하다, 맹세하다, 발전하다

○ 모순되다, 고조되다, 가책되다, 문제되다, 상치되다, 리익되다

② 부사+동사

○ 막깎다, 막되다, 어긋나다

○ 바로잡다, 가로막다, 가로채다, 가로맡다

○ 들락날락하다, 울먹울먹하다

③ 상징사+동사

○ 덜컥하다, 싱긋하다, 번쩍하다, 기우뚱하다, 와지끈하다,

끼르륵하다, 나풀나풀하다, 두근두근하다, 들썩들썩하다, 우물쭈물하다, 어물어물하다, 우락부락하다

④ 동사+동사

○ 건너가다, 넘어서다, 넘어지다, 올라오다, 들어맞다, 내놓다, 접어들다, 나서다, 꿰뚫다

○ 볶아대다, 웃어대다, 떨어뜨리다, 깨뜨리다, 돌아치다, 불어치다, 휘몰아치다

⑤ 형용사+동사

○ 좋아하다, 미워하다, 기뻐하다, 두려워하다, 만족해하다

△ 반복합성법

○ 고대고대하다, 궁리궁리하다, 주저주저하다, 야단야단치다, 두어두다

3) 굴절법

○ (사람이) 살다→(아이를) 설다, (쌀이) 설다, (뒤를)좇다→(개를) 쫓다, (꽃이) 피다→(이삭이) 패다, (빗장을) 지르다→(칼로) 찌르다, (강물이) 줄다→(가마물이) 졸다

○ 비틀다→배틀다, 두드러지다→도드라지다, 빌어먹다→밸아먹다, 뒤적이다→되작이다, 베돌다→배돌다

○ 이러다→요러다, 저러다→조러다, 그러다→고러다

4) 전환법

△ 말줄기전환법

① 명사→동사말줄기

○ 신→신다, 빗→빗다, 띠→따다, 삼→삼다, 되(되박)→되다, 배→(애기를) 배다, 내(연기)→(불이) 내다, 안→(가슴에) 안다, 품→(생각을) 품다, 누리(세상, 세월)→(복을) 누리다

② 상징사→동사말줄기

○ 흔들→흔들다, 비뚤→비뚤다, 비틀→비틀다

《-하다》류형의 일부 동사가 보조말뿌리 《하》없이 쓰이기도

하는데 이 역시 명사가 전환법에 따라 동사로 된것과 같은 구조로 된다.

○ 생각다(생각하다) 못해 그와 의논했다.
　그런건 생각지(생각하지) 말어라.

이런 류형은 력사를 거슬러올라가면 더 많이 눈에 뜨인다.

○ ᄯᅩ ᄃᆡ답디 못ᄒᆞ면(《로걸대언해》 상, 5장)
　ᄃᆡ답지 아니ᄒᆞ더니(《샤씨남정긔》 상, 11장)
　ᄒᆡ혹(解惑)지 못ᄒᆞᆯ줄 알고(《샤씨남정긔》 상, 11장)

동사로부터도 각종 단어조성수법에 따라 다른 품사의 단어들이 많이 조성된다.

△ 명사

① 동사+뒤붙이→명사
　○ 생김새, 구김새, 새김질, 놀림거리

② 동사말줄기+뒤붙이→명사
　○ 날개, 집게, 내리막, 마감, 주검, 노라리, 나머지, 벌이, 마개, 드레, 부스레기, 쓰레기

③ 동사말줄기+말뿌리→명사
　○ 먹성, 입성

④ 동사+말뿌리→명사
　○ 견딜성, 말아초, 흘림체, 자장가

⑤ 동사말줄기+명사→명사
　○ 묵밭, 접자, 맞구멍, 썩돌, 누비이불

⑥ 동사+명사→명사
　○ 빈말, 뜬눈, 땔나무, 들것, 끓어사격, 건너편, 넘어마을, 디딤돌, 갈림길

⑦ 동사말줄기+동사말줄기+뒤붙이→명사
　○ 미닫이

⑧ 동사말줄기+뒤붙이+동사말줄기→명사
　○ 돌개바람, 뜬개말, 구부렁탄

⑨ 명사+동사말줄기+뒤붙이→명사
　○ 해돋이, 달맞이, 해바라기, 귀머거리, 이쑤시개

○ 살림살이, 걸음걸이, 뜀뛰기, 놀음놀이

⑩ 동사말줄기→명사

○ 찌다→찌, 품다→품, 가물다→가물

⑪ 동사→명사

○ 잠, 믿음, 웃음, 읽기, 쓰기, 달리기

⑫ 형용사+뒤붙이→명사

○ 싱검둥이, 귀염둥이, 게으름뱅이

⑬ 명사+동사말줄기→명사

○ 낭떠러지, 안달

⑭ 동사말줄기+동사→명사

○ 돋보기

⑮ 명사+동사→명사

○ 산너머, 강건너, 길건너

○ 고기볶음, 눈가림, 사람됨, 모내기, 본보기

⑯ 동사+동사→명사

○ 됨됨, 쓰임쓰임, 들음들음

△ 형용사

① 동사말줄기+뒤붙이→형용사

○ 우습다, 놀랍다, 아깝다, 미덥다, 두렵다

② 명사+동사→형용사

○ 힘차다, 낯익다, 눈부시다

③ 부사+동사→형용사

○ 못되다

△ 관형사

◎ 동사→관형사

○ 모든, 막다른, 갖은

△ 부사

① 동사말줄기+뒤붙이→부사

○ 도로, 비뚜로, 너무, 마주, 기우뚱

② 동사말줄기+뒤붙이+동사말줄기+뒤붙이→부사

○ 쉬염쉬염, 들쑹날쑹, 쥐락펴락, 울먹울먹

③ 동사말줄기→부사

○ 및, 덜, 흔들

④ 동사→부사

○ 미처, 더러, 차마, 보매, 하여튼

△ 감탄사

◎ 동사→감탄사

○ 아서!, 옳지! 그래, 그럼, 아무렴

제2절. 형용사

형용사는 동사와 함께 용언에 속하는 품사로서 대상의 각종 형상을 나타낸다.

일반적으로 우리 말의 형용사는 대상의 성질이나 상태를 표현하는 품사로 규정되여왔다.

다른 품사들의 경우와 마찬가지로 형용사도 비록 어휘의미론적으로는 서로 다른 성격의 단어들이 들어있다 해도 문법적특성과 결부된 품사론적견지에서는 하나의 공통적인 어휘문법적의미를 가져야 한다. 인디아—유럽언어들에서는 이것을 보통 《대상의 표식》이라는 말로 표현하고있다.

그런데 인디아—유럽언어들의 형용사는 주로 그 문법적기능에 따라 성질형용사, 관계형용사 등 어휘문법적부류로 다시 나누이고 관계형용사에서는 또 하나의 어휘문법적부류로서 소유형용사가 구별됨으로써 《대상의 표식》이라는 용어는 결국 이를 성질, 관계, 소유 등의 의미를 함께 포괄하도록 일반화한것이다.

그러나 조선어의 형용사에는 관계형용사, 소유형용사 등 그 문법적특성이 뚜렷이 구별되는 형용사부류가 따로없이 대략 모두가 인디아—유럽언어들의 성질형용사와 같은것이므로 《대상의 표식》이라는 막연한 용어나 《대상의 성질 또는 상태》라는 이중적용어대신 《대상의 성질》 또는 그보다 포괄적인 《대상의 상태》라는 용어를 쓸수도 있다. 그러나 어휘적의미로 보아 성질과 상태를 다 포괄하도록 《대상의 형상》이라는 용어로 형용사의 개념을 표현하기로 한다.

형용사에는 자립적으로 대상의 성질이나 상태를 형상하는 단어들이외에 그 존재여부를 나타내거나 그를 지정하는 단어부류도 있고 대상의 형상에 보충적으로 의미를 더하거나 가리키기만 하는 부류도 있다.

이에 따라 형용사는 가장 보편적인 일반형용사와 특수한 존재형용사, 지정형용사, 보조형용사, 가리킴형용사의 다섯개 부류로 나누인다.

1. 일반형용사

일반형용사는 가장 보편적인 형용사로서 형상을 이름지어 나타내는 형용사이다.

여기에는 우선 각종 감각을 형상한 단어들이 속한다.

○ 붉다, 희다, 푸르다, 검다[시각]

○ 우렁차다, 요란하다, 조용하다[청각]

○ 달다, 쓰다, 맵다, 짜다[미각]

○ 구수하다, 향기롭다, 구리다, 냅다[후각]

○ 매끄럽다, 따뜻하다, 춥다, 아프다[촉각]

다음으로 대상의 질이나 성격을 나타내는 단어들이 속한다.

○ 질기다, 굳다, 무르다, 세다, 약하다[질]
슬기롭다, 무던하다, 부지런하다, 대담하다[성격]

또한 여러가지 분량이나 척도, 심리적상태, 평가 등을 나타내는 단어들도 있다.

○ 많다, 적다, 드물다, 흔하다[분량]
크다, 작다, 높다, 낮다, 깊다, 얕다, 넓다, 좁다, 빠르다, 더디다[척도]
기쁘다, 슬프다, 반갑다, 싫다, 그립다, 노엽다, 징그럽다[심리상태]
좋다, 나쁘다, 옳다, 그르다, 같다, 다르다, 비슷하다, 리

롭다, 해롭다[평가]

동사와 형용사는 다같이 서술적품사로서 용언에 속하면서 많은 공통점을 가지는 한편 일부 차이점도 가짐으로써 서로 다른 품사로 갈라진다.

어휘적면에서 동사는 동적, 과정적인 행동을 나타내는 반면에 형용사는 정적, 비과정적인 형상을 나타낸다.

그리하여 례컨대 《강하다》는 정적이여서 형용사이고 《강화하다》는 동적이여서 동사이며 《불이 밝다.》고 할 때 《밝다》는 비과정적이여서 형용사이고 《날이 밝는다.》고 할 때 《밝다》는 과정적이여서 동사이다.

그런데 둘째 례 《밝다》에서 과정적인가 아닌가 하는것은 단어말줄기의 차이에 따르는것이 아니라 말줄기는 같으면서도 문법적형태를 달리하는데서 나타나는만큼 순수한 어휘의미론적표식은 명사와 수사를 구별할 때와 같은 그런 결정적역할을 하지 못한다.

문법면에서 동사와 형용사는 주로 그 부분적인 형태상차이에 따라 분별된다.

우선 《해라》말차림의 맺음형에서 동사는 《-ㄴ다(-는다)》형을 취하는데 형용사는 《-다》형을 취한다.

비교: ┌본다, 읽는다[동사]
└푸르다, 붉다[형용사]

다음으로 현재시칭의 규정형에서 동사는 《-는》형을 취하는데 형용사는 《-ㄴ(-은)》형을 취한다.

비교: ┌보는 사람, 읽는 책[동사]
└푸른 하늘, 붉은 꽃[형용사]

이러한 형태상차이는 일련의 다른 맺음형과 이음형에서도 나타난다.

비교: ┌보는구나, 읽는구나, 보는군, 읽는군, 보는구려, 읽는구려, 보는걸, 읽는걸, 보느냐, 읽느냐, 보는데, 읽는데, 보는바, 읽는바, 보는지라, 읽는지라 [동사]
└푸르구나, 붉구나, 푸르군, 붉군, 푸르구려, 붉구려, 푸른걸, 붉은걸, 푸르냐, 붉으냐, 푸른데, 붉은데, 푸

른방, 붉은방, 푸른징라, 붉은징라[형용사]

일부 용언은 동사와 형용사가 분화되기 이전시기의 잔재현상으로서 동사, 형용사의 두가지 형태를 다 취하고있다.

비교: ┌붉이 밝다－밝은 불[형용사]
└날이 밝는다－밝는 날[동사]

┌방이 어둡다－어두운 방[형용사]
└날이 어둡는다－어둡는 날[동사]

┌키가 크다－큰 키[형용사]
└아이가 큰다－크는 아이[동사]

┌속도가 늦다－늦은 속도[형용사]
└시계가 늦는다－늦는 시계[동사]

┌옷이 더럽다－더러운 옷[형용사]
└옷이 더럽는다－더럽는 옷[동사]

┌봄꽃이 붉다－붉은 봄꽃[형용사]
└봄꽃이 붉는다－붉는 봄꽃[동사]

일부 동사는 규정형을 취할 때 과거시태로서의 과정적인 《－ㄴ(은)》형을 취하는외에 형용사와 같은 현재시태로서의 형상적인 《－ㄴ(은)》형을 취하기도 한다.

비교: ┌젊다[형용사]－젊은 사람[형용사]
└늙는다[동사]－몇해사이에 늙은 사람[동사]－늙은 사람[형용사적]

┌산다[동사]－오래 산 사람[동사]－산 사람[형용사적]
└죽는다[동사]－전에 죽은 사람[동사]－죽은 사람[형용사적]

이밖에 동사는 모두가 명령형과 권유형을 취하나

○ 보아라, 읽어라
보자, 읽자

형용사는 대부분이 명령형과 권유형을 취하지 못하고 일부 형용사에 한해서만 가능하다.

○ 푸르러라, 붉어라, 기뻐라 ┐
푸르자, 붉자, 기쁘자 ┘ [불가능]

○ 굳세여라, 조용해라, 부지런해라
굳세자, 조용하자, 부지런하자 } [가능]

존칭형태와 시태형태는 동사와 형용사에서 다 이루어진다.

비교: 신문을 보시였다. [동사]

키가 크시였다. [형용사]

어휘문법적형태로서의 상형태도 동사뿐아니라 비록 제한된 범위에서나마 형용사에서도 이루어진다.

○ ┌ 쇠가 녹는다.→쇠를 녹인다. [자동사 사역형=타동사]
└ 뚝이 높다.→뚝을 높인다. [형용사 사역형=타동사]

말을 믿는다.→말이 믿어진다. [타동사 중동형=자동사]

길이 넓다.→길이 넓어진다. [형용사 중동형=자동사]

여기서 보는것처럼 우리 말에서 형용사와 동사의 형태구조상 차이는 자동사와 타동사의 형태구조상차이 이상의것이 아니다. 그러므로 자동사사역형이 타동사로 되고 타동사중동형이나 피동형이 자동사로 됨을 인정한다면 형용사사역형이 타동사로 되고 형용사중동형이 자동사로 되는것도 인정하여야 한다. 상범주가 동사에만 고유하고 형용사에서는 이루어질수 없다고 하는것은 형용사가 용언으로 되지 않는 인디아-유럽언어의 문법의식과 관련되는것이다.

문장론적측면에서 동사와 형용사는 다같이 서술성을 띤 술어(이음술어), 이음말(이음술어), 규정어로 쓰인다.

비교: 조직에서 주는 과업을 받아서 수행했다. [동사]
(규정어) (이음말) (술어)

보람찬 일이 많아서 즐거웠다. [형용사]
(규정어) (이음말) (술어)

다만 《차차》, 《점점》, 《곧》, 《이미》, 《빨리》, 《잘》과 같은 일부 부사들은 양상어(상황어)로서 동사와 결합할수 있으나 형용사와는 결합하지 못한다.

형용사의 한자말 말뿌리도 동사의 경우처럼 때에 따라 고유어의 《하다》와 떨어져나와서 도움토를 취한다.

○ 성실하다→성실은 하다.

용감하다→용감도 하다.

이렇게 떨어져나온 한자말 말뿌리는 비록 도움토만 취하고 격토는 취하지 못하지만 이미 동사의 구성부분이 아니므로 조건적으로나마 일종의 명사로밖에 볼수 없다.

나아가서 일부 경우에는 형용사의 한자말 말뿌리도 동사의 한자말 말뿌리처럼 《하다》와 결합하지 않은채로 술어위치를 차지한다.

○ 규칙적인 산보가 건강에 유익(유익하다)

남조선에서 대학졸업생들의 취직난 심각(심각하다)

여기서 한자말 말뿌리(《유익》, 《심각》)는 어떤 규정어도 가질수 없고 보어와 련계되는만큼 이를 명사술어로는 볼수 없다. 이들은 비록 고유어동사 《하다》와 합성하지 못해서 형용사로서의 서술적형태를 취하지 못했으나 그것을 문맥속에 암시하면서 형용사로서의 문장론적기능을 놀고있으므로 역시 특종의 형용사로밖에 볼수 없다.

2. 존재형용사

어떤 대상의 존재여부를 나타내는 형용사이다.

여기에는 존재를 의미하는 《있다》와 그 존경어 《계시다》 그리고 존재하지 않음을 의미하는 《없다》가 속한다.

○ 동생이 있다.

어머니가 계신다.

형제가 없다.

이러한 단어부류를 어떤 품사로 볼것인가에 대해서는 이전부터 여러가지로 론의되여왔고 《존재사》라는 품사를 따로 설정하는 견해도 있었다. 사실 이 부류는 그 서술성으로 하여 용언에 속하는 것은 틀림없으나 용언가운데서는 일반적인 동사와도 다르고 일반적인 형용사와도 같지 않은 점이 있고 또 동사적인 점과 형용사적인 점이 함께 포함되여있기도 한다.

어휘의미론적견지에서 볼 때 존재는 행동이 아니라 하나의 상태이다. 그러나 어휘문법적각도에서 볼 때 상태도 례컨대 동사

《자다》에서 보는바와 같이 하나의 과정으로 된다면 그것은 형용사가 아니라 동사로 된다. 그런데 《있다》, 《계시다》, 《없다》에는 그런 과정적성격은 없다.

문법적형태에서 이 부류의 단어들은 동사와 형용사의 량면적 또는 중간적성격을 보이고있다.

《계시다》는 맺음형에서나 규정형에서나 동사와 형용사의 두가지 형태를 다 취한다.

비교: 할아버지가 집에 계신다. ―집에 계시는 할아버지[동사적형태]
할아버지가 집에 계시다. ―집에 계신 할아버지[형용사적형태]

《있다》와 《없다》는 맺음형에서는 형용사적형태를 취하고 규정형에서는 동사적형태를 취한다.

비교: 재주가 있다, 재주가 없다. [형용사적형태]
있는 재주, 없는 재주[동사적형태]

다만 《있다》는 동사뒤에 보조적으로 련결되여 존재의 지속상태를 나타낼 때는 형용사적형태를 취하는 이외에 동사적형태를 취하기도 한다.

비교: 그 애들은 계속 여기에 남아있다. ―남아있구나. [형용사적형태]
그 애들은 계속 여기에 남아있는다. ―남아있는구나. [동사적형태]

그러므로 이 역시 형용사적이기보다는 동사적이다.

《없다》는 이러한 보조용법으로 쓰이지 않아서 《남아있다.》의 부정은 《남아없다》가 아니라 《남아있지 않다.》이다.

그런데 《없다》의 문법적형태를 력사적으로 고찰할 때 이는 옛날에는 일부 맺음형뿐아니라 규정형에서도 형용사식으로 《없은》이였고

○ 안팟끠 솔 업ᄉᆞᆫ(없은)거시여(《박통사언해》 상, 36장)
○ 달 업ᄉᆞᆫ(없은) 黃昏의 허위허위다라가셔(《루항사》 박인로)
○ 힝실 업ᄉᆞᆫ(없은) 무리(《션됴힝장》 18장)

○ 말 업슨(없은) 靑山이요, 態 업슨(없은) 流水ㅣ로다
갑 업슨(없은) 淸風이요 임ᄌ 업슨(없는) 明月이라
이 中에 病 업슨(없은) 이 몸이 分別 업시 늙으리라(《청구영언》)

이와 련관된 이음형, 맺음형도 모두 형용사식형태로 일관되여있었다.

○ 사름 머글썻도 업슨딗(없은데)(《로걸대언해》 상, 50장)
○ 딥과 콩이 다 잇는가 업슨가(없은가)(《로걸대언해》 상, 16장)
○ 물 기를 ᄌ애 잇ᄂ냐 업스냐(없으냐)(《로걸대언해》 상, 28장)
○ 이제 므서시 업스뇨(없으뇨)(《박통사언해》 중, 11장)

이러한 흔적은 오늘날 서북방언에도 그대로 남아있다.

○ 걱정없은 사람
시간이 없은데!

문화어에서도 일부 합성어에서는 《없는》과 《없은》이 함께 쓰이고있다.

비교: 실없는 소리
실없은 소리
부질없는 짓
부질없은 짓

그리고 《없다》는 옛날에는 불존재의 의미외에 사망한다는 의미로도 씌였으나

○ 부뫼 업슨 후에…(《로걸대언해》 하, 43장)

오늘날은 방언으로만 남아있다.

○ 지난 밤 이웃집 할머니가 없었다.

《있다》와 《없다》는 이음형 《－되》를 이룰 때 다른 모든 용언들과는 달리 결합모음 《으》를 거쳐 《－으되》로 되는 공통점도 보이고있다.

○ 시간은 있으되 놀 시간은 없다.
친척은 없으되 친구는 많다.

단어조성의 면에서 《있다》와 《없다》는 형용사적특성을 가진다. 즉 《없다》로부터는 어휘문법적덧붙이 《이》의 첨가에 의하여 부사 《없이》가 파생하고 그것이 다시 동사 《하다》와의 결합을 거쳐 동사 《없애다》가 이루어지기도 하며

○ 근심이 없다.→근심이 없이 지냈다.→근심을 없이 했다.→ 근심을 없앴다.

《있다》로부터도 비록 희유하게나마 부사 《있이》가 조성된다.

○ 《우리 아버지 돌아간 뒤부터 이붓어머니와 정이 있이 지냈고…》

이상의 모든 사실을 종합해볼 때 《있다》, 《없다》는 그 문법적 형태에서 일부 동사와 같은 점도 있으나 용언의 기본형태인 맺음형이 형용사적형태를 취할뿐 어휘의미론적면에서나 단어파생의 면에서 언제나 동적과정이 아니라 정적상태를 보여주는것만큼 이들을 동사가 아니라 형용사의 특수한 한 부류로 인정하게 된다. 《계시다》 역시 《있다》와 한 계렬로서 이에 소속된다.

이들은 동사나 형용사와 구별되는 자기 고유의 품사론적표식보다도 두개 품사의 표식을 함께 가졌거나 절반씩 가졌기때문에 독자적인 품사로서의 《존재사》를 설정하는것은 불합리하다.

그리고 동사적표식도 형용사적표식도 완전치 않은 《있다》와 《없다》에 대해서 약간의 정도상차이에 따라 《있다》는 동사로, 《없다》는 형용사로 갈라놓는것도 무리한 처사이다. 례컨대 일본어문법에서는 우리의 《있다》에 해당한 《ある》나 《いる》, 《없다》에 해당한 《ない》가 그 형태상 서로 본질적인 차이를 가지므로 동사와 형용사에 나누어 소속시키고있지만 우리 말의 《있다》와 《없다》사이에는 그러한 본질적인 형태상차이가 없으며 차이점보다 공통점이 훨씬 많으므로 다같이 한개 품사에 소속되는것이 마땅하다.

《있다》로부터는 시태형태체계에서 완료형을 거쳐 과거시태토 《였》이 형성되기도 했다.

○ 책이 놓여있다.→책이 놓였다.

3. 지정형용사

대상에 대하여 긍정 또는 부정으로 지정하는 형용사로서 보조형용사의 하나이다.

여기에는 긍정을 의미하는 《이다》와 부정을 의미하는 《아니다》가 있다.

○ 저것은 곰이다.

이것은 곰이 아니다.

《이다》는 옛날의 《이시다》(있다)에서 분화생성된것이며 《아니다》는 부사 《아니》와 《이시다》의 결합에서 유래한다. [《조선어문》 주체47(1958)년 4호, 19~27페지]

○ 곰이 이시다.→곰이 이다→곰이다

곰이 아니 이시다.→곰이 아니이다→곰이 아니다.

여기서 명사 주격형태의 《이》와 《이다》의 《이》중 하나가 떨어져버린것은 같은 앞모음의 중복을 피했기때문이다.

일부 학자는 여기에 남은 《이》를 주격토로 보고 거기에 맺음토 《다》가 붙어서 《이다》를 이룬것으로 인정하고있으나 이것은 정확치 않다. 우리 말에서 체언은 격토없이도 쓰이지만 말줄기 없는 용언은 있을수 없으므로 앞모음중복을 피해서 떨어진것은 주격토 《이》이고 말줄기 《이》가 아니다. 즉 《곰이다》는 《곰이+다》가 아니라 《곰+이다》로 된다.

그리하여 현대조선어에서 《이다》는 체언의 원형뒤에서 그와 함께 하나의 문장성분(술어)을 이루어 어떤 대상에 대한 긍정판단을 나타내고있으며 이와 반대로 《아니다》는 흔히 체언의 주격형태와 련결되여 역시 그와 더불어 하나의 문장성분(술어)을 이루면서 어떤 대상에 대한 부정판단을 나타낸다.

그런데 지정형용사 《이다》는 체언술어에서 닫긴소리마디뒤에서는 언제나 그대로 쓰이되 열린소리마디뒤에는 그대로 나타나기도 하지만 말줄기 《이》없이 맺음토만으로 나타나기도 하는데 특히 앞모음뒤에서 그러하다.

비교: 저것은 말이다.

이것은 소이다(소다).

그것은 개다.

이와 관련하여 종전에 《이다》를 계사류의 《지정사》(《잡음씨》)로 인정한 문법가들은 《소이다》, 《개이다》가 《소다》, 《개다》로 되는것은 모음중복기피현상이며 《지정사》의 말줄기 《이》는 빠져도 그 토 《다》는 남아있으니 《소》나 《개》는 의연히 《지정사》와 결합하여 술어로 되고있는것이라고 설명했다.

이에 대하여 일부 문법가는 말줄기가 떨어져나간 단어는 단어일수 없으며 따라서 《이다》의 《이》는 어떤 계사의 말줄기가 아니라 닫긴소리마디뒤에 오는 일종의 결합모음이며 우리 말에서 계사의 역을 노는것은 《다》와 같은 서술토라고 하였다.

이러한 결합모음설은 그 앞뒤에 자음이 있을 때는 수긍되지만 비록 닫긴소리마디의 자음뒤라 하더라도 《이》뒤에 자음이 아니라 모음으로 된 토가 오는 《말이요》, 《말이야》와 같은 경우에는 자체모순을 면할수 없다. 그리고 현실적으로 존재하는 《소이다》를 비규범으로 일축하고 오직 《소다》만을 규범이라고 하는것도 문제이거니와 맺음형이 아니라 규정형이나 서술적대상형으로 되는 경우 열린소리마디, 닫긴소리마디를 막론하고 《이》가 나타나는데 대해서는 변론의 여지가 없게 된다.

○ 하루에 천리를 달리는 말인 천리마
다 자란 수소인 둥글소
산에 데리고다니는 개인 사냥개

○ 말임이 틀림없다.
소임을 알았다.
개임으로 하여

○ 말이기가 쉽다.
소이기를 바랐다.
개이기로서니

《이》뒤에 붙은 서술토가 도움토로 변한 경우에는 《이》가 결합모음의 역할밖에 하지 못하여 례컨대 《연극이나 보자.》, 《영철이랑 영숙이랑 만나보았다.》, 《첨단기술이란 어떤 기술인가?》의 《이나》,

《이랑》, 《이란》은 《손으로 만들었다.》에서 결합모음 《으》를 가진 《으로》가 조격토 《로》의 한개 어음상변종으로 되듯이 도움토 《나》, 《랑》, 《란》의 어음상변종으로 인정되고있다.

그리하여 《말이다》의 《이》를 결합모음이라고 하는 학자들은 여기서 《이다》를 맺음토 《다》의 변종으로 취급하고있는데 이 견해를 따른다면 《말이였다》의 《이였》도 시간토 《였》의 변종으로 되고 《아버님이시다》의 《이시》도 존경토 《시》의 변종으로 인정해야 하는 문제에 부닥치게 된다.

뿐만아니라 비록 희귀한 용법이기는 하나 일정한 문장구조속에서 《이다》가 단독으로 쓰이는 현상도 없지 않는데

○ 큰 말이면 일수록(큰 말일수록)
　작은 소이면 일지라도(작은 소일지라도)
　못보았다면 이어니와(별 문제이어니와)

이런 경우에는 《일수록》, 《일지라도》, 《이어니와》 같은 토가 따로 떨어져서 단어의 자리를 차지했다고 하는데 이르게 된다.

그리하여 이상의 두가지 견해를 다 부정하는 제3의 견해가 나타나게 되였다. 즉 이러한 《이》는 계사류의 말줄기도 아니고 결합모음도 아니며 체언을 용언처럼 만들어주는 《체언의 용언형토》(대상적서술형토)라고 하는 주장이 나와서 오늘날 규범문법과 리론문법에 고착되였다.

○ 말이(용언형)+다
　소이(용언형)+다
　개이(용언형)+다

그러나 이러한 주장도 《소다》, 《개다》와 같이 《이》가 나타나지 않는 경우에 대해서는 설득력을 잃게 된다. 《말이다》처럼 《이》가 붙었을 때뿐아니라 《소다》, 《개다》와 같이 《이》가 붙지 않아도 체언이 서술적인 문장성분(술어)이 된다면 여기서 체언에 서술성을 부여한것은 있으나마나 매한가지인 토 《이》가 아니라 늘있는 토 《다》임이 명백하다. 따라서 《이》는 서술적인 이른바 용언형토일수 없으며 그것은 서술적인 맺음토 《다》와 어울리는 서술적인 용언 《이다》의 말줄기인것이다.

그러면 어찌하여 이러한 말줄기가 토만 남기고 떨어져나갈수 있었는가?

이에 대해서 《이다》를 계사류로 인정한 문법가들은 모음중복을 피한다는 빠짐조건을 들었을뿐 지정의 어휘적의미를 담당한 말줄기 《이》가 한낱 문법적의미의 담당자인 토 《다》보다도 쉽게 떨어져나가는 빠짐의 본질적리유에 대해서는 석연한 해답을 주지 못했다. 바로 그렇기때문에 여기서 떨어져나간 《이》는 말줄기일수 없고 결합모음이거나 모종의 토일것이라는 다른 견해들이 나오게 되였던것이다.

그러나 《지정사》류의 단어설을 반대하여 나온 결합모음설이나 《용언형토》류의 문법적형태부설도 단어설에 못지 않은 자체모순을 가지고있음이 명백해진 결과 근간에 이르러 다시 《지정사》와 같은 계사적단어를 인정해야 한다는 주장이 나오게 되였는데 역시 《지정사》류의 단어설에 고유한 모순점은 해결하지 못했다.

문제는 《소이다》, 《개이다》에서 《이다》의 말줄기 《이》가 떨어져나가도 토 《다》가 의연히 《지정사》로 남아서 《소다》, 《개다》 역시 《체언+지정사》의 구조를 이룬것이라고 주장하는데 있다.

현실적으로 《소다》, 《개다》는 체언 《소》에 맺음토 《다》가 붙은 하나의 단어형태이지 눈에 보이지 않는 말줄기 《이》와 눈에 보이는 토 《다》로 이루어진 《지정사》가 체언과 어울린 두개 단어의 결합은 아닌것이다.

여기서 대상적품사인 체언의 《소》나 《개》는 대상적형태인 격형태를 취해서 《소가》, 《개를》로 되였을 때와는 달리 서술적형태인 맺음형을 취해서 《소다》, 《개다》로 됨으로써 대상적서술형을 이룬다.

우리 말에서 체언술어는 《저것은 말이다.》와 같이 체언이 계사류 《이다》와 결합한 합성술어로 나타날수도 있고 《이것은 소다.》, 《그것은 개다.》와 같이 계사류와 결합하지 않고 서술적인 맺음토 《다》가 덧붙어 나타날수도 있다. 이러한 맺음토는 구조적견지에서 볼 때 계사적인것이라기보다 새로 선택된 교착물이라고 할수 있다. 즉 체언술어에서 떨어져나간것은 계사 《이다》의 말줄기 《이》라기보다 계사자체이며 나타난 《다》는 말줄기가 떨어지고 남은 계사의 한 부분이라기보다 우리 말 토체계에서 모든 용언에 차별없이 붙는 교착덧붙이로서의 맺음토인것이다.

나아가서 우리 말의 체언술어는 이런 토조차 취하지 않고 순전히 문장성분의 배렬순서(어순)에 의거해서 체언원형으로 나타나기도 한다.

○ 저것은 말

이것은 소

그것은 개

인디아-유럽언어들에서는 명사술어가 원칙적으로 언제나 계사에 의해서 이루어지고 로어의 현재시칭에서처럼 계사없이 나타나는것은 특례에 속하지만(《Я (есть) студент.》) 조선어에서는 계사류없이 나타나는 일이 많으며 맺음토만을 붙인 대상적서술형을 취하는것은 전형적인 교착어로서의 우리 말의 특성으로 된다.

만일 체언에 맺음토만을 붙인 《소다》, 《개다》에서 뒤에 숨어있는 말줄기 《이》까지 셈에 넣어 《이다》와 같은 《지정사》의 존재를 인정한다면 맺음토조차 붙지 않고 원형그대로 출현한 《말》, 《소》, 《개》의 경우에도 그뒤에 《이다》가 숨어있는것으로 보고 이것 역시 눈에 보이는 체언과 보이지 않는 《지정사》로 구성된 합성술어라고 해야 하는 문제가 제기된다.

이와 류사한 현상은 용언술어에서도 찾아볼수 있다.

우리 말에서는 례컨대 《가려고 생각한다》를 줄여서 《가려 한다》고 하고 더 줄여서 《가련다》고 하는 한편 《오겠다고 말한다》가 《오겠다 한다》로, 다시 《오겠단다》로 줄어들기도 한다. 여기서 생각하거나 말한다고 하는 본래의 의미는 그대로 유지되는데 그것은 단지 맺음을 의미하는 위치토 《ㄴ다》에 의해서가 아니라 《가려 한다》, 《오겠다 한다》에서 떨어져나간 《한다》(《생각한다》, 《말한다》)의 말줄기 《하》의 잠재의식에 따라 파악된다.

이와 마찬가지로 《소다》, 《개다》에서 대상지정의 의미도 단지 맺음위치의 토 《다》에 의해서가 아니라 《소이다》, 《개이다》에서 떨어진 《이다》의 말줄기 《이》의 잠재의식에 따라 파악된다. 매문에 《가련다》를 《가려 한다》(《가려고 생각한다》), 《오겠단다》를 《오겠다 한다》(《오겠다고 말한다》)로 환원할수 있듯이 《소다》, 《개다》도 《소이다》,《개이다》로 환원할수 있는것이다.

그렇다고 해서 여기서 맺음토 《ㄴ다》를 잠재하는 용언 《한다》의 형태라고 할수 없듯이 맺음토 《다》를 잠재하는 용언 《이다》의 형태라고 할수는 없는것이다. 이런 경우 《이다》의 《이》는 잠재의식으로만 존재하는만큼 단어의 형태구조를 분석함에 있어서는 그런 잠재의식이 아니라 응당 실재하는 언어현실 그대로 토 《다》는 그것이 붙은 체언 《소》나 《개》의 형태라고 해야 하는것이다.

이것은 또 례컨대 《배가 떴다.》, 《새가 앉았다.》에서 《떴다》, 《앉았다》는 《떠있다》, 《앉아있다》를 의미하면서도 각각 현재시태의 합성술어(두개 동사)가 아니라 과거시태의 단순술어(한개 동사)로 인정되는것과도 같은 언어현상이다.

결국 우리 말의 체언술어는 《저것은 말이다.》, 《이것은 소이다.》, 《그것은 개이다.》와 같이 체언과 계사로 이루어진 합성술어의 형태를 취하기도 하고 《이것은 소다.》, 《그것은 개다.》와 같이 체언의 대상적서술형을 이루기도 하고 《저것은 말》, 《이것은 소》, 《그것은 개》와 같이 체언원형으로 나타나기도 하는것이다.

여기서 《말이다》, 《소이다》, 《개이다》는 《말》, 《소》, 《개》가 계사 《이다》와 매우 밀접히 교착해서 어떤 토의 개입도 허용하지 않는 특종의 분석적형태이고 《소다》, 《개다》는 《소》, 《개》에 토 《다》가 2차적으로 교착한 특종의 종합적형태로서 다같이 체언의 서술적형태로 된다.

체언이 서술적규정어의 위치에 놓일 때는 지정형용사 《이다》의 말줄기 《이》가 규정토를 취하여 《말인》, 《소인》, 《개인》, 《말일》, 《소일》, 《개일》과 같이 되며 열린소리마디뒤라고 해서 말줄기 《이》없이 규정토 《ㄴ》나 《ㄹ》가 직접 체언에 붙는 일이 없다.

이것은 술어위치에 비하여 규정어위치가 서술성을 나타내는데 뚜렷하지 못할뿐더러 맺음토 《다》와는 달리 규정토 《ㄴ》나 《ㄹ》는 한개 소리마디가 아니라 한개 음운에 지나지 않기때문에 소리마디를 이루기 위해서도 지정형용사 규정형 《인》, 《일》을 취한것이라고 볼수 있다.

바로 그런 까닭에 규정토가운데서도 소리마디를 이룬 《던》은 드물게나마 2차적첨가를 해서 《소던》, 《개던》과 같이 한개 체언단어의 2차적규정형을 형성하는것이다.

다만 일반명사가 아니라 불완전명사와 련결되는 경우에는 규정토 《ㄴ》나 《ㄹ》도 규정적성격이 약하여 《소인것을 알았다.》, 《개인줄을 몰랐다.》를 《손걸 알았다.》, 《갠줄 몰랐다.》에서처럼 《이》 없이 나타나는 경우가 있다.

긍정의 《이다》와 대립하는 부정의 《아니다》는 부사 《아니》와 《이다》의 결합에 연원하면서도 《아니이다》가 아니라 《아니다》로 쓰이는데 이것은 《개이다》가 거의 언제나 《개다》로 되는것과 마찬가지로 앞모음중복을 피한 결과이다.

그런데 《개다》가 명사 《개》의 2차적맺음형인것과는 달리 《아니다》는 지정형용사 《이다》와 대립적인 짝을 이루면서 이미 그와 같은 지정형용사의 1차적형태로 전환했다.

이전에 《이다》를 《지정사》로 설정한 문법가들은 《아니다》에서도 《이다》를 살리기 위해 부사 《아니》를 《안》으로 줄여서 《안이다》로 표기하여 그안에서 부사 《안》과 《지정사》로서의 《이다》를 구별했으나 이는 무리한 해석이다.

이것은 마치 《아니하다》가 《않다》(《그렇지 않다》)로 줄어 든것을 놓고 그안에서 부사 《안》과 형용사 《ㅎ다》의 두개 단어를 분별하는것과 같은것이다. 이것은 또한 《생각하다》가 《생각다》(《생각다 못해》, 《생각지 마라》)로 축약해 쓰이는것을 두고 여기에 명사 《생각》과 동사 《다》의 두개 단어가 들어있다고 하는것과도 같은 해석이다.

《않다》, 《생각다》가 각각 《아니》와 《하다》, 《생각》과 《하다》의 두개 단어소속이면서 축약된 한 단어인것처럼 《아니다》 역시 《아니》와 《이다》의 두개 단어가 축약된 한 단어인것이다. 여기서 토 《다》는 용언말줄기에 붙은것이 아니라 부사에 붙은만큼 1차적형태가 아니라 2차적형태였는데 《이다》와 대립적인 짝을 이루면서 한개 용언 《아니다》의 1차적형태로 된것이다.

이리하여 우리 말의 품사체계에는 계사의 기능을 노는 특수한 용언으로서 《이다》와 《아니다》가 한개 쌍으로 존재하게 되였다.

이 한쌍의 용언을 놓고 이전에 일부 문법가들이 《지정사》라는 한개 품사를 설정했는데 이처럼 동사나 형용사와 구별되는 또 하나의 품사를 반드시 설정해야 하는것은 아니다.

이것은 그 형태체계가 형용사와 다름이 없다. 즉 동사와는 달리 현재시태의 경우 맺음토 《ㄴ다》가 아니라 《다》를 취하고(《이다》, 《아니다》) 규정형에서는 《는》이 아니라 《ㄴ》를 붙인다.(《인》, 《아닌》) 다만 맺음형에서 다른 형용사들과 마찬가지로 《다》를 취해서 《저것은 말이다.》, 《이것은 소가 아니다.》라고 하는것외에 《라》를 취해서 《저것은 말이라》, 《이것은 소가 아니라》와 같이 말하는 일도 있는데 특히 그뒤에 다시 서술토가 붙어서 2차적형태를 이루는 경우에는 《이라고》(《아니라고》), 《이라면서》(《아니라면서》), 《이라는》(《아니라는》)과 같이 《다》대신 반드시 《라》를 취하는 점이 서로 다를뿐이다.

그러나 이러한 차이는 부차적인것이고 또 서북방언같은데서는 이런 경우에도 옛형그대로 《다》를 써서 《말이다고 한다.》, 《소가 아니다고 한다.》와 같이 말하고있다.

우리 말의 형용사에는 여러가지 형상을 나타내는 각종 단어들이 들어있고 어떤 형상을 이름짓지 않고 가리키기만 하는 단어부류도 포함되여있으며 또한 다양한 보조형용사도 있다. 이에 비추어서도 어떤 대상을 긍정이나 부정으로 지정하는 《이다》, 《아니다》는 보조형용사의 하나로서 지정형용사라고 할수 있는것이다.

지정형용사 《이다》는 우리 말의 형태구조속에 깊이 침투되여있다.

우리 말의 토들가운데는 지정형용사 《이다》소속이면서 지정의 의미를 이미 상실하고 각종 서술토에 용해된것이 적지 않다.

이미 우에서 본것처럼 도움토 《나》, 《랑》, 《란》 등의 변종을 이루는 《이나》, 《이랑》, 《이란》의 《이》가 그러하며 또한 《되도록이면》, 《될수록이면》, 《이왕이면》, 《하필이면》과 같은 양상어(상황어)에 나타나는 《이》도 그런것이다.

한편 과거시태토 《였》에도 이러한 《이》의 흔적이 남아있다. 《하나였다》, 《너였다》가 《하나았다》, 《너었다》로 되지 않은것은 그것이 《하나이었다→하나이였다→하나였다》, 《너이었다→너이였다→너였다》와 같은 변화과정을 거쳤기때문이다. 이음토 《여서》, 《여도》도 마찬가지로 《하나이어서→하나이여서→하나여서》, 《너이어도→너이여도→너여도》와 같은 변화의 산물이라고 할수 있다.

《이다》는 우리 말 용언의 다양한 말차림형태를 구성하는데서도 중요한 몫을 하였다.

높임말차림의 《해요》형 《-아요(어요, 여요)》는 반말말차림형태 《-아(어, 여)》(기원상의 용언원형)에 《이다》의 《하오》말차림형태 《이오→이요→요》가 붙은것으로 볼수 있다. 이러한 《요》는 다른 이음형이나 맺음형, 나아가서 격형태나 도움형태뒤에도 자유자재로 붙는다. 그리하여 《하면서요》, 《합니다요》, 《내가요》, 《그것두요》와 같이 도처에 높임의 뜻빛갈을 부여하고있는데 이렇게 쓰일수 있는것도 그것이 《이요》에서 기원해서 그앞의 단어형태를 다시 대상화할 능력을 가졌기때문이다.

다음으로 《하오이다》형을 보면 이것은 《하오》와 《이다》의 결합이라는것이 직관적으로도 명백하거니와 《하외다》는 그 축약형이고 더 축약된것이 사투리의 《하오다》나 《하우다》류이다.

이밖에 역시 높임말차림에 속하는 《하나이다》형이나 《합니다》형은 말줄기에 다른 형태부가 붙은 다음 다시 《이다》가 붙은데서 유래한다고 볼수 있다.

《해라》말차림에서 시킴이나 느낌을 나타내는 《-아라(어라, 여라)》형(《어서 받아라.》, 《아이 참 좋아라.》)도 반말말차림의 《-아(어, 여)》형에 《이다》의 변종인 《이라》가 결합해서 《-아(어, 여)이라→-아라(어라, 여라)》로 변화생성된것이라 할수 있다.

이와 류사한 현상은 체언의 호격형태에서도 볼수 있다. 즉 존중의 뜻빛갈을 띤 호격형태로 취급하고있는 닫긴소리마디아래의 《이여》(《조국이여!》)나 열린소리마디아래의 《여》(《동포여!》)는 《이다》의 한개 형태에서 기원한다고 볼수 있다. 그렇기때문에 여기에 서술적형태에서만 볼수 있는 존칭토 《시》가 끼여서 《이시여》(《수령이시여!》)와 같은 형태를 이루기도 하는것이다.

4. 보조형용사

다른 단어의 뒤에 붙어서 그에 보충적의미를 부여하는 형용사이다.

이것은 동사나 형용사 또는 거기에 불완전명사가 붙은 뒤에 붙어서 희망, 기대, 비유, 추정 등 각종 양태적의미를 나타낸다.

《싶다》

○ 나는 비행사가 되고싶다.
 이런 때 누가 와주었으면 싶었다.
 이젠 됐다 싶었다.
 이것이 성공의 싹이라 싶었다.
 무슨 방도가 있을가 싶어 그를 찾아갔다.
 나도 저렇게 되면 얼마나 좋으랴 싶었다.
 언제 광풍이 불었더냐 싶게 날이 밝자 바람이 싹 자버렸다.
 비가 좀 왔으면 싶다.
 이틀이면 일이 끝날듯 싶었다.
 말을 들어줄상 싶지 않더구나.
 이제라도 그애가 달려올것만 싶었다.

종래 이러한 《싶다》에 대해서 그 형태가 동사처럼 《싶는다》로 되지 않고 형용사식임에도 불구하고 그것이 앞에 온 동사를 보조해주고 또 양태적인 의미는 동사적인것이라는 사실을 들어 이들을 형용사가 아니라 동사에 소속시켜왔다.

그러나 《싶다》는 우에서 보는바와 같이 동사뿐아니라 형용사나 명사에도 붙었으나 동사와 결합한다고 해서 동사로 되는것도 아니다. 이것은 마치 불완전명사가 그앞에 체언규정어가 오든 용언규정어가 오든 관계없이 자체의 형태상특성에 따라 명사에 소속되는 것과 같이 그자체의 형태를 따라 형용사의 하나로 되는것이다. 그리고 형용사도 동사와 마찬가지로 용언에 속하는 조선어에서 양태적의미가 반드시 동사에 의해서만 표현되고 형용사에 의해서는 표현될수 없다고 하는것은 언어현실에 부합되지 않는다.

동사가운데서도 이러한 위치에 쓰이여 보조형용사로 전환하면서 그앞의 단어와 함께 한개 문장성분으로 되는것이 있다.

《보다》

○ 비가 오려나 보다.
그 동문 아주 건강하다나 봅디다.
나도 갈가 보다.

《하다》

○ 눈이 올듯 하다.
기분이 좋을사 하더구나.
들을만 한 말이 많았다.
일이 어데 될법이나 하냐?
그 말대로 하면 좋을번 했구나.

용언 《하다》, 《않다(아니하다)》, 《못하다》는 도움토가 끼이는 독특한 구조속에서 동사뒤에서는 동사의 보조용법으로, 형용사뒤에서는 보조형용사로 출현한다.

비교: ┌가기는 한다, 오기도 한다[동사보조용법]
└좋기는 하다, 크기도 하다[보조형용사]
┌가지는 않는다, 오지도 않는다[동사보조용법]
└좋지는 않다, 크지도 않다[보조형용사]
┌가지는 못한다, 오지도 못한다[동사보조용법]
└좋지는 못하다, 크지도 못하다[보조형용사]

《하다》는 끼움이음말로서 보조형용사의 기능을 놀기도 한다.

례: 하기는 그 말도 옳아.
하다면(그렇다면) 나라고 못할수 있겠는가!
하지만(그렇지만) 그때와 지금은 다르니까.
하되(그렇되) 거기에는 조건이 있지.
하건만(그렇건만) 일은 뜻대로 되지 않았다.
하기에(그렇기에) 많은 성과를 거두게 되였던것이다.

《하다》의 이러한 용법은 그것이 용언을 대표하면서 의미폭이 가장 넓은 단어로서 자동사와 타동사의 미분화뿐아니라 동사와 형용사의 미분화시기의 유물임을 보여준다. 그리하여 《하다》는 합성어조성에서 동사뿐아니라 형용사조성에도 널리 참가하고있는것이다.

비교: ┌가을은 서늘하다. [형용사]
└벼를 가을한다. [동사]
┌설비가 깨끗하다. [형용사]
└설비를 갱신한다. [동사]

이것은 우리 말처럼 형용사가 용언에 속하는 일본어와도 다른 점이다. 일본어에서는 이런 경우 동사는 자동사나 타동사나 다 우리 말의 《하다》에 맞먹는 《する》에 의하여 조성하되(《生活する》, 《生産する》) 우리 말 형용사의 한 부류와 같은 《형용동사》는 《する》가 아니라 우리 말 지정형용사 《이다》에 맞먹는 《だ》에 의하여 조성하는것이다. (《静かだ》, 《勇敢だ》)

이런 형용사에서도 일부는 그 《하다》를 《되다》로 바꿀수 있다.

비교: ┌희망하다 ┌행복하다
└희망되다 └행복되다

형용사가운데도 경우에 따라 형용사의 보조용법으로 출현하는 것이 있다.

《같다》

○ 우리 편이 이길것 같다.
그 말이 옳을것 같았다.

이것은 형용사 《같다》가 갈라진뜻으로 쓰인것이므로 동사 《보다》나 《하다》가 보조형용사로 전환한것과는 달리 소리같은말로 되지 않고 같은 형용사의 보조용법으로 된다.

5. 가리킴형용사

대상의 형상을 이름짓지 않고 가리키기만 하는 형용사이다.

이것 역시 지금까지 형용사에 넣으면서도 한개 부류로 설정하지 않았으나 명사안의 대명사, 동사안의 가리킴동사를 설정하는 조건에서 형용사안에도 가리킴형용사부류를 설정하게 된다.

가리킴형용사 역시 가리키는 거리에 따라 근칭, 원칭, 환칭의 구별이 있다.

근칭: 이러하다, 이렇다

원칭: 저러하다, 저렇다

환칭: 그러하다, 그렇다

이들이 서로 어울려쓰이는 일도 있다.

○ 이러저러하다, 이러저렇다
그러저러하다, 그러저렇다

가리킴형용사의 중간에 일정한 뜻빛갈을 더해주는 형태부가 끼이기도 한다.

○ 이만하다, 저만하다, 그만하다, 이만저만하다, 이러루하다, 저러루하다, 그러루하다

가리킴형용사를 구성하는 《이러》, 《저러》, 《그러》도 가리킴동사를 구성하는 《이리》, 《저리》, 《그리》와 마찬가지로 부사적성격을 가지고 《하다》와 결합한데서 유래하며 이 역시 그와 마찬가지로 모음변화에 따라 왜소화의 뜻빛갈을 나타낸다.

○ 이러하다, 이렇다→요러하다, 요렇다
저러하다, 저렇다→조러하다, 조렇다
그러하다, 그렇다→고러하다, 고렇다

○ 이만하다, 저만하다, 그만하다, 이만저만하다→요만하다, 조만하다, 고만하다, 요만조만하다
이러루하다, 저러루하다, 그러루하다→요러루하다, 조러루하다, 고러루하다

가리킴형용사의 특종으로서 물음을 품고 가리키는 물음형용사가 있다.

○ 어떠하다, 어떻다, 어떠어떠하다
아무러하다, 아무렇다
여하하다, 여하타

물음형용사도 론리적력점의 유무에 따라 질문과 미정의 두 경

우에 다 쓰인다.

비교: ┌그게 어떤 사람이냐?[질문]
└어떤 사람이 찾아왔더라.[미정]

┌작업실적이 여하한지요?[질문]
└여하튼 래일까지 끝내야 합니다.[미정]

┌그 동무가 어떠어떠한 경로를 밟아왔답니까?[질문]
└도중에 어떠어떠한 사정이 있었던 모양입니다.[미정]

《아무렇다》는 미정의 의미로만 쓰인다.

○ 그 동무는 아무렇지도 않게 생각하더구나.

6. 형용사의 단어조성

단어조성의 면에서 형용사에도 여러가지 수법이 리용되고 있다.

1) 첨가법

△ 앞붙이첨가법

거-: 거세다, 거세차다

걸-: 걸차다, 걸싸다

검-: 검질기다

구-: 구슬프다

드-: 드세다, 드높다, 드넓다

숫-: 숫되다, 숫지다

시-: 시허옇다, 시뻘겋다, 시퍼렇다, 시누렇다, 시꺼멓다

새-: 새하얗다, 새빨갛다, 새파랗다, 새노랗다, 새까맣다, 새말갛다

헛-: 헛되다

해-: 해말갛다, 해반드르하다

헤-: 헤식다, 헤벌쭉하다

휘-: 휘둥그렇다, 휘넓다

얄-: 얄밉다, 얄궂다

어－: 어설프다, 어설궂다

엇－: 엇비슷하다, 엇구수하다

오(올)－: 오되다, 올되다

애－: 애젊다, 애어리다

△ 뒤붙이첨가법

① 명사＋뒤붙이

－롭: 향기롭다, 슬기롭다, 지혜롭다, 자유롭다, 평화롭다, 해롭다

－스럽: 경사스럽다, 유감스럽다, 자랑스럽다, 복스럽다

－적(쩍): 맥적다, 의심쩍다

② 상징사＋뒤붙이

－앟(엏): 동그랗다, 둥그렇다

－압(업): 보드랍다, 부드럽다, 징그럽다, 시끄럽다

③ 동사＋뒤붙이＋뒤붙이

－직스럽: 먹음직스럽다

④ 동사말줄기＋뒤붙이

－ㅂ(읍): 우습다, 놀랍다, 그립다

－브: 미쁘다(믿브다)

－프: 시들프다, 어설프다

－압(업, 엽): 반갑다, 아깝다, 미덥다, 즐겁다, 미끄럽다, 두렵다

⑤ 형용사말줄기＋뒤붙이

－갑(겁): 달갑다, 쓰겁다, 차겁다

－다랗: 길다랗다, 커다랗다, 높다랗다, 널다랗다

－앟(얗, 엏, 옇): 까맣다, 빨갛다, 하얗다, 보얗다, 꺼멓다, 벌겋다, 허옇다, 부옇다

－압(업): 따갑다, 뜨겁다, 차겁다

－브: 나쁘다(낮브다), 바쁘다(밭브다)

⑥ 말뿌리＋뒤붙이

－적(쩍): 객적다, 미안쩍다, 괴이쩍다

－엽: 귀엽다

ㅡ롭: 괴롭다, 외롭다, 가소롭다, 공교롭다, 위태롭다, 한가롭다, 번거롭다

ㅡ스럽: 거북스럽다, 곰살스럽다, 다사스럽다, 새삼스럽다, 요란스럽다, 미련스럽다

2) 합성법

△ 말뿌리합성법

① 말뿌리+형용사

○ 급하다, 착하다, 용감하다, 무궁무진하다

○ 실없다, 덧없다, 가없다, 속절없다, 아름답다, 아릿답다

② 말뿌리+동사

○ 앙칼지다, 다부지다, 건방지다

○ 주되다, 고되다, 욕되다

△ 말줄기합성법

◎ 형용사말줄기+형용사

○ 검푸르다, 굳세다, 재빠르다, 희멀겋다, 약바르다, 옳바르다

△ 단어합성법

① 명사+형용사

○ 꽃답다, 참답다, 어른답다, 사내답다, 남자싸다

○ 남다르다, 심술궂다, 팔사납다

○ 힘있다, 값있다, 맛있다, 멋없다, 어림없다, 부질없다, 거침없다, 꾸밈없다

② 명사+동사

○ 후미지다, 힘차다, 낯익다, 눈부시다, 지성어리다

③ 부사+형용사

○ 더하다, 덜하다, 일찍하다, 꼭같다

④ 부사+동사

○ 덜되다, 못되다, 잘나다, 못나다

⑤ 상징사+형용사

○ 뗑하다, 포근하다, 수북하다, 뾰족하다, 가뿐하다, 말쑥하다

○ 까딱없다, 끄떡없다, 꼼짝없다

△ 반복합성법

○ 달디달다, 달디달디하다, 쓰디쓰다, 쓰디쓰디하다, 차디차다, 차디차디하다, 크나크다, 머나멀다

○ 서름서름하다, 싸늘싸늘하다, 조금조금하다

○ 비슷같다, 고요적막하다, 고요적적하다

3) 합성－첨가법

△ 말뿌리합성－첨가법

◎ 말뿌리＋뒤붙이＋형용사

○ 자질구레하다, 빤드름하다, 아리숭하다, 구접지근하다, 뾰르퉁하다

△ 말줄기합성－첨가법

◎ 형용사말줄기＋뒤붙이＋형용사

○ 푸르딩딩하다, 누르스름하다, 누르끼레하다, 희슥하다, 검실하다, 예쁘장하다, 곱살하다, 굵직하다, 달큼하다, 시큼하다, 고리타분하다, 고리탑탑하다, 흐리터분하다, 얄팍하다, 늘씬하다, 멀찍하다, 발가우리하다, 불그레하다, 가무스름하다, 가무잡잡하다, 시크므레하다

△ 단어합성－첨가법

◎ 동사＋뒤붙이＋형용사

○ 하염없다

○ 먹음직하다, 믿음직하다, 됨직하다

4) 굴절법

○ 붉다→밝다, 묽다→맑다

○ 보얗다→부옇다, 까맣다→꺼멓다, 말갛다→멀겋다, 발갛다→벌겋다

○ 길죽하다→걀죽하다, 여무지다→야무지다, 미욱하다→매욱하다, 부지런하다→바지런하다

○ 이렇다→요렇다, 저렇다→조렇다, 그렇다→고렇다

5) 전환법

△ 말줄기전환법

① 명사→형용사말줄기

○ 풀→푸르다, 물→무르다

② 상징사→형용사말줄기

○ 둥글→둥글다

6) 응축법

○ 젊지 않다→점잖다, 어줍지 않다→어줍잖다, 귀하지 않다→귀찮다, 당치 않다→당찮다, 편치 않다→편찮다, 같지 않다→같잖다

○ 한결 같다→한결같다

형용사로부터도 각종 단어조성수법에 따라 다른 품사의 단어들이 적지 않게 이루어진다.

△ 명사

① 형용사+뒤붙이→명사

-둥이: 싱검둥이, 귀염둥이

-뱅이: 게으름뱅이

② 형용사말줄기+뒤붙이→명사

-이: 높이, 깊이, 넓이, 너비, 길이

③ 형용사말줄기+말뿌리→명사

○ 싫증

④ 형용사말줄기+명사→명사

○ 늦잠, 굳잠, 곱돌, 검버섯

⑤ 형용사+명사→명사

○ 된장, 궂은비, 붉은기, 어린이, 귀염성, 무섬증

⑥ 형용사말줄기→명사

○ 길다→길(한길물속)

⑦ 형용사→명사

○ 기쁨, 슬픔, 즐거움, 굵기, 세기, 크기

△ 동사

① 형용사말줄기+동사→동사

○ 낮잡다, 얕보다, 늦되다, 높뛰다, 무르익다

② 형용사+동사→동사

○ 좋아하다, 기뻐하다, 미워하다, 만족해하다

△ 관형사

◎ 형용사→관형사

○ 오른, 왼, 바른, 딴

△ 부사

① 형용사말줄기+뒤붙이→부사

○ 쾡하니, 멍하니, 높직(이), 멀찍(이), 길죽(이), 깊숙(이)

○ 높이, 새로이, 널리, 바로, 되우, 곧추

○ 이렇듯(이), 저렇듯(이), 그렇듯(이)

② 형용사+뒤붙이→부사

○ 큼직(이)

③ 명사+형용사말줄기+뒤붙이→부사

○ 하늘높이, 바다깊이, 가슴깊이

④ 형용사말줄기+뒤붙이+형용사+뒤붙이→부사

○ 불그락푸르락, 뜨적뜨적, 느적느적, 넙죽넙죽, 질벅질벅

⑤ 형용사+뒤붙이+형용사+뒤붙이→부사

○ 큼직큼직

⑥ 형용사말줄기→부사

○ 곧다→곧

⑦ 형용사→부사

○ 있다(가), 하여튼

△ 감탄사

◎ 형용사→감탄사

○ 옳지! 그래, 글쎄, 그럼, 아무렴

第6장. 수식어부류

수식어는 형태를 못 가진 개념어의 한 부류로서 체언이나 용언을 수식해준다.

단어구조에서 수식어의 특징은 체언과도 같이 단어의 말줄기가 곧 단어로 되며 체언이나 용언과 달리 일반적으로 거기에 위치적인 토가 붙지 못하는것이다.

수식어에는 체언을 수식하는 관형사와 용언을 수식하는 부사의 두개 품사가 속한다.

제1절. 관형사

어떤 대상을 한정하여 수식하는 품사이다.

관형사에는 형태변화없이 규정어로만 쓰이는 부류도 있고 이러한 기본용법외에 2차적으로 술어나 양상어로 쓰이는 부류도 있으며 대상을 이름지어 수식하지 않고 가리켜 수식하는 부류도 있다.

이에 따라 관형사는 일반관형사와 특수관형사 그리고 가리킴관형사의 세 부류로 나누인다.

1. 일반관형사

형태변화없이 쓰이는 전형적인 관형사이다.

관형사는 대상을 수식적으로 한정하는 품사인만큼 여기에는 우선 대상을 그 속성에 따라 한정하는 단어들이 속하게 된다.

○ 새(~ 세대), 딴(~ 사람), 헛튼(~ 소리), 막다른(~ 골

목), 여느(~ 때), 별(~ 말씀), 별별(~ 구실), 별의별(~ 물건), 순(~ 리론문제), 현(~ 시대)

그리고 분량에 따라 한정하는 단어들도 여기에 속한다.

○ 온(~ 세상), 온갖(~ 조건), 모든(~ 힘), 여러(~ 나라), 전(~ 세계), 제(~ 문제), 제반(~ 사업), 각(~ 직장), 각개(~ 동작), 각급(~ 학교), 매(~ 가정), 매개(~ 세대), 일대(~ 사변), 맨(~앞), 여러(~분), 첫(~ 공산당원), 갖은(~ 난관), 한날(~ 짐승), 근(~ 십년간), 약(~ 두달), 단(~ 한사람)

관형사의 문법적특징은 일반적으로 토가 붙어서 형태조성을 하는 일이 없고 문장에서 언제나 체언앞에 와서 그 규정어로 된다는데 있다. 그렇기때문에 같은 수식적의미를 가지면서도 서술적형태를 취하여 규정어뿐아니라 술어나 양상어(상황어)로도 쓰이는 형용사나 규정어가 아니라 양상어(상황어)로 되는 부사와 구별된다.

비교: 새 방법[관형사]
[규정어]

새로운 방법－방법이 새롭다－새롭게 구상했다[형용사]
[규정어] [술어] [양상어]

새로이 제기했다[부사]
[양상어]

관형사는 문법적형태를 이루지 않은 그대로 체언앞에 놓인다는 점에서 단어(말뿌리)앞에 위치한 앞붙이(또는 말뿌리)와 공통점을 가지며 일부 관형사는 앞붙이(또는 말뿌리)로 전환하여 쓰이기도 한다.

비교:

새 세대－새집	딴 사람－딴판
별 말씀－별동대	온 세상－온통
전 세계－전체	제 문제－제반
현 국제정세－현대	순 리론문제－순금
각 직장－각지	각개 동작－각개인
매 가정－매인당	근 십년간－근대
단 한사람－단지	
첫 공산당원－첫날	

여기서 관형사와 앞붙이(또는 말뿌리)차이는 무엇보다도 앞의것은 발음상간격이 있으나 뒤의것은 붙여서 발음한다는데 있다.

그리고 일부 관형사와 체언사이에는 다른 규정어가 끼일수도 있는데 이것도 하나의 보충적식별표식으로 된다.

○ 온 아름다운 천지, 온갖 어려운 조건
모든 필요한 물건, 여러 재미나는 이야기
제반 소요되는 물자, 한낱 보잘것없는 짐승
일대 혁명적앙양

2. 특수관형사

기본적으로 형태변화없이 쓰이면서도 2차적형태를 취하기도 하는 관형사이다.

일반적으로 대상의 속성을 나타내며 한자어나 한자말 말뿌리에 한자말 말뿌리 《적》을 붙여서 이루어진다.

○ 혁명적(~기풍), 당적(~령도), 동지적(~단결), 영웅적(~투쟁), 집단적(~혁신), 군적(~행사)

○ 지적(~수준), 공적(~임무), 사적(~문제), 총적(~방향), 학구적(~탐색)

《-적》류형의 단어들은 근대 특히 현대에 들어와서 활발히 생성리용되는 단어부류로서 말뿌리 《적》은 고도의 교착성을 가지고 각종 구조적단위에 자유롭게 붙는다.

《-적》류형의 단어들중 《비교적》, 《가급적》 등 극히 적은 례외(부사)를 제외한다면 거의 전부가 규정어로 쓰이며 그 어휘적의미는 형용사와도 같은 형상적성격을 띤다. 그럼에도 불구하고 이들이 형용사에 속하지 못하는것은 우리 말의 형용사는 서술토를 취하여 술어로 되는것이 기본기능이여서 용언에 속하는데 이들은 토없이 규정어로 되는것이 기본기능이고 《이다》와 결합하여 2차적으로만 술어로 되기때문이다.

비교: ┌영용한-영용하다[형용사]
　　　└영웅적-영웅적이다[관형사]

그리고 술어로서 부정될 때 형용사는 이음형뒤에 보조형용사 《않다》를 붙여 《-지 않다》로 되지만 《-적》류형의 단어는 주격형태뒤에 부정의 지정형용사 《아니다》를 련결시켜 《-이 아니다》로 되며

비교: 영웅하지 않다. [형용사]
영웅적이 아니다. [관형사]

양상어로 쓰일 때도 형용사는 이음형을 취하는데 《-적》류형의 단어는 조격형태를 취한다.

비교: 영웅하게 싸웠다. [형용사]
영웅적으로 싸웠다. [관형사]

이처럼 그 형태체계가 전반적으로 뚜렷한 차이를 가지므로 이들은 형용사에 속하지 못하며 오히려 그 형태는 명사의 형태를 련상시킨다.

비교: 영웅전사-영웅이다-영웅이 아니다-영웅으로 싸웠다. [명사]
영웅적전사-영웅적이다-영웅적이 아니다-영웅적으로 싸웠다. [관형사]

이리하여 일부 문법가들은 《-적》류형의 단어들을 명사에 소속시키고있다.

그러나 이들과 명사사이에는 본질적차이가 있다. 명사는 대상적품사로서 문장에서 주어나 객어(직접보어)로 되는것이 기본기능이지만 《-적》류형의 단어들은 다른 관형사들과 마찬가지로 일종의 수식적품사로서 문장에서 규정어로 되는것이 기본기능이며 명사처럼 주어나 객어로 되는것이 없고 술어나 양상어(《상황어》)로 될 때 취하는 형태도 명사의 경우와는 달리 2차적으로 대상화된 형태이다.

※ 2차적형태로서는 이밖에 《시적의 흥분》, 《주관적의 위치》, 《주어적과 술어적의 두 부분》과 같이 2차적인 속격형규정어나 구격형의 련립어(《동종성분》)로 출현하는 일도 있으나 오늘날에 와서 이것은 드문 례외이다.

이리하여 《－적》류형의 단어들은 형태없이 규정어로 되는 관형사에 소속될수밖에 없는것이다. 그것이 다른 관형사들과는 달리 2차적형태를 취해서 술어나 양상어(《상황어》)로 되는것은 관형사임을 부정할 론거로 될수 없다. 어느 품사나 기본기능과 함께 부차적기능을 가지고있다.

명사나 수사가 주어나 객어(직접보어)로 되는것외에 술어나 규정어로도 되며 동사나 형용사가 술어로 되는 한편 규정어로도 되고 부사가 양상어(상황어)로 될뿐아니라 2차적으로는 술어로도 쓰이고있다. 그런데 유독 관형사만이 한개 기본기능으로만 문장에 출현해야 할 까닭은 없는것이다.

이에 따라 《－적》류형의 단어들을 종전과는 달리 관형사에 소속시키게 되며 규정어로만 쓰이는 종래의 관형사와 구별하여 관형사안의 특수류형으로 삼는것이다.

3. 가리킴관형사

대상을 가리켜 수식하는 관형사이다.

대명사에 뒤붙이 《까짓》을 붙인것으로서 비칭의 뜻빛갈을 띤다. 여기에는 두가지 부류가 있다.

첫째 부류는 사람대명사의 속격옛형 《내》, 《네》, 《제》에 뒤붙이 《까짓》을 붙인것으로서 아칭, 대칭, 자칭으로 구별된다.

아칭: 내까짓(～것)

대칭: 네까짓(～것)

자칭: 제까짓(～것)

둘째 부류는 가리킴대명사에 뒤붙이 《까짓》을 붙인것으로서 근칭, 원칭, 환칭의 구별이 있다.

근칭: 이까짓(～물건)

원칭: 저까짓(～놈)

환칭: 그까짓(～일)

이것도 모음변화에 의해서 작다거나 귀엽다거나 얕본다는 뜻빛갈을 나타낸다.

○ 이까짓→요까짓
저까짓→조까짓
그까짓→고까짓

여기서 보는바와 같이 가리킴관형사에 소속된 단어들은 가리킴대명사 《이》, 《저》, 《그》나 《요》, 《조》, 《고》출신으로서 거기에 하치 않은것이라는 뜻빛갈을 띤 《까짓》을 덧붙였을뿐이다. 그러나 이들은 주어, 객어(직접보어), 보어 등으로 출현하지 못하고 오직 규정어로만 쓰이는 까닭에 대명사에 소속되지 못하고 관형사로 인정된다.

그런데 사실을 말한다면 가리킴대명사 《이》, 《저》, 《그》도 관형사와 마찬가지로 토없이 규정어위치를 차지하여 《이것, 저놈, 그일》과 같이 쓰이는 일이 많다. 그리고 피규정어와의 호상련관의 성격도 속격형태의 경우와 다르다. 가리킴대명사 속격형태는 피규정어를 직접 가리키는것이 아니라 그 소유자를 간접적으로 가리킴으로써 명사속격형태와 류사하지만 원형은 피규정어를 직접 가리키며 이러한 직접적련관의 면에서는 오히려 형용사나 동사의 규정형과 류사하다.

비교: 그의 집—동생의 집[간접]
그 집—큰 집, 지은 집[직접]

바로 이러한 사실에 기초하여 지난날 일부 문법가들은 《이》, 《저》, 《그》를 대명사가 아니라 관형사에 소속시켰다.

이러한 사실은 《이》, 《저》, 《그》가 그 문법적성격에서 이중성을 띠고있음을 보여준다. 그러나 그것이 어떤 대상을 이름짓지 않고 가리키기만 한다고 하는 어휘의미론적성격에서는 본질적차이가 없으므로 단어의 어휘문법적부류로서의 품사분류에서 각각 대명사와 관형사의 두개 소리같은말을 설정하기는 어렵다. 그런데 관형사는 기본상규정어로만 쓰이는 품사이고 대명사는 명사의 일종으로서 주어, 객어(직접보어), 보어뿐아니라 규정어로도 쓰이는 품사이므로 이들을 대명사에 소속시키게 된다.

그리하여 《이것, 저놈, 그 일》에서의 《이》, 《저》, 《그》는 대명사이고 규정어위치만을 차지하는 《이까짓》, 《저까짓》, 《그까짓》

은 관형사로 된다.

가리킴관형사의 특종으로서 질문을 품고 가리키는 물음관형사가 있다.

○ 어느, 웬, 무슨, 어인

이 역시 론리적력점의 유무에 따라 질문과 미정의 두가지 경우에 다 쓰인다.

비교: ┌어느 방향으로 갔습니까?[질문]
└어느 집에 들린것 같습니다.[미정]
┌웬 사람이요?[질문]
└웬걸요.[미정]
┌무슨 말을 들었답니까?[질문]
└무슨 말을 들은 모양입니다.[미정]

《어인》은 옛형으로서 드물게 쓰인다.

○ 이 어인 일일가?

4. 관형사의 단어조성

단어조성의 면에서 관형사는 다채롭지 못하다. 일반관형사는 대체로 이러저런 단어들의 일정한 형태가 고립화되여 생겨난것이며 특수관형사의 조성방법도 단조롭다.

1) 첨가법

△ 뒤붙이첨가법

◎ 대명사+뒤붙이

○ 이까짓, 저까짓, 그까짓
내까짓, 네까짓, 제까짓

2) 합성법

△ 말뿌리합성법

① 말뿌리+말뿌리

○ 제반, 각개, 각급, 매개, 일대

② 명사+말뿌리

○ 혁명적, 영웅적, 당적, 민족적, 도덕적, 군중적

△ 반복합성법

○ 별별, 별의별

3) 굴절법

○ 이까짓→요까짓, 저까짓→조까짓, 그까짓→고까짓

4) 전환법

① 명사→관형사

○ 여러, 여느, 어느, 무슨, 첫

② 수사→관형사

○ 온

③ 동사→관형사

○ 모든, 막다른, 갖은

④ 형용사→관형사

○ 딴, 허튼, 오른, 왼

여기서 《여러》는 명사 《여럿》이 규정어위치에 오면서 받침(끝소리) 《ㅅ》를 잃은것으로서 수사 《셋》, 《넷》이 단위명사앞에서 《세개》, 《네명》과 같이 받침 《ㅅ》를 잃은것과 류사한 현상이며 명사 《예》가 다른 명사앞에 붙어 합성어를 이룰 때 《옛날》, 《옛적》, 《옛말》, 《옛이야기》와 같이 받침 《ㅅ》를 획득하는것과 대조적이다. 《여느》, 《어느》, 《무슨》, 《첫》은 각각 옛날의 명사 《녀느》, 《어느》, 《므슴》(무엇), 《처섬》(처음)출신으로서 규정어위치에 고착된것이다.

관형사 《온》은 백을 의미하는 옛날의 수사 《온》이 명사앞에서 전체라는 의미로 전환한것이다.

관형사 《모든》은 동사 《모도다/모두다》의 규정형출신으로서 부사 《모두》와 동족어관계에 있다. 《막다른》은 동사 《막다르다》의 규정형이 다른 형태들의 소멸과 더불어 고립화된것이다. 《갖은》은 동사 《갖다》(갖추어지다)의 규정형출신이다.

관형사 《딴》은 오늘날 사투리에 남아있는 옛형의 형용사

《따다》(다르다)의 규정형이 다른 형태의 소멸에 따라 고립되여 말줄기와 규정토의 한계가 망각된것이다. 《허튼》 역시 형용사 《허틀다》의 규정형으로부터 이러한 과정을 밟아 관형사로 변한것이다. 좌우편을 의미하는 관형사 《오른》과 《왼》도 옛날의 형용사 《올ᄒᆞ다》(옳다), 《외다》(그릇되다)의 규정형이 고립화된데 연원을 두고있다.

이러한 각도에서 볼 때 오늘날 규정어로만 쓰이는 《친애하는》, 《경애하는》이나 《불후의》, 《불굴의》 등은 동사나 명사로부터 관형사로 넘어가고있다고 볼수 있으나 어휘적의미에서 변화가 없고 단어구•조에서도 말줄기와 토가 명확히 구분되는것만큼 제한된 형태로 쓰이는 동사나 명사의 하나로 인정하게 된다.

5) 응축법

○ 온 갖(가지)→온갖

한 갖(가지)→한갖

한 낱(개)→한개

관형사는 그 품사론적특성으로 하여 다른 품사의 단어들을 별로 생성하지 않는다. 다만 일부 관형사에 불완전명사가 붙은 몇몇 명사나 부사가 있을뿐이다.

① 관형사+명사→대명사

○ 딴전, 여느때

어디, 어데(어느데)

② 관형사+명사→부사

○ 어느덧, 어느새

제2절. 부사

행동이나 형상을 수식해주는 품사이다.

부사에는 어떤 개별적행동이나 형상을 수식하는 기본부류가 있는외에 문장에 삽입되여 여러가지 의미를 더해주는 부류도 있고 다른 단어에 붙어서만 쓰이는 부류도 있으며 행동이나 형상을 가리키는 부류도 있다.

이에 따라 부사는 일반부사, 끼움부사, 보조부사, 가리킴부사의 네개 부류로 갈라진다.

1. 일반부사

부사의 대표적인 부류로서 어떤 행동이나 형상을 수식하는 부사이다.

○ 빨리 간다, 자주 온다, 잘 만들었다[행동수식]

○ 훨씬 높다, 좀 많다, 퍽 넓다[형상수식]

일반부사는 대체로 다음과 같은 어휘적의미를 가진다.

① 행동방식

○ 바삐, 천천히, 높이, 낮추, 깊이, 널리, 길이, 바투, 늦추, 같이, 달리, 반가이, 은근히, 도로, 곧추, 마주, 되우, 자주, 더러, 힘껏, 정성껏, 기껏, 목청껏, 한사코, 함께, 제법

② 정도

○ 가장, 훨씬, 몹시, 아주, 전혀, 통, 무척, 더, 더욱, 하도, 덜, 좀, 꽤, 여간, 약간, 극히, 보다

③ 장소, 거리

○ 곳곳이, 집집이, 멀리, 가까이

④ 시간

○ 벌써, 이미, 아까, 방금, 금방, 곧, 아직, 있다, 앞으로, 나날이, 시시로, 먼저

문법면에서 일반부사는 기본적으로 위치토를 취하지 않고 비위치토인 도움토만을 취할수 있으며 문장에서 양상어(상황어)로 출현한다.

○ 빨리 간다－빨리도 간다－빨리만 가면
좀 크다－좀만 크면

그러나 2차적으로는 위치토나 지정형용사를 취하여 주어, 규

정어, 술어 등으로 된다.

○ 그들은 거의가 로동청년들이였다.

그는 스스로의 가책으로 머리가 숙어졌다.

모처럼의 손님인지라…

가까이에서 말소리가 들려왔다.

그게 다요?

우리가 길에 나선것은 아침 일찌기였다.

들에서는 모내기가 한창이다.

수식적, 형상적의미를 가지는 단어부류가운데서 형용사, 관형사, 부사는 각각 그에 고유한 문법적성격의 차이에 따라 서로 구별된다.

비교: 꽃이 많다－많은 꽃이 피였다. [형용사]

온갖 꽃이 피였다. [관형사]

꽃이 많이 피였다. [부사]

일반부사는 기본적으로 용언을 수식한다.

○ 기차가 빨리 간다.－빨리 가는 기차

산이 높이 솟았다.－높이 솟은 산

그러나 일부 부사는 다른 일반부사를 수식하기도 하고

○ 더 가까이 다가갔다.

거의다 되였다.

아주 멀리 사라졌다.

가장 잘 안다.

관형사를 수식하기도 하며

○ 아주 딴 사람이 되였다.

전혀 허튼소리다.

때로는 체언을 수식하기도 한다.

○ 조금전의 일이였다.

약간 뒤에 떨어졌다.

오직 하나의 소원.

훨씬 앞에서 달렸다.

불과 일년이 지났을뿐이다.

다만 한시간의 여유가 있었다.

한창 농사철에 있은 일이다.

오라버니가 다 저녁때 힘없이 수임의 집으로 들어오더니…

아까 그 사람이 또 찾아왔다.

퍽 후날 다시 만났다.

《함께》, 《같이》와 같은 부사는 경우에 따라 뒤의 용언과 련결되기도 하고 앞의 체언과 련결되기도 한다.

비교: 그도 우리와 함께 갔다.
　　　우리와 함께 그도 갔다.
　　　그도 우리와 같이 떠났다.
　　　우리와 같이 그도 떠났다.

그러나 이 두 경우에 어휘적의미의 변화는 없는만큼 다같은 부사로 된다.

여기서 각각 둘째 례의 《우리와 함께》나 《우리와 같이》는 하나의 양상어구로서 술어 《갔다》나 《떠났다》를 수식하는것이다.

부사 《없이》는 단독으로 양상어가 되는 일은 드물고

○ 그것을 없이 했다.(없앴다.)

일반적으로 양상어구를 이룬 다음에 술어와 련결된다.

○ 그럴수밖에 없이 되였다.

아무 말도 없이 지나갔다.

드물게 쓰이는 《있이》 역시 이러한 결합구조를 이룬다.

○ 그와 정이 있이 지냈다.

2. 끼움부사

문장에 보충적으로 끼이는 부사로서 다시 양태부사와 이음부사의 작은 부류로 갈라볼수 있다.

1) 양태부사

문장에서 진술되는 내용에 대해서 가지는 태도를 나타내면서 문장전체와 련관되는 부사이다.

여기에 속하는 부사들은 대체로 다음과 같은 의미를 가진다.

① 확신

○ 물론, 결코, 정말, 사실, 과연, 정녕, 참, 참으로, 확실히, 정녕

② 가정

○ 만약, 만일, 가령, 설사, 비록

③ 추측

○ 아마, 필경

④ 의혹

○ 설마, 혹시(옛형 《혹이》), 설혹(옛형 《설혹이》)

⑤ 반문

○ 도대체, 대관절, 아무렴, 하필(하필이면)

⑥ 소원

○ 부디, 제발, 꼭, 아무쪼록, 어서

⑦ 당위성

○ 응당, 마땅히, 모름지기, 딴은

양태부사는 어떤 토도 취하지 못하고 문장에서 어느 한 성분이 아니라 문장전체 또는 한 구절과 련계를 맺으면서 대체로 끼움말로 된다.

○ 그것은 물론 쉬운일이 아니다.
우리는 결코 사회주의를 버릴수 없다.
가령 돼지 한마리에서 1년에 자급비료 3t씩 얻는다면 서른 마리면 90t이 아닙니까?
설사 실패하는 한이 있더라도 물러서지 말고 끝까지 해내야 한다.
아마 그 동무는 아직 모를겁니다.
부디 몸조심하십시오.
제발 겉치레만 하지 말고 실속있게 일하시오.

공화국공민이라면 마땅히 조국보위에 나서야 한다.
우리는 응당 당의 신임과 기대에 한몸바쳐 보답해야 한다.
딴은 그것도 그럴만 하지.

2) 이음부사

단어나 단어결합 또는 문장을 련결하는데 쓰이는 부사이다.

○ 및, 겸, 또, 또는, 또한, 혹, 혹은, 즉, 곧

○ 오히려, 도리여, 더구나, 더우기, 하물며, 결국

이음부사 역시 형태변화가 없고 문장에서 하나의 끼움말의 기능을 논다.

○ 조선로동당은 로동자, 농민, 근로인테리의 전위대이다.
모두가 공장 또는 농촌에서 온 청년들이다.
일도 잘하고 또 학습도 잘해야 한다.
소년단원들은 바다 혹은 산으로 들놀이를 떠났다.

○ 우리는 어려운 투쟁에서 물러서기는커녕 오히려 강철로 단련되였다.
늙은이들도 륙십청춘이라고 떨쳐나서는데 하물며 청년으로서 이만한 난관앞에 주저할수 있으랴!
종일 비가 오고 더구나 저녁에는 세찬 바람이 휘몰아쳤다.

이음부사도 경우에 따라 양상어의 기능을 놀수 있다.

○ 또 오십시오.
혹은 그럴는지도 모르지요.

우리 말에서는 기본적으로 구격토나 이음토가 이음의 기능을 놀며(《나와 너》, 《나도 가고 너도 가며 그도 가는데…》) 이음부사는 그에 첨부되는 끼움말의 기능을 놀고있다. 지금 체언의 원형뒤에 나타나고있는 《및》도 원래 동사 《미치다》출신으로서 체언의 구격형태와 련결되던것이다.

○ …몸으로 겪은 일과 눈으로 본 일과 및 귀로 들은 일을 대강 다 말씀하고…

그리고 《겸》은 용언의 규정형과 련결되여 불완전명사의 기능을 놀기도 한다.

○ 문안도 할겸 소식도 들을겸 찾아가 보았다.

이러한 특성을 고려하여 이 단어부류를 접속사라는 하나의 품사가 아니라 부사의 한개 부류로서의 이음부사로 간주하게 된것이다.

우리 말에서 이처럼 이음의 기능을 노는 단어부류로서는 이밖에 다음과 같은것들이 있다.

○ 때문에, 따라서

○ 하나, 하지만, 하건만, 하니, 하니까, 한데, 하기에, 하여, 하되

○ 그리고, 그러나, 그러므로, 그러니, 그러니까, 그러면, 그리하여, 그런데, 그렇더라도, 이리하여, 이러므로, 이러기에

이들 역시 이음의 기능 하나로 고정되지 못하고 《때문이다》, 《따른다》, 《한다》, 《그리(하)다》, 《이리(하)다》, 《그렇다》 등 불완전명사, 동사, 형용사와 뚜렷한 의미상 및 형태상련관을 맺고있는 것만큼 이를 따로 떼내여 접속사를 설정할수 없으며 또 그 형태체계로 보아 부사의 하나로 되지 못한다.

3. 보조부사

다른 단어에 보조적으로 결합하여 형태변화없이 그와 더불어 하나의 문장성분을 이루는 부사이다.

여기에는 불완전부사와 부정부사의 두 부류가 있다.

1) 불완전부사

불완전명사의 기능과 부사의 기능을 겸하고있는 부류이다.

○ 듯이, 싶이, 대로, 고로

이들은 그앞에 용언규정형을 거느려 양상어나 양상어구를 이루어 술어와 련결된다.

○ 나는듯 하다. →나는듯이 달려갔다.
마음이 놓이는듯 하다. →마음이 놓이는듯이 말하였다.
다 알다싶이 그는 로력혁신자다.
생각나는대로 대답하였다.
동향동창인고로 잘 알고있었다.

2) 부정부사

행동을 부정하는 부사다.

○ 아니, 안, 못

여기서 《아니》와 그 축약형 《안》은 단순의도부정을 의미하며 《못》은 능력부정 즉 불가능이나 금지를 의미한다.

비교: 얼굴을 아니 붉힐수 없었다. [부정]
저는 안가겠습니다. [부정]
비가 와서 못 갔다. [불가능]
너는 오늘 아무데도 못 간다. [금지]

동사술어의 경우 부정부사와 동사의 결합은 동사의 이음형뒤에 동사 《아니하다》(《않다》)가 붙은 합성술어와 맞먹는다.

○ 아니(안)간다=가지 아니한다. (않는다)
못 간다=가지 못한다.

그러나 형용사술어의 경우에는 일반적으로 부정부사 《아니》(《안》)나 《못》이 쓰이지 않고 그 이음형뒤에 보조형용사 《아니하다》(《않다》)나 《못하다》를 련결시킨다.

비교: ┌좋지 아니하다. (않다)
└좋지 못하다.
┌옳지 아니하다. (《않다》)
└옳지 못하다.

여기서 《아니하다》(《않다》)와 《못하다》사이에는 의미상의 큰 차이가 없이 다 단순한 부정을 의미한다.

부정부사 《아니》는 드문 례로서 술어를 부정하면서도 그와 떨어져 그앞의 명사앞에 위치하는 경우가 있다.

○ 나 보기가 역겨워
가실 때에는
죽어도 아니 눈물 흘리우리다.

이러한 례는 과거로 소급하여 더 찾아볼수 있다.

○ 좌위 아니 목 메여 슬허ᄒᆞ리 업더라

부정부사 《아니》는 또한 문장에 끼움말로 출현하여 무엇을 강조하기도 하고

○ 아니, 그애가 그럴수는 없어!

이러한 미담은 온 나라에 아니, 온 세상에 대고 자랑할만 하다.

어떤 급작스러운 사실에 대한 놀람을 나타내기도 하여 일종의 감탄사로 전환한다.

○ 아니, 이게 누구야?

아니, 절대로 그럴수 없어!

4. 가리킴부사

대상의 행동이나 형상을 가리켜 수식하는 부사이다.

여기에는 두가지 부류가 있다.

첫째 부류는 기본형으로서 가리킴대명사와 마찬가지로 근칭, 원칭, 환칭의 구별이 있다.

근칭: 이리(~ 오너라)

원칭: 저리(~ 덤빌가?)

환칭: 그리(~ 알어라)

그리고 역시 모음변화에 의해서 작다거나 귀엽다거나 얕본다는 뜻빛갈을 나타내기도 한다.

○ 이리→요리, 저리→조리, 그리→고리

근칭과 원칭이 결합하여 쓰이기도 한다.

○ 이리저리, 요리조리

둘째 부류는 파생형으로서 각종 보충적인 의미를 포함하면서 역시 근칭, 원칭, 환칭으로 구별된다.

근칭: 이다지, 이만, 이래

원칭: 저다지, 저만, 저래

환칭: 그다지(그닥), 그만, 그래, 그냥

여기에도 모음변화에 의해 작다거나 귀엽다거나 얕본다는 뜻빛갈을 나타내는 형태가 있다.

○ 요다지, 요만, 요래

조다지, 조만, 조래

고다지, 고만, 고래

그리고 근칭과 원칭 또는 환칭과 원칭이 결합한것도 있다.

○ 이만저만, 그만저만, 이래저래, 그래저래, 이럭저럭, 그럭저럭, 이러쿵저러쿵

대명사와 다른 말뿌리로 이루어진 부사들도 있고

○ 그냥, 제가끔, 제풀에

대명사말뿌리가 반복된 부사도 있다.

○ 저절로

가리킴부사의 특종으로서 질문을 품고 가리키는 물음부사가 있다.

○ 어찌, 어이, 왜, 아무리

물음부사 《어찌》와 옛형 《어이》는 론리적력점의 유무에 따라 질문과 미정의 두가지로 쓰인다.

비교: 어찌 된 일이냐?[질문]
어찌 된 모양이로구나.[미정]
이 어인 일인고?
어인 일이 있었던듯 하다.

물음부사 《왜》는 질문에만 쓰이고 《아무리》는 미정의 의미만을 나타낸다.

○ 한 겨레가 왜 갈라져 살아야 한단 말인가?
아무리 타일러도 듣지 않는구나.

물음부사 《왜》는 때로 어조를 고루기 위해서 쓰이기도 한다.

○ 거 왜 지난번 왔던 사람 있지?

5. 부사의 단어조성

부사의 단어조성수법은 앞붙이첨가법이 별로 없을뿐 다른 수법은 다 발달되여있다.

1) 첨가법

△ 뒤붙이첨가법

① 말뿌리+뒤붙이

–내: 종내

－스레: 새삼스레, 분주스레, 직심스레

－히: 훌륭히, 마땅히, 아득히, 간절히, 흡사히, 대단히, 용감히, 속히

② 명사＋뒤붙이

－내: 끝내, 마침내, 여름내

－스레: 열성스레, 효성스레

－껏: 힘껏, 량껏, 기껏, 열성껏, 량심껏, 마음껏, 이제껏

－가끔: 제가끔

－다지: 이다지, 저다지, 그다지

－리: 이리, 저리, 그리

－만: 이만, 저만, 그만

③ 부사＋뒤붙이

－이: 일찌기, 가득이, 비슷이, 설혹이, 꽉이

－금: 다시금

④ 상징사＋뒤붙이

－이: 방긋이, 따끔이, 빠끔이, 소곳이, 빤빤이, 비죽이, 주런이, 똑똑이

－히: 빙글히

－하니: 멍하니, 퀭하니

－쩍: 어물쩍, 슬쩍

⑤ 동사말줄기＋뒤붙이

－오: 도로

－우: 너무, 마주

⑥ 형용사말줄기＋뒤붙이

－이: 높이, 길이, 깊이, 옳이, 새로이, 헛되이

－리: 멀리, 널리, 달리

－오: 바로, 비뚜로

－우: 되우, 매우, 겨우, 고루

－추: 곧추, 늦추, 낮추

－죽(이): 길죽(이)

－숙(이): 깊숙(이)

-직(찍)(이): 높직(이), 일찍(일찌기)
-듯(이): 이렇듯(이), 저렇듯(이), 그렇듯(이)

2) 합성법

△ 말뿌리합성법

① 말뿌리+말뿌리

○ 혹시, 설혹, 여하간, 다소간, 조만간, 가급적

○ 철두철미, 시종일관, 혼비백산

② 명사+말뿌리

○ 사실상, 력사상, 좌우간, 비교적

③ 수사+말뿌리

○ 얼마간

△ 단어합성법

① 명사+명사

○ 제법

② 명사+부사

○ 남먼저, 때마침, 제아무리, 제각기

○ 하늘높이, 바다깊이, 가슴깊이

③ 수사(수사+명사)+부사

○ 하루빨리, 한시바삐

④ 관형사+명사

○ 어느덧, 어느새

⑤ 부사+부사

○ 좀더, 곧잘, 모두다

△ 반복합성법

① 명사반복

○ 줄기줄기, 굽이굽이, 군데군데, 조심조심, 오리오리, 토막토막, 사리사리, 갈피갈피, 차례차례, 골목골목, 방울방울

○ 여기저기

② 수사반복

○ 하나하나

③ 부사반복

○ 미리미리, 오래오래, 서로서로, 빨리빨리, 너무너무, 빡빡, 빙빙, 더욱더, 더더욱, 더더구나, 비슷비슷, 어슷비슷

○ 이리저리, 이럭저럭, 그럭저럭, 이만저만

④ 말뿌리반복

○ 차차, 점점, 각각, 문문, 동동, 주저주저

3) 합성-첨가법

△ 반복합성-첨가법

① 말뿌리반복+뒤붙이

○ 날날이, 살살이, 곰곰이, 번번이, 시시콜콜이

② 명사반복+뒤붙이

○ 색색이, 틈틈이, 실실이, 나날이, 골골이, 알알이, 짬짬이, 쌍쌍이, 일일이

③ 형용사+뒤붙이+형용사+뒤붙이

○ 큼직큼직, 불그락푸르락, 뜨적뜨적, 넙죽넙죽, 느적느적, 어둑어둑, 질벅질벅, 늘씬늘씬, 드문드문

④ 동사+뒤붙이+동사+뒤붙이

○ 주섬주섬, 띄염띄염, 쉬염쉬염, 서성서성, 갈팡질팡, 들쑹날쑹, 들락날락, 들썩들썩

⑤ 동사말줄기+뒤붙이+동사말줄기+뒤붙이

○ 오락가락, 쥐락펴락, 엎치락뒤치락, 움직움직, 굽석굽석, 집적집적, 긁적긁적, 흔드적흔드적, 만지작만지작

4) 굴절법

○ 착착→척척

○ 겨우→갸우, 기우뚱→갸우뚱, 구부정→고부장, 구불구불→구붓구붓, 꼬부랑꼬부랑→꼬부장꼬부장, 꾸불꾸불→꼬불꼬불

○ 이리→요리, 저리→조리, 그리→고리, 이다지→요다지, 저다지→조다지, 그다지→고다지, 이만→요만, 저만→조만, 그만→고만

5) 전환법

△ 말줄기전환법

① 동사말줄기→부사

○ 미치다→및, 덜다→덜, 흔들다→흔들(흔들흔들), 기울다→기울(기울기울)

② 형용사말줄기→부사

○ 곧다→곧

△ 단어전환법

① 동사→부사

○ 미치여→미처, 덜어→더러, 참아→차마, 있다(있다가)→있다(가), 결하고→결코, 한사하고→한사코, 하여하든→하여튼, 무심하고→무심코, 봄에→보매

② 명사→부사

○ 련속, 자칭, 자청

○ 새로, 실로, 별로, 때로, 당초에

일부 바꿈부사는 원형으로도 쓰이고 토를 붙여서도 쓰인다.

○ 진정－진정으로, 정말－정말로

대체－대체로, 절대－절대로

직접－직접으로, 참－참으로

퍽－퍼그나(퍽으나), 하필－하필이면

뒤붙이첨가법으로 쓰이는 《열심히》도 옛형으로는 《열심으로》와 같이 씌여왔다.

○ 그 열심으로 하던 공부도 책을 보다가 말고…(《희생화》)

△ 반복전환법

○ 때때로, 시시로, 저절로, 저저마다

6) 응축법

○ 불 현(켠)듯→불현듯

불이야 불이야→부랴부랴

불이 나게→부리나케

쏜 살 같이→쏜살같이

하마 하더면→하마트면

이를 테면→이를테면

설마 한들→설마한들

뻔질 나게→뻔질나게

한결→한결

부사로부터는 단어합성법과 전환법에 따라 다른 품사의 단어들이 조성된다.

△ 명사

① 부사+명사→명사

○ 막일, 막벌이, 먼저번, 내리사랑

② 부사+부사→명사

○ 잘못, 잘잘못

△ 동사

① 부사+뒤붙이→동사

○ 치: 마주치다, 치우치다, 재우치다

② 부사+동사→동사

○ 가로막다, 가로채다, 바로잡다, 막깎다, 들락날락하다, 울먹울먹하다

△ 형용사

① 부사+형용사→형용사

○ 더하다, 덜하다, 일찍하다, 꼭같다

② 부사+동사→형용사

○ 못되다, 못나다, 잘나다

△ 감탄사

◎ 부사→감탄사

○ 아니→아니!

第7장. 감각어부류

감각어는 형태를 못 가진 단어부류로서 사물현상의 특징에 대하여 개념적으로가 아니라 직감적으로 나타내는데 품사론적특성이 있다.

여기에는 각종 감각을 객관적으로 나타내는 상징사와 주관적으로 나타내는 감탄사의 두개 품사가 속한다.

제1절. 상징사

상징사는 사물현상의 특성을 직감적인 감각으로 상징해서 나타내는 품사다.

여기에는 본래부터의 상징사와 다른 품사에서 온 상징사가 있다.

이에 따라 상징사는 고유상징사와 바꿈상징사의 두개 부류로 나누인다.

1. 고유상징사

처음부터 상징사로 씌여온 상징사부류이다.

여기에는 눈, 귀, 코, 혀, 피부 등의 감각기관을 통해서 감각되는 각종 모양(시각), 소리(청각), 냄새(후각), 맛(미각), 촉감(촉각) 등을 신경자극 그대로 상징하는 단어들이 속하게 된다.

① 모양

○ 번쩍, 쭈글, 둥실, 뾰족

② 소리

○ 뻐꾹, 땡, 우르릉, 쾅

③ 냄새

○ 퀴퀴, 구수, 고리탑탑

④ 맛

○ 시큼, 찝찔, 비리비리, 달콤

⑤ 촉감

○ 뭉클, 껄끼, 반들, 산들

상징사는 다른 많은 품사들처럼 어떤 사물현상의 개념에 맞는 것이 아니라 직감적감각에 맞는데 표현방식의 주요특징이 있다.

비교: ┌바람이 세차게 분다. [형용사]
　　　└바람이 휙－휙－ 분다. [상징사]

┌무슨 일이든지 쉽사리 해치운다. [부사]
└무슨 일이든지 척척 해치운다. [상징사]

┌까치걸음으로 걸어간다. [명사]
└아장아장 걸어간다. [상징사]

상징사는 이와 같은 직감적표현을 하기때문에 형상성이 아주 풍부하며 어떤 다른 품사로도 표현하기 어려운 미세한 감각적차이가 상징사에 의하여 고도의 표현력을 얻게 된다.

우리 말에는 어느 다른 언어에서보다도 상징사가 고도로 발달해서 풍부한 형상성을 보여주고있다. 례를 들어 사람의 웃는 모양에 대해

웃음

○ 방긋방긋, 벙긋벙긋, 뱅긋뱅긋, 빙긋빙긋, 방글방글, 벙글벙글, 뱅글뱅글, 빙글빙글, 방실방실, 벙실벙실, 생긋생긋, 싱긋싱긋, 생글생글, 싱글싱글, 상긋방긋, 싱긋벙긋, 생글방글, 싱글벙글, 히죽히죽, 해죽해죽, 헤죽헤죽, 시물시물, 새쭉새쭉, 벌씬벌씬, 히물히물, 벌쭉벌쭉, 시무룩, 깔깔, 껄껄, 키득키득, 캐득캐득, 킥킥, 캑캑

무늬

○ 알롱알롱, 아롱아롱, 알록알록, 알락알락, 알쏭알쏭, 아롱다롱, 알쏭달쏭, 알락달락, 얼럭덜럭, 어룽어룽, 어룽더룽

짐승의 울음

○ 엄매(소), 푸루루(말), 야옹(고양이), 멍멍, 컹컹, 캥캥(개), 꿀꿀(돼지), 따웅(범), 꼬끼오, 꼬끼댁(닭), 꾹꾹(비둘기), 종달(종달새), 쬐꼴(쬐꼴새), 뻐꾹(뻐꾹새), 깟깟(까치), 까욱(까마귀), 짹짹(참새), 지지배배(제비), 접동, 소쩍(접동새, 소쩍새), 붕붕(꿀벌), 맴맴(매미), 개굴(개구리), 꺽꺽(꿩), 쓰르람쓰르람(쓰르라미), 귀뜨르르(귀뚜라미)

문법면에서 상징사는 대체로 토없이 쓰이면서 흔히 용언앞에서 양상어(상황어)의 기능을 논다.

○ 봄바람이 산들산들 분다.
달이 휘영청 밝다.

이로 하여 현행규범문법과 이에 따른 리론문법에서는 상징사를 부사의 한 종류로서 《상징부사》라고 부르고있으나 언어현실은 그 한계를 훨씬 넘어서고있다.

상징사는 문장에서 양상어(상황어)로 쓰이는외에 규정어로도 되고

○ 우르릉소리, 바스락소리, 쾅소리, 쑥덕공론, 으스럼달밤, 시큼털털개살구

술어로도 쓰이며

○ 번개가 번쩍, 우뢰소리 우르릉
락엽이 우수수, 물이 우중충
이 산에서 뻐꾹, 저산에서 쬐꼴

나아가서 단독으로 문장을 이루는 일도 적지 않은데

○ 번쩍! 우르릉!
뻐꾹, 쬐꼴
뭉클

이 모두를 부사의 기능으로 보는것은 무리가 아닐수 없다.

상징사의 이러한 어휘문법적특성에 기초하여 이를 부사에서 떼내여 독자적인 품사로 설정하고 상징사라고 불러왔다. [《현대조선어》 2 주체50(1961)년, 114~119페지]

상징사는 우에서 보는것처럼 일반적으로 토를 취하지 않고 여러가지 문장성분으로 쓰이고있으나 때에 따라서는 복수토나 도움토

를 취하기도 하고

○ 왁작왁작들 떠든다.

꾸물꾸물만 한다.

2차적으로 격토나 지정형용사를 취해서 주어, 객어(직접보어), 술어 등으로 나타나기도 한다.

○ 옥신각신이 없었다.[주어]

꼼짝달싹을 하지 않았다.[객어]

뒤죽박죽이로구나.[술어]

아이구 깜짝이야!

2. 바꿈상징사

다른 품사로부터 전환하여 이루어진 상징사부류이다.

이들은 대체로 토없이 반복합성된것으로서 명사에서 온것도 있고

○ 방울방울, 굽이굽이, 줄기줄기, 고래고래, 사리사리

형용사에서 온것도 있으며

○ 울긋불긋, 발긋발긋, 질벅질벅, 어둑어둑, 오불꼬불, 꼬부랑꼬부랑

동사에서 온것도 있다.

○ 흔들흔들, 서성서성, 기울기울, 들쑹날쑹

이들은 소속품사의 개념적성격과 함께 상징적인 감각적성격을 겸한것으로서 부사와 상징사의 중간류형, 이중류형이라 할수 있다.

이들은 문장에서 부사와 마찬가지로 흔히 양상어(상황어)로 쓰이지만

○ 눈물이 방울방울 떨어졌다.

봄비가 부슬부슬 내렸다.

때에 따라 상징사와 같이 규정어나 술어로도 쓰이고있다.

○ 질벅질벅 진탕길

누룽누룽 황금벌

○ 새벽하늘은 푸름푸름

저녁길은 어둑어둑

이 모든 점에 비추어 이들을 조건적으로나마 상징사에 소속시켜 그안에서 하나의 특수한 부사적상징사, 바꿈상징사로 취급하게 되는것이다.

우리 선조들은 우리 말 상징사의 섬세한 감각적표현력을 언어생활에 효과적으로 리용해왔으며 특히 문예창작이나 재담에서 큰 형상력을 보여주었다.

○ 두귀는 쫑긋
앞발은 잘룩
두눈은 도리도리
뒤발은 깡충
꽁지는 모뚝
허리는 늘씬하고(고전소설 《토끼타령》)

○ 원산은 첩첩, 태산은 주춤하야
기암은 충층, 장송은 락락
에이 굽으러져 광풍에 흥을 겨워
우줄우줄 춤을 춘다
충암절벽상에 폭포수는 콸콸
수정렴 드리운듯
이골 물이 주룩주룩, 저골 물이 쐴쐴
열에 열 골물이 한데 합수하야
천방져 지방져 소쿠라지고 펑퍼져
넌출지고 방울져 저 건너 평풍석으로
으르렁 꽐꽐 흐르는 물결이
은옥같이 흩어지니(《유산가》)

○ 방울새 떨렁, 울레새 짜꺽, 접동새 접동, 뻐꾹새 뻐꾹, 가마귀 골각, 비둘기 꾹꾹, 슬피우니 근들 아니 경일소냐(고전소설 《토끼전》)

○ 광한루 섭적 올라 사면을 살펴보니 경개가 장이 좋다 …떡갈잎은 아주 춘풍에 못 이기여 흐늘흐늘… 시내가에 계변화는 생긋생긋 락락장송 울울하고… 온갖 춘정 못 이기여 두견화 질끈 꺾어 머리에도 꽂아보고 함박꽃도 질끈 꺾어 입에

함쑥 물어보고… 조약돌 덥썩 쥐여 버들가지 꾀꼬리를 희롱하니… 버들잎도 주루룩 훑어 물에 훨훨 띄여보고… 웅봉자접은 화수 물고 너울너울 춤을 춘다.

… 두번 굴러 힘을 주니 발밑에 가는 띠걸 바람 좇아 펄펄 앞뒤 점점 멀어가니 머리우에 나무잎은 몸을 따라 흔들흔들 오고갈제…(고전소설 《춘향전》)

○ 숨이 콱! 콱! 막힌다. 논꼬에 괴인 물이 부글부글 끓어 오른다. 텀벙! 뛰여드는 개구리는 두다리를 쭉— 뻗고 뻐드러진다. 그놈은 비스감치 자빠지면서 입을 딱— 딱— 벌리였다. (《고향》 리기영)

○ 군악소리 품파라 품파라 천지를 진동해…
병사의 칼춤도 우쭐우쭐 나온다…
흥겨운 무도곡에 맞춰 덩실덩실 춤춘다
남녀의 어깨춤도 으쓱으쓱 나오고
어린이 춤들도 동실동실 나온다(《즐거운 무도곡》)

○ 쫄기쫄기 찹쌀엿
하박하박 사탕엿
울퉁불퉁 대추엿

○ 이들이들 삽죽나물
오불꼬불 고비나물
옹실봉실 고사리나물

상징사는 그 독특한 의미론적 및 단어조성적특징으로 하여 언어행위에서 그 선택이 비교적 자유롭다. 그러나 이 역시 사물현상의 단순한 감각적상징이 아니라 언어적상징이므로 거기에는 민족어고유의 특성이 반영되여있다.

그리하여 례컨대 같은 짐승의 꼭 같은 울음소리도 언어에 따라 각각 다르게 표현된다. 즉 개짖는 소리를 우리 말에서는 《멍멍》, 《컹컹》, 《캥캥》이라고 하는데 일본어에서는 《ワンワン》, 중국어(한어)에서는 《旺旺》, 영어에서는 《bowwow》, 프랑스어에서는 《aboyer》라 하고 고양이우는 소리를 우리 말로는 《야옹야옹》이라고 하지만 일본어로는 《ニイヤニイヤ》, 중국어로는 《喵喵》, 로어로는 《мяун》, 영어로는 《miaw》, 프랑스어로는 《miauler》라고 하며 뻐꾹새우는 소리를 우리 말에서는 《뻐꾹뻐꾹》 하는데 일본어에서는 《カツユカツユ》, 중국어에서는 《布穀布穀》, 로어에서는 《кукy》, 영어에서는 《cukoo》, 프랑스어에서는 《coucouer》라고 하고 참새우는 소리를 우리 말에서는 《짹짹》 하는데 일본어에서는 《チュッチュッ》, 중국어에서는 《口香 口香》, 로어에서는 《чмрик》, 영어에서는 《twitter》, 프랑스어에서는 《gaʒouillement》라 한다. 그리고 물흐르는 소리를 우리 말에서는 《졸졸》, 일본어에서는 《チョロチョロ》, 중국어에서는 《潺潺》, 영어에서는 《murmur》, 프랑스어에서는 《glouglou》라 하며 시계가는 소리를 우리 말에서는 《똑딱똑딱》이라고 하는데 다른 언어들에서는 《チクタク チクタク, カッチカッチ》(일본어), 《喀口達喀口達》(중국어), 《тиктак》(로어), 《tick》(영어), 《tictac》(프랑스어)라고 한다.

상징사는 또한 한 언어안에서도 방언에 따라 같지 않아서 뻐꾹새소리도 일부 방언에서는 《뻐꾹》이 아니라 《뿌꾹》, 《풀꾹》, 《뿌꿈》 등으로 표현하고 개구리울음소리도 《머굴머굴》, 《깨굴깨굴》로 나타낸다.

나아가서 상징사는 한 언어의 력사에서도 일정하지 않아서 옛날의 《두시언해》에는 정신이 맑음을 《싁싁하다》고 하고 눈동자가 번뜩이는 모양을 《번들원들》이라고 형용하고 뾰족한것을 형용하여 《쌘쌘시》라 하였으며 《춘향전》에는 《텀벙》이 《툼벙》으로, 《풍덩실》이 《풍등슬》로, 《떨꺼덩》이 《떨꾸렁》으로, 《펄펄》이 《풀풀》로, 《얼핏》이 《얼픗》으로, 《울렁울렁》이 《월넝월넝》으로 나타나고있다.

3. 상징사의 단어조성

단어조성의 면에서도 상징사는 다른 품사들의 경우와는 달리 미세한 감각적뜻빛갈을 다양하게 나타내는것으로 일관되여있다.

1) 첨가법

상징사를 조성할 때 그앞이나 뒤에 붙는 덧붙이는 어떤 개념적형태부라기보다도 말뿌리의 어음구성에 발음상으로 조응하는 감각적형태부에 지나지 않는다.

△ 앞붙이첨가법

알(얼)-: 알딸딸, 얼떨떨

오(우)-: 오동통, 오도독, 우둥퉁, 우드득, 우수수

어-: 어정쩡

와-: 와지끈

후-: 후닥딱, 후줄근

무-: 무뚝뚝

△ 뒤붙이첨가법

-작(적): 하느작, 흐느적

-딱(떡): 호물딱, 홀딱, 후물떡, 훌떡

-짝(쩍): 팔짝, 펄쩍, 우물쩍

2) 합성법

상징사는 그 구성단위가 하나인가 둘 반복된것인가에 따라 서로 어감이 다르다. 그리고 합성된 단위들이 같은것의 반복인가, 류사한것의 어울림인가, 아주 다른것의 합성인가에 따라 감각적효과를 달리한다.

△ 같은 말뿌리의 반복

○ 살살, 껄껄, 활활, 꽁꽁, 빽빽, 칭칭, 붕붕, 앵앵, 주렁주렁, 출렁출렁, 뭉게뭉게, 차곡차곡, 꼬박꼬박, 곰상곰상, 흐느적흐느적, 왈가닥왈가닥, 아리숭아리숭

△ 류사한 말뿌리의 어울림

○ 뚝딱, 올망졸망, 언틀먼틀, 싱글벙글, 왱강뎅강, 우락부락, 오롱조롱, 알락달락, 옥신각신

△ 아주 다른 말뿌리의 합성

○ 엉거주춤, 얼렁뚝딱, 헐레벌떡, 시큼털털

3) 굴절법

상징사조성에서 전형적인 수법이다.

말뿌리안의 개별적음운이 달라짐에 따라 여러가지 감각적변화를 일으킨다.

△ 모음변화

밝은모음과 어두운모음, 오무림모음과 벌림모음, 중간모음의 어감상차이와 모음조화에 의거하는 단어조성이다.

○ 찰랑－철렁－촐랑－출렁, 팔싹－펄썩－폴싹－풀썩, 잘잘－절절－졸졸－줄줄, 팔팔－펄펄－폴폴－풀풀, 찰싹－철썩, 달칵－덜컥, 동동－둥둥, 따끈－뜨끈, 따끔－뜨끔, 후끈－화끈, 빈둥－밴둥, 씩씩－쌕쌕, 알락달락－얼럭덜럭, 오목오목－우묵우묵, 싱글싱글－생글생글

△ 첫자음변화

소리마디첫머리자음의 순한소리, 된소리, 거센소리의 어감상차이에 따르는 단어조성이다.

○ 딩딩－띵띵－팅팅, 절렁절렁－쩔렁쩔렁－철렁철렁, 빈둥빈둥－핀둥핀둥, 달랑달랑－딸랑딸랑, 살살－쌀쌀, 수근수근－쑤근쑤근, 죽죽－쭉쭉－축축, 점벙－첨벙

△ 끝소리변화

소리마디끝소리자음(받침)의 교체와 첨가에 의한 어감상차이에 따르는 단어조성이다.

○ 덜커덕－덜커덩, 가물가물－가뭇가뭇, 욱신욱신－욱실욱실, 싱글벙글－싱긋벙긋

○ 쪼르르－쪼르륵, 뿌드드－뿌드득

상징사로부터는 다른 품사의 단어들도 많이 조성되는데 이렇게 이루어진 단어 역시 섬세하고 풍부한 표현력을 가진다.

△ 명사

① 상징사＋뒤붙이→명사

－이: 더퍼리, 누데기, 꾀꼬리, 뻐꾸기, 기러기

－아미: 귀뚜라미, 동그라미

② 상징사＋명사

○ 건들바람, 너털웃음, 더펄머리, 쑥덕공론, 비틀걸음, 푸석돌, 넙적다리, 종달새

③ 상징사＋명사＋뒤붙이

○ 절뚝발이, 절름발이

상징사소속의 명사는 재담이나 수수께끼에도 효과적으로 리용되고있다.

○ 올랑쫄랑이(술), 꺼-껑푸드덕이(꿩), 꼬꾜댁이(닭)

○ 따끔이속에 빤빤이, 빤빤이속에 텁텁이, 텁텁이속에 오도독이가 뭐냐?(밤)

△ 동사

① 상징사+뒤붙이→동사

-이: 반짝이다, 들썩이다, 지껄이다, 움직이다

-거리: 덜렁거리다, 가물거리다, 투덜거리다, 꾸물거리다

② 상징사+동사→동사

○ 덜컥하다, 번쩍하다, 끼르륵하다, 와지끈하다

③ 상징사→동사

○ 흔들다, 비뚤다, 비틀다

△ 형용사

① 상징사+뒤붙이→형용사

-앟(엏): 동그랗다, 둥그렇다

-압(업): 보드랍다, 징그럽다, 시끄럽다

② 상징사+형용사→형용사

○ 뗑하다, 포근하다, 수북하다, 가뿐하다

○ 까딱없다, 끄떡없다, 꼼짝없다

③ 상징사→형용사

○ 둥글→둥글다

상징사소속의 형용사는 특히 섬세하고 다양한 표현성을 가진다.

○ 붉다→발갛다, 벌겋다, 빨갛다, 뻘겋다, 불그스럼하다, 볼그스럼하다, 불그레하다, 볼그레하다, 보리끼레하다, 발그레하다, 발긋발긋하다, 불긋불긋하다, 울긋불긋하다, 새빨갛다, 시뻘겋다

△ 부사

◎ 상징사+뒤붙이→부사

-이: 방긋이, 빠끔이, 소곳이, 따끔이, 똑똑이

-히: 빙글히

—하니: 멍하니, 퀭하니

—쩍: 어물쩍, 슬쩍

상징사소속의 이러한 단어들은 감각적인 상징사로부터 개념적인 명사, 동사, 형용사, 부사 등으로 됨으로써 어휘의미론적견지에서는 감각과 개념의 이중성을 띠고있다. 그러나 그 단어구조와 형태체계, 문장론적기능에서 상징사와 구별되여 각각 다른 품사에 속하게 된다.

제2절. 감탄사

감탄사는 자기의 감정이나 태도를 직감적으로 나타내는 품사이다.

감탄사는 감정을 직감적으로 나타내는 고유감탄사와 각종 태도를 나타내는 전성감탄사의 두 부류로 나누인다.

1. 고유감탄사

자기 감정을 직감적으로 표현하는 감탄사로서 처음부터의 감탄사이며 감탄사의 전형으로 된다.

감탄사도 우리 말에서 아주 다양하고 풍부하게 발달되여있다.

그리하여 기쁨, 슬픔, 반가움, 놀라움, 두려움, 아까움, 안타까움, 우스움, 유감스러움, 흐뭇함, 안도감, 얄미움, 밉살스러움, 징그러움, 아니꼬움, 경탄, 환호 등 다종다양의 섬세한 감정이 감탄사에 의하여 고도의 표현성을 가지게 되였다.

○ 아, 드디여 우리가 이겼구나.

어이구, 이게 어찌 된 일이냐?

오, 네가 왔구나.

아이, 깜짝이야!

에그, 창피해라.

이키, 손을 베였구나.

후유, 여기서 좀 쉬여가자.

체, 저도 모르면서!

피, 그까짓걸 가지구.

에익, 죽일놈.

흥, 될대로 되라지.

에라, 내가 양보하겠다.

원, 천만의 말씀입니다.

아차, 늦었구나.

참, 네 말을 듣고보니 그렇겠구나.

옳지, 이젠 됐다.

만세! 돌격의 함성이 천지를 진동했다.

말하는 사람의 감정이라 하더라도 직감적으로 나타내지 않고 개념화해서 나타내면 감탄사가 아니다.

비교: ┌창피해라, 이걸 어쩔가![형용사]
└에그, 이걸 어쩔가![감탄사]

이처럼 개념을 통하지 않고 직감적으로 표현한다는 점에서 감탄사는 상징사와 류사하다. 그러나 감탄사는 말하는 사람의 주관적인 감정을 나타낼뿐 일반적으로 사물현상의 각종 특성에 대해서 객관적으로 상징하지 않는다는 점에서 상징사와 뚜렷이 구별된다.

비교: ┌덜컥 잊어버렸다.[상징사]
└아차, 잊었구나.[감탄사]

감탄사는 바로 이와 같은 주관적직감의 특성이 있기때문에 거기에 따르는 억양, 손짓, 표정 등이 달라지거나 혹은 그 쓰이는 환경이나 문맥이 달라짐에 따라 한개 감탄사가 각이한 감정을 나타낼수 있게 된다.

비교: ┌아, 이게 몇해만이냐![반가움]
아, 저게 뭐야?[놀라움]
아, 내가 나서자란 고향이여![그리움]
아, 그러면 되겠구나.[기쁨]
아, 고마운 어머니당이여![감격]
아, 이런 변이 어데 있단 말이냐![억울함]
└아, 조국통일의 그날을 못 보고 갔구나.[슬픔]

아, 조금만 일찍 왔더면 차를 탔을걸…[아쉬움]
아이구 배야, 응—[고통]
응—, 이젠 한시름 놨다. [안도감]
응—, 날도적같은 미국놈! [분노]
응—, 어디 두고보자. [벼름]
제발 말 좀 들어라, 응—[타이름]
응— 그랬단 말이지. [납득]

문법적인 면에서 감탄사는 우의 례들에서 보는바와 같이 아무런 토도 붙지 못하며 문장에서 주어, 술어, 객어(직접보어), 보어, 양상어 등 문장성분으로 되지 못하고 오직 단독성분으로서 문장에 첨부되거나 홀로 단독성분문장(《단어문장》)을 이룰뿐이라는 점에서 다른 모든 문장성분과 뚜렷이 구별된다.

상징사와 마찬가지로 감탄사도 민족어에 따라 다르고 시대에 따라 꼭 같지 않다.

○ 어즈버 이몸이 아마도 怪異코야(《로계가》 박인로)
큰 기춤 아함이를 良久토록 ᄒᆞ온 後에 어화 긔 뉘신고(《루항사》 박인로)
계집은 일부러 소리를 높여서 꺼이꺼이 운다(《물레방아》 라도향)
진태는 그 동생을 볼 때 말없이 귀여웠다. 그래서 손가락으로 볼따구니도 건드려보고 엇구엇구 혀바닥소리를 내여서 얼려보기도 하였다. (《행랑자식》 라도향)

2. 바꿈감탄사

상대방에 대한 태도를 직감적으로 나타내는 감탄사이다. 대체로 고유감탄사로부터의 의미분화나 다른 품사로부터의 구조적 또는 어휘문법적변화에 의하여 이루어진것이다.

다음과 같은 여러가지 태도를 나타낸다.

① 념원

○ 조선인민의 모든 승리의 조직자이며 향도자인 조선로동

당 만세!

영광스러운 우리 조국 조선민주주의인민공화국 만세!

② 요구

○ 자, 빨리 가보자.

아서, 그럼 못써.

옛다, 너도 가져라.

어이, 나 좀 보자구.

여보, 누가 찾아왔소.

이봐, 내 말 좀 들어보게.

쉿! 누가 왔다.

이라, 쩌, 쩌!(소모는 소리)

③ 불확신

○ ┌그 동무가 얼마나 있다 올가요?
└글쎄 언제나 오려는지.

┌열흘쯤 걸릴가요?
└글쎄 일이 빨리 되면—

④ 긍정

○ ┌너도 가겠니?
└예, 저도 가겠어요.

┌너도 가니?
└응, 나도 가.

┌할아버지, 언제 다시 오시나요?
└오냐, 인차 오지.

┌오빠가 정말 와요?
└암, 오구 말구!

┌그 동문 꼭 성공할거야요.
└아무렴, 어떤 젊은이라구!

┌너도 봤니?
└그럼, 아주 가까이서 봤어.

┌래일 또 오세요.
└그래, 오지.

⑤ 부정

○ ┌네가 가니?
└아니, 난 안가.

┌내가 해볼가?
└아니요, 제가 하지요.

┌참 수고 많았겠어요.
└천만에, 별로 한 일 없소.

이러한 태도도 직감적으로가 아니라 개념화해서 나타내면 그것은 감탄사가 아니다.

비교: ┌그만두어라! [동사]
└아서! [감탄사]

┌여기 보우! [대명사+동사]
└여보! [감탄사]

┌그럴지 어떨지… [형용사+형용사]
└글쎄… [감탄사]

┌그렇다. [형용사]
└응. [감탄사]

┌그렇습니다. [형용사]
└예. [감탄사]

┌그러마. [동사]
└오냐. [감탄사]

┌안하겠다! [동사]
└아니! [감탄사]

전성감탄사는 고유감탄사처럼 토없이 쓰이는 때도 있지만 많은 경우에 대화자에 대한 례의적관계에 따라 말차림형태를 조성하거나 다른 단어로 바꾸어쓰기도 한다.

비교: 응－예－오냐－그래.
여보－이봐－여보게－여보라구－여보시오.
그럼－그럼요.
글쎄－글쎄요－글쎄올시다.
아서－아서라－아서요.

천만에 — 천만에요 — 천만입니다.

전성감탄사도 고유감탄사와 마찬가지로 문장론적으로 단독성분으로서 문장에 첨부해쓰이거나 그 홀로 단독성분문장(단어문장)을 이룬다.

• 다만 감탄사 《만세》는 승리의 환호성으로 쓰이는 《만세!》에서는 순수한 독립성분이지만 정중한 념원을 담은 《조선로동당 만세!》와 같은 경우에는 주어를 상대로 한 술어의 기능을 놀게 된다.

3. 감탄사의 단어조성

감탄사들가운데서 고유감탄사는 상징사의 경우와 마찬가지로 여러 어감상차이를 나타내면서 주로 첨가법, 합성법, 굴절법에 의하여 이루어지고 바꿈감탄사는 각종 태도의 차이를 나타내면서 주로 전환법에 의하여 이루어진다.

1) 첨가법

감탄사의 앞이나 뒤에서 그와 같은 모음이나 소리마디를 반복한다.

△ 앞붙이첨가법

○ 오호호, 아하하, 애해해, 에헤헤

△ 뒤붙이첨가법

○ 애개개, 에게게, 에구구

2) 합성법

감탄사의 반복합성에 국한된다.

○ 하하, 허허, 호호, 히히, 해해, 헤헤

아이구아이구, 어이구어이구, 애고애고, 에구에구, 이구이구

3) 굴절법

고유감탄사의 단어조성에서 기본수법으로 되고있다. 상징사의 경우처럼 밝은모음과 어두운모음, 오무림모음과 벌림모음, 중간모음의 어감상차이와 자음3렬의 어감상차이를 따른다.

○ 아, 야, 애, 얘 — 어, 여, 에, 예 — 오, 요 — 우, 유 — 으, 이

아유—어유
아이고, 아이구, 아이쿠—어이구, 어이쿠—에이구, 에이쿠
이끼, 이키—에끼, 에키
아하, 애해—어허, 에헤—오호—우후
하, 해—허, 헤—호—후—흐—히—흥

4) 전환법

① 명사→감탄사
○ 참! 옳지!

② 수사→감탄사
○ 천만에→천만에!

③ 부사→감탄사
○ 아니→아니!

④ 동사→감탄사
○ 앗어→아서!

⑤ 형용사→감탄사
○ 그러해→그래!, 그럴세→글쎄!, 그러면→그럼!, 아무러면→아무렴!, 암!

5) 응축법

○ 만 세→만세!
에구 어머니→에구머니!
○ 여(여기) 보오(보시오)→여보!(여보시오!)
이(이것) 봐→이봐!
예(이에) 있다→옛다!

감탄사로부터는 다른 품사의 단어들이 별로 조성되지 않으며 몇몇 드문 례가 있을뿐이다.

△ 명사
◎ 감탄사+명사→명사
○ 만세소리, 악악소리, 아차실수

*　　　*　　　*

조선어의 단어구조와 품사는 우리 민족어 고유의 전통적인 우수성을 여러모로 과시하고있다.

전형적교착어로서 단어구조전반에 선명하게 나타나고있는 어휘적형태부와 어휘문법적형태부 및 순수 문법적형태부(토)의 명확한 계선과 질서정연한 규격화, 단어조성에 참가하는 다양한 형태부의 원만한 밀착과 분리, 섬세한 뜻빛갈을 동반한 내부굴절, 간명하고 함축성있는 축약과 품사전환 등 정교한 수법은 우리 말 어휘구성의 풍부성을 기초로 하고있다.

이러한 단어구조에 의거하여 형성된 우리 말 품사체계는 남달리 발달한 각종 토들의 종횡무진한 교착을 동반하는 체언과 용언의 명확한 구분, 2차적형태에 의한 립체적기능전환, 여러 품사에 관통하고있는 명명적단어부류와 지시적단어부류의 정연한 대응과 개념어에 대응하는 상징사, 감탄사 등 감각어의 류다른 발달로 특징지어지며 이것은 세련된 형태체계와 문장구조의 우수성을 담보하고있다.

단어구조와 품사체계에 반영된 이러한 특성은 우리 말 어휘구성과 문법구조전반에 관통되여있는것으로서 슬기롭고 다정다감한 우리 인민의 민족적특성을 그대로 보여주는것이다.

우리는 당의 주체적인 언어정책을 받들고 우리 인민의 장구한 언어생활과정에 창조되고 발달해온 우수한 민족적전통을 오늘의 현실적요구에 맞게 계승발전시키며 우리 말 문법리론연구에서 새로운 전진을 이룩해야 할것이다.

조선어학전서 18

조선어단어론

집필 박사 김백련
심사 교수, 박사 문영호
편집 학사 장명신 **장정** 김순희 **교정** 리순희

낸 곳 사회과학출판사
인쇄소 평양종합인쇄공장
인 쇄 주체94(2005)년 5월 5일
발 행 주체94(2005)년 5월 20일

ㄱ-56048